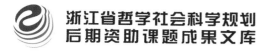

浙江省哲学社会科学规划
后期资助课题成果文库

教学技术性之研究

Jiaoxue Jishuxing Zhi Yanjiu

王良辉 著

中国社会科学出版社

图书在版编目(CIP)数据

教学技术性之研究 / 王良辉著 . —北京：中国社会科学出版社，2017.6
(浙江省哲学社会科学规划后期资助课题成果文库)
ISBN 978 - 7 - 5203 - 0399 - 6

Ⅰ.①教…　Ⅱ.①王…　Ⅲ.①教学研究　Ⅳ.①G420

中国版本图书馆 CIP 数据核字(2017)第 109816 号

出 版 人	赵剑英
选题策划	罗　莉
责任编辑	刘　艳
责任校对	陈　晨
责任印制	戴　宽

出　　版	中国社会科学出版社
社　　址	北京鼓楼西大街甲 158 号
邮　　编	100720
网　　址	http://www.csspw.cn
发 行 部	010 - 84083685
门 市 部	010 - 84029450
经　　销	新华书店及其他书店

印　　刷	北京明恒达印务有限公司
装　　订	廊坊市广阳区广增装订厂
版　　次	2017 年 6 月第 1 版
印　　次	2017 年 6 月第 1 次印刷

开　　本	710 × 1000　1/16
印　　张	16.25
插　　页	2
字　　数	283 千字
定　　价	76.00 元

序

王良辉博士是浙江师大青年教师，以前我对他并不熟悉，只是近两年因为工作关系接触多了，我与他慢慢地熟悉起来，甚至成为他这本书稿的第一批读者（我读到的是他的博士论文）。

这是一本教育技术学者写的关于教育理论的书，或者说是从教育理论的角度试图为教育技术辩护的书。

长期以来，技术都被看作是教育的辅助手段，这样的技术定位导致了教育技术的发展常常处于叫好不叫座的处境。一方面，由于教育实践的发展，教育技术成为教育绕不过去的一个弯，即使学校里拒绝技术，但是社会生活中的技术因素使学生做不到完全地与技术隔离，这就会反过来影响学校教育，使学校不得不考虑技术的问题；另一方面，由于技术是辅助手段的定位，在教育的一些重大决策中，技术往往不会成为首要的考虑因素，这就造成在资源有限的情况下，技术因素被忽略的情况。教育技术的这个情况实际上是当前的教育理论对技术与教育关系的认识不够深入所致。那种基于常识、基于传统思维定势的关于技术与教育关系的认识，在当前技术应用越来越普遍化的情况下，越来越可能成为教育发展的制约，技术与教育的关系问题已经成为教育学中一个非常紧迫的理论问题。

本书把技术与教育（教学）的关系概念化为"教学的技术性"，并从三个方面进行了论证。"作为技术的教学"从本体论的视角提出了教学与技术的同一性，教学起源、教学手段与教学时空建构都是技术的结果；"使用技术的教学"则从过程论的视角提出了教学与技术的紧密联系，教学中工具是不可或缺的，同时工具的使用过程也重构了教师自身；"为了技术的教学"则从目的论的角度提出了技术与教学亲密关系，在这里技术不再是教学手段而是教学的目的，从而建构了一个技术与教学关系的新维度。最后，从教学技术性的概念，本书还对教学研究方法的变革、课程理念的转变、教学模式的创新等方面的提出了自己的构想。全书对技术与教育关系的论证独辟蹊径，但是又不回避问题，很多讨论与分析读来让人深有启发。

由于我长期从事教育信息化研究，受教育技术根子里的实用主义思想的影响比较重，也知道要做真正的理论研究必须具备深厚的学术功底，所以我本人不染指，甚至也不支持我的学生去做纯理论性的研究。我看到很多所谓理论的东西，除了能够让作者得到自我满足感外，对他人几近无用。现在我试图修正这个观点。我觉得教育技术的理论书籍如果满足以下条件，那还是有意义的。

1. 必须要有自己的学科立场来整合相关的外部理论。教育技术的历史本来就不长，所以自身的理论不多。特别是在论及教育技术的一些形而上问题的时候，几乎所有的理论资源都要来自外部。因此，在写教育技术理论著作的时候，除了要准确理解与表达外部理论外，还需要有自己的学科意识。

2. 对外部理论的占有要尽可能地多。理论总有其局限性，因而在教育技术理论著作撰写之前，我们首先要占有尽量多的理论，同时甄别出这些理论的适用情况，最后恰当地应用理论。

3. 要能够清晰而富有逻辑地表述自己的问题与观点。虽然这是一个很基本的要求，但是我们会发现有很多理论著作让人看了一头雾水。有些堆砌了很多的理论与事实，但是没有搞清楚理论与理论之间、事实与事实之间以及理论与事实之间的关系，因而不能很好地推理，所以得不出结论，或者结论经不起推敲。窃以为，所谓做研究，一是搞对象（确定研究中所涉及事物的属性），二是搞关系（发现多个对象之间的内在联系），后者需更深学术功力，理论研究更应如此。

在我看来，本书基本上能够达到上述要求，所以这是一本有意义的教育技术理论书籍。

同时，这也是一本有故事的书。一个教育技术学者，执意用一段很好的年华去追求一个教育理论的博士，同时写的学位论文又是关于教育技术的。这里面有太多的不讨巧，甚至可以说是自讨苦吃。但是，这也是一个有学术抱负的青年学者从自己学术判断出发而进行的自觉选择。本书作者坚信教育技术就是教育本身，当前我们看作教育技术的东西，若干年后可能就成为教育的常态。所以，教育技术它不是教育的辅助手段，而是教育的一种本质的东西，教育/教学技术性就体现了技术对教育的基础性地位。这样的一个选题基本上已经是教育原理的话题了，所以作者舍近取远，不当教育技术的博士而去当教育原理的博士，可谓苦心孤诣。

当然，正如作者在前言中所说的，研究教学的技术性是为了丰富对教学的认识，"技术性"只是教学众多属性中的一种，单一地讲教学的"技术性"在理论上并不完备，教学肯定还有科学性、艺术性、文化性。作者写作本书的意图在于树立教学的"技术性"这一概念从而为教育技术的正当性辩护，因此从行文上来说难免有厚此薄彼的嫌疑。其实教育/教学技术的核心力量是设计（针对环境、资源、服务、活动、评估等），只有通过设计才能将科学性、技术性、艺术性、文化性和谐地融为一体，所以本人比较偏爱基于设计的研究范式。我对教育技术研究的基本认知可以归纳为四句话：科学研究发展规律，技术应用实现价值，创意设计提升价值，文化取向影响价值。

很高兴看到这样一本具有一定启发性的著作终于出版了，良辉为此所付出的努力也终有回报。也希望良辉以此为起点，奔向更美好的学术前程。

是为序。

华东师大终身教授暨浙江师大杰出教授

2017. 3. 3

前　言

　　理论描画的是理想的世界，它把复杂的现实精简了，留下了那些能够在逻辑上保持一致的东西。实践面对的是一个无限复杂的世界，在这里没有逻辑上的统一，但是现实又把这些没有任何逻辑关系的东西绑定在一起。理论与实践本是两个不可通约的世界，但是人类的知行统一要求这两者的相互沟通。这带来的问题就是两个并不一一对应的世界如何相互转换？

　　世界上存在着很多优秀的教学理论，但是也存在着大量失败的教学实践。如果说理论真的能够指导实践的话，那么这么多失败的实践是令人费解的。但是如果理论不能指导实践的话，那么这么多理论存在的理由何在？人们孤心苦诣地制造理论的动力何在？

　　我们坚信理论能够指导实践，但是理论与实践之间的指导并不是建立一一对应的关系，并且这两者之间的指导关系也不是直接的，需要有一个中介，这就是技术。

　　人们对技术的负面态度来自两个不同的方面：首先，人类社会的早期，技术由于其主体社会地位的低下而被列为一种低等的人类活动，因而技术在整个人类思想史上地位不高；其次，近代世界图景的机械化，科学技术的意识形态化造成了人性的压抑，技术由于其作用的凸显而成为了众矢之的。

　　从第一个方面来看，其原因在于人们思想意识的问题，并且随着技术给人类带来的无限福祉，技术的社会地位正在上升。第二个方面则是人们混淆了科学与技术的概念，近代世界图景的机械化实际上是科学的僭越造成的，原来用来解释自然现象的科学宰制了人文领域，用来追求确定性的科学导致了人文领域的一元化倾向。

　　在马尔库塞的《单向度的人》中，那些技术构造出来的虚假意识仅仅是问题的表面，其背后是实证主义造成的肯定性思维，让人失去了批判的能力。就我来看，技术不是马尔库塞所批判的那种把人带到了没有批判能力的东西。恰恰相反，技术作为一种解蔽，一种展示与创新，正是在批判的基础上做出来的，也就是说技术要求无时无刻不在批判。它要批判现有理论的不着实际，它要在自相矛盾的实际中寻找和谐。这样的工作要求必然地让技术的过程充满了批判。

技术在批判中来中介理论与实践，但是这种批判并不是其目的，而是通过批判在理论与实践的张力中寻找一种平衡。技术的要素有两个——身体技能与技术制品。技术制品代表着理论与实践之间的稳定关系，由于这种稳定性所以能够用技术制品一劳永逸地完成。但是理论与实践之间还存在着一种微妙的关系，这种微妙关系的克服就需要身体技能的出场。同时，身体技能与技术制品也有相互转化的特点，技术制品是人的身体技能的外化，而人的身体技能与特定的技术制品也有对应关系，技术制品的改变也会促使人身体技能的改变。

研究教学的技术性就是把教学研究的视角转向技术，一方面这是对当今这个时代信息技术涌入教学而出现的新情况的回应，但同时也是试图通过视角的转换来消弭教学研究中存在的一些问题。当前教学研究存在的主要问题是由于技术视角的缺失，教学研究的范式在思辨与实证两极之间摇摆，思辨容易走向闭门造车，而实证则无疑有削足适履的倾向，这两种倾向使教学理论与教学实践渐行渐远。本研究着眼于教学的技术性实际上就是对教学的理论与实践保持一种批判的意识，并以技术活动为中介，实现教学理论与教学实践的相互转化。

作为一家之言，我们的研究也许是片面的，从技术视角审视教学只不过是审视教学的千百个视角中的一个。我们提出的对教学的新认识也不是为了反对前辈们对教学做出的判断与认识，更确切地说我们所做的努力是为了丰富对教学的认识。

摘　　要

　　当今世界是一个技术浸润的世界，技术现象已经成为教学中的显著现象。以往的研究或者借用人文主义的技术批判论调，超然地批判技术在教学中应用的消极后果，或者采取实证的方式来证明某种技术手段对教学的利弊，很少有人从技术的视角来审视教学，建构教学的技术理论。建构一个有助于思考教学中技术问题的理论框架是本研究的主要目的，教学的技术性则是我们对这一研究主题的概括。

　　所谓技术就是人们对一事物的想法（理论）与该事物的实际（实践）之间差异的消弭，所以技术过程就是不断地创造新事物以来验证新想法的过程。在我们看来教学的技术性就是教学的创造性、具身性与合目的性三位一体。我们分别以作为技术的教学、使用技术的教学与为了技术的教学来论述。

　　教学的技术性，其本质上来源于教学本身就是一种技术。教学内在地需要教学理论与教学实践的不断转化，教学面貌不断地创新，在我们看来这就是作为技术的教学的内在要求，教学这种不断自我更新的特点我们把它称作教学的创造性。教学的创造性告诉我们教学就是从问题出发，以理论为假设通过个性化的判断不断地走向更好的教学。

　　如果说把教学看作技术是有关教学技术性探讨的形而上假设，那么教学过程中技术人工物的使用则是教学技术性的最直观也是最坚实的基础。在人类教育史上，随着技术的发展教学的各个要素随之跌宕起伏，教学本身的发展也是峰回路转。我们一般意义上的教学中的技术问题就是在这个层次展开的。在探讨教学中技术应用问题的时候我们挑选了人类历史上几种比较典型的对教学影响较大的技术，分析不同的技术如何通过影响人从而影响教学，进而提出技术使用中人的身体问题。从技术使用的角度来看，教学就是技术功能与人的技能的双向建构过程。

教学技术性探讨的最后一站就是教学的目的，把技术作为教学的目的，这里实际上暗含着一个前提——技术即人。从长远来看，一切人类活动都是为了人本身，教学活动当然也不例外。一个在社会中被广泛使用的工具会影响人的存在，同时这种工具也会以某种方式进入教学，技术在教学中的应用可能是从作为工具开始的，但它最终将会成为教学的内容，通过教育的途径技术对人的影响将会更快更彻底。

教学的技术性对教学研究的方法论变革、教学方法的创新、课程理念的转变以及新兴科技在教学中的应用都有所启示，但是更为根本的是重建技术时代的教育哲学，建立一门教学的工程学，引领教学研究从"解释世界"转向"改变世界"。

关键词：技术；教学技术性；身体；基于设计的研究；教学创新

Abstract

It is a world suffused with technology, and technology is the mostsignificant phenomenon in teaching. Most of the previous researches either criticized the negative consequences of technology with a humanism stand or took the empirical way to prove some technical means of the pros and cons of teaching. Few people tried to review teaching from the technical point of view and constructed a teaching theory. It is the main purpose for this research to construct a theoretical framework to help people think over the technical problems in teaching, and the technical nature of teaching is the concept to generalize this topic.

Since technology means the alleviation of difference between the people's idea and the actual things, the technical process is constantly creating new things to validate new ideas. From our point of view, the technical nature of teaching consist of the creativity, embodiment and purposiveness. We discuss it from three aspects: teaching as technology, teaching by technology and teaching for technology.

The technical nature of teaching comes from the essence of teaching which is technique in essence. Teaching inherently requires the continuous transformation of teaching theory and teaching practice, and the teaching constantly innovates meanwhile. In our opinion it is the inherent requirement of teaching as technology. We call the characteristics of continuous self – renewal as the creativity of teaching. The creativity tells us that teaching starts from the problem, utilizes the theory to help decision – making, and finally, makes the teaching better and better.

If regarding teaching as technology is the metaphysical assumptions about teaching, then utilization of technology in the process of teaching is the most intuitive and solidest foundation of the technical nature of teaching. In the history of human education, the various elements of teaching is changing continuously with the development of the technology. In general, it is where the technical problem of teaching comes out. When discussing the technical problem of teaching, we select several typical technology which has important influence on teaching in history, analyzes how different technologies affect people and in turn affect teaching, and puts forward the body problem in technology use. From the point of view of technology use, the teaching is the mutual construction process of the technical artifact and personal skills.

Taking technology as the aim of teaching actually imply a premise that technology is man himself in a sense. In the long run, all human activity is for themselves. Teaching, of course, is no exception. A tool which is widely used in the world will affect people live there. At the same time, this tool will be used in teaching finally. The application of technology in teaching begins with the utilization of tools, but it eventually becomes the teaching content which influence people more quickly and thoroughly.

The technical nature of teaching reminds us of changing the research methodology of teaching, innovate the means of teaching, alter the ideas of curriculum and apply the new science and technology in teaching. But most important of all, it is to rebuild the educational philosophy for the era of technology, establish an engineering science of teaching and lead the teaching research from "explain the world" to "change the world".

Key words: Technology; Technical Nature of Teaching; Body; Design – based Research; Teaching Innovation

目　　录

导　论

技术不是诸多问题之中的一个，而是使所有问题成为问题的那种问题。①

——吴国盛

理论谬误在于把对实践的理论看法当作与实践的实践关系，更确切地说，是把人们为解释实践而构建的模型当作实践的根由。②

——布迪厄

与其不断重复一句不会错的话，不如试着讲一句错话。

——佚名

技术与人类相伴而生，并为人类的福祉默默奉献。但在人类思想史的早期，技术的主题长期被无情地驱逐，即使偶有现身，也往往是作为批判的对象。

在西方，早期的哲人们为了寻找世界的本原，往往关心的是自然的物质，如水、火、土、气等，或者是抽象的原子与数，而人造的制品是不可能成为世界的本原，因而也不可能成为哲人们思考的主题。从苏格拉底开始，哲学开始关注人的生活目的，最高的善肯定不是物质利益，而技术被认为是直接跟物质利益有关的东西，技术与哲学又一次失之交臂。并且从苏格拉底开始，把人进行了等级划分，他认为工匠只知道"如何做"却不知道"为什么"，而后者只有哲学家才明白，所以哲学家比工匠要高明。柏拉图沿着苏格拉底的思路，把人分成哲学家、军人、手工业者三

---

① 吴国盛：《哲学中的"技术转向"》，《哲学研究》2001年第1期。

② 皮埃尔·布迪厄：《实践感》，蒋梓骅译，译林出版社2003年版，第125页。

类，其中铜铁质的手工业者的社会地位明显要低于金质的哲学家与银质的军人。亚里士多德则又继承了柏拉图的思想，把人的活动分成三类，即理论沉思、实践活动与制作活动，其中制作活动的地位最低。由于这师徒三人在西方思想史上的地位，他们对技术的观点基本上奠定了理论与技术相对立的思想基础，虽然随着技术现象的凸显，技术越来越受到关注，但是技术在理论的领域中始终处于边缘地位。

在我国这个素来不重理论的国度，技术的地位也一样尴尬。在《庄子·天地》中，庄子借老翁的话说出了"有机械者必有机事，有机事者必有机心。机心存于胸中……道之所不载也"①。意思就是说，如果使用技术，那么就离"道"越来越远了，可见所有与技术有关的事物是不被看好的。在孟子的《滕文公章句上》中，一句"劳心者治人，劳力者治于人"更是把参与技术的工匠直接地置于被统治的地位，其思路与柏拉图的如出一辙。

在这样一种反技术的文化中，技术主题长期以来都是被压抑的。但是到了近代早期，这种情况得到了改观，其中，培根的作用功不可没。在其《新工具》一书中，培根称技术"在人类一切活动中应该高居首位"②，并认为印刷、火药和磁石这三种发明"竟至任何帝国、任何教派、任何星辰对人类事务的力量和影响都仿佛无过于这些机械性的发现了"③。培根之后，随着人类社会技术活动的显著化，技术开始成为人类思想领域的主题，虽然对技术的评价毁誉参半，但是毕竟脱离了"无视"的命运。一般认为，1877年地质学家、哲学家卡普出版《技术哲学纲要》一书标志着技术哲学的诞生，1978年第16届世界哲学大会确认技术哲学为一门新的哲学分支学科。

总之，在技术高度发达的今天，技术主题在人类历史长河中总算经历了其最黑暗的年代，即将踏上其辉煌的历史时代，以信息技术、生命技术为代表的高科技摧枯拉朽，"正以惊人的速度改变着人们的工作方式、学习方式、思维方式、生活方式"④。作为人类时代精神之花的哲学也出现

① 庄周：《庄子》，孙通海译注，中华书局2007年版，第204页。
② 培根：《新工具》，许宝骙译，商务印书馆1986年版，第102页。
③ 同上书，第103页。
④ 桑新民：《探索网络文化视野中的教育新天地》，《教育发展研究》2002年第1期。

了技术转向①②，技术已然成为这个时代最显著的现象。

第一节　研究的背景

作为一个教育技术从业人员，虽然也曾醉心于技术给教学带来的便利，但是对技术进入教育可能带来的各种影响也随时保持着警惕。

教育技术学作为教育学科中一个年轻的二级学科，虽然得益于这个时代而崛起，但是在目前的整个教育学科中并不是一个主流的学科，显然地存在着"叫好不叫座"的尴尬。教育技术学被叫好是因为它是当前所有的教育学科中唯一地以教育中的技术作为研究对象的学科，明显地契合了这个时代对教育发展的期望。但是，教育技术学在当前也显然地担当不起变革整个教育面貌的重任，因为这不仅是在教育实践中应用技术的问题，更重要的是变革教育的理论、变革教育的研究乃至变革对教育的理解。

在教学技术化的潮流中，教育技术学开了个在教学中应用技术的头，但是在后续的、对教学更具有根本性影响的方面却显得捉襟见肘。由于教育技术学过分重视把新技术引入教学中，或者用一些所谓的科学的方法对教学做量化研究，最终导致了对教学的认识是支离破碎的，缺乏对教学整体的把握，特别是对技术条件下的教学整体上应该是怎样的缺乏通盘的考虑。而教学论学科则存在着忽视这一潮流的倾向，新世纪以来，技术进入教学的现象不能说不显著，近年来更是如火如荼，但是在教学论的研究中有讨论教学的社会性③④，讨论教学的游戏性⑤，把教学当作德性实践⑥，把教学当作交往活动⑦⑧与对话活动⑨⑩，却鲜有人问津教学的技术性。

---

① 吴国盛：《哲学中的"技术转向"》，《哲学研究》2001 年第 1 期。

② 高亮华：《"技术转向"与技术哲学》，《哲学研究》2001 年第 1 期。

③ 吴康宁：《课堂教学社会学》，南京师范大学出版社 2000 年版。

④ 郭华：《研究教学认识的社会性是教学论的重要任务》，《教育研究》2000 年第 6 期。

⑤ 冯季林：《论教学的游戏性》，《教育研究与实验》2009 年第 3 期。

⑥ 王凯：《教学作为德性实践——基于麦金太尔实践概念的教学理解》，《全球教育展望》2007 年第 10 期。

⑦ 李其龙：《德国教学论流派》，陕西人民教育出版社 1993 年版。

⑧ 李轶芳：《交往教学理论探讨》，华中科技大学，2004 年。

⑨ 张增田：《对话教学研究》，西南师范大学，2005 年。

⑩ 张光陆：《对话教学之研究——解释学的视域》，华东师范大学，2010 年。

　　当前，技术在教学活动中大行其道，学习科学作为一门新兴的交叉学科在快速崛起，传统教学研究在时代变迁中面临非议，面对这些情况，我们实在有必要来变换一个审视教学的视角，对本研究来说就是技术的视角。

一　教学技术化的时代话题

　　医疗与教育是两个在人的成长过程中相当重要的行业，医疗行业保证人肉体上的健康，教育行业给人以知识，使其在精神上更自信更强大，但是两者在技术装备水平上却大相径庭，与医疗领域相比教育领域曾被认为是技术贫乏的领域。尼葛洛庞帝在《数字化生存》一书中引用了人工智能先驱派普特（Seymour Papert）讲的一个故事来说明这一点①：一个19世纪的外科医生穿过时空隧道来到现代的手术室，他将手足无措，而一个同时代的教师如果也来到现代的教室，他基本上仍然胜任教师的角色。但是这种情况即将成为历史，目前在教育领域技术革新暗潮涌动，技术进入教学的趋势正在加快进行。

　　事实上，在教学中使用技术已经具有非常悠久的历史，甚至可以说没有技术就没有教学。根据牛津版的《技术史》的说法，语言作为人类早期的一个重要技术，虽然我们现在已经无法了解语言的真实起源，但是可以肯定的是在人类开始制造并使用工具的时候就已经有了某种形式的语言，因为"对工具的使用，是以智力行为和至少是一些语言中表达出来的原始概念的存在为先决条件的"②。语言作为一种技术对人类生活的影响无疑是基础性的，正如石鸥在《教学别论》中就把语言作为教学的起点，认为语言是"教学得以存在的基础"③。总之，语言是教学中最早使用的技术，它作为人与人之间交流的基本工具，同时它也是教学活动开展的基础。

　　文字是继语言之后对教育影响巨大的技术，它不但影响我们的表述，甚至影响我们的思维方式。哈弗洛克认为，"希腊人分析思维水平的上升

　　①　尼葛洛庞帝：《数字化生存》，胡泳、范海燕译，海南出版社1997年版，第248—249页。

　　②　查尔斯·辛格、E. J. 霍姆亚德、A. R. 霍尔：《技术史（第Ⅰ卷）》，王前、孙希忠译，上海科技教育出版社2004年版，第57页。

　　③　石鸥：《教学别论》，湖南教育出版社1998年版，第31页。

是由于希腊字母表首创了元音"①，柏拉图虽然在《斐德罗篇》中排斥文字，认为它有害于记忆力，但是他的成就实际上就是受益于文字的出现，"他（指柏拉图）喜欢深入分析和解剖这个世界，分析和解剖思想本身，这随着拼音字母表在希腊精神里的内化而成为可能。"② 文字的出现使人类的思想有了固化的途径，从而有了抽象的思维，有了反身的思维，人类可以用文字直接生产知识，而不是仅仅通过复述来保存知识，对教育来说，随之而来的是教育内容的拓展与教育方法的改善。

书籍，特别是印刷术出现后的印刷书的出现对教育的促进起到了不可磨灭的作用。它一方面杜绝了手抄书由于誊写而带来的讹误，同时也使知识的保存与传播越来越经济与方便。正是在这个意义上，爱森斯坦在《作为变革动因的印刷机：早期近代欧洲的传播和文化变革》中把印刷机作为近代欧洲变革的动因之一，15—18世纪人类文明史上的里程碑事件——文艺复兴、新教改革与科学革命的背后无不活跃着印刷机、印刷书的身影。对教育来说，首先印刷书产生了"公共知识"，因为"手抄书文化不能够使详细的文字记录成为'公共知识'，不能够使之完好无损地保存下来"③，公共知识的产生扩大了教育知识的范围，科学知识作为重要的公共知识开始进入教育。其次，印刷改善了大众的阅读状况。"15世纪末，整个欧洲普遍流行一种阅读等级制——'作者＞评论者＞主教＞教师＞学生'。"④ 也就是说，学生要听教师的，教师要听主教的，主教从评论者那里得到信息，而评论者又是从作者那里得到书的信息，不但信息的获取渠道非常单一，而且在这样一个线性传递的过程中，对内容的解读也是有规定的，即必须与正统学说一致。印刷术的诞生使大众从听众变成了阅读者，学生的知识面不再局限于教师课堂上所讲的内容，它使教科书流传的更广也更容易被大众获取。要知道在羊皮纸手抄本时代，拥有这些东西是身份的象征，贵族才有资格拥有这些"珍本"，而只有在印刷术出现之

---

① 沃尔特·翁：《口语文化与书面文化：语词的技术化》，何道宽译，北京大学出版社2008年版，第20页。

② 同上。

③ 伊丽莎白·爱森斯坦：《作为变革动因的印刷机：早期近代欧洲的传播与文化变革》，何道宽译，北京大学出版社2010年版，第478页。

④ 斯蒂文·罗杰·费希尔：《阅读的历史》，李瑞林、贺莺、杨晓华译，商务印书馆2009年版，第205页。

后，这些东西才变成真正的知识，让更多的人拥有。

实际上，技术对教学的影响在历史上还是非常多的，但是在贬抑技术的文化氛围中，技术的作用被有选择地忽略了。虽然期间也有如爱迪生预言用电影来替代学校，但毕竟都是少数。直到最近，技术对教学的影响才开始为更多的人正视，教学的技术化已经成为越来越多的人的共识。因为随着以信息技术为代表的高技术进入了教学领域，教学的面貌发生了巨大的变化。

首先，学习的主体发生了变化。2011 年年初，一项由 AVG 公司发布的调查报告引起了人们的热议，该报告一共调查了来自 10 个国家[①]的 2200 名母亲，她们都有一个 5 岁左右的孩子。调查显示，与二三十年前相比，当前 2—5 岁的小孩显得非常不同：他们不会游泳、不会系鞋带、不会做早餐，但他们会开电脑、用鼠标、玩电子游戏，甚至会使用父母们的智能手机。具体到数字上，4—5 岁的孩子 86% 知道如何使用鼠标，76% 会玩电脑游戏，68% 会开关电脑，但只有 35% 的孩子知道怎么做早餐，28% 的孩子会独立游泳，14% 的孩子会系鞋带。凤凰网在引用了一系列数据后发出感叹："以后碰到一个还在蹒跚学步，却已经是《愤怒的小鸟》高手的孩子，你千万别吃惊。"[②] 虽然 AVG 公司的调查报告由于调查范围以及商业目的，最终并不能代表全球的情况，但是肇始于 20 世纪末的数字化运动，事实上已经造就了一代别具特色的学习者——数字土著（Digital Native），他们不仅在语言、着装、风格方面与前人不一样，而且由于从小就伴随着电脑、电子游戏、数字播放器、数码相机等数字化的工具与玩具一起长大，他们的认知风格乃至大脑结构都有可能发生了变化。因此，Marc Prensky 在《Digital Natives，Digital Immigrants》的开篇就提出造成美国当前教育滑坡的最根本因素就是当前的学生已经不是美国教育系统设计教学时所臆想的学生了。"让我觉得惊讶的是，在当前所有关于美国教育滑坡的喧闹的辩论中，我们忽略了所有原因中最为基本的一点——我们的学生已经从根本上改变了，他们不再是我们的教育系统曾经为之设

---

① 大多中文网站说是 11 个国家，但原报告只提到了 10 个，分别是美国、加拿大、英国、法国、德国、西班牙、意大利、日本、澳大利亚与新西兰，原报告地址：http：//avg. typepad. com/files/avg－digital－skills－study－full－briefing. pdf。

② 英国 90 后：77% 拥有游戏主机 15% 从不运动_ 游戏频道_ 凤凰网［EB/OL］.［2011－05－08］. http：// games. ifeng. com/netgame/guojizixun/detail_ 2011_ 05/05/6181159_ 0. shtml。

计教学的人了。"① 同时，Prensky 归纳了数字土著的特征为："习惯快速地接收信息；喜欢并行处理多项任务；喜欢图片胜于文本；喜欢超文本式的随机进入；上网时工作效果最好；喜欢即时的肯定与频繁的奖励；喜欢游戏而不是严肃的工作。"②

其次，学习的环境发生了变化。当前，虚拟学习环境、在线学习系统、学习管理系统、网络教育平台这些五花八门的叫法实际上共同指向了一类网络平台，在这个平台上师生通过在线的交互来达到传统课堂的效果，名称的不同有些是为了表达不同的平台建设理念，有些则只是不同的语言习惯所致，在这里我们笼统地称其为"虚拟学习环境"。在这类平台中有一部分是专门为教学而开发的，如在我国影响比较大的有 moodle 开源平台、blackboard 平台，口碑不错的 saikai 开源平台，专为研究知识建构而开发的 Knowledge Forum 等。另一部分是通用平台，但是通过教育者的改造与经营变成了一种典型的虚拟学习环境，如 Second Life 是一个基于网络的虚拟世界，但是很多教育机构与教育者在这里经营教育：哈佛大学法学院在其中的虚拟课堂授课；俄亥俄州立大学通过 Second Life 试图建立一个新的虚拟校区，为各类学生服务；爱丁堡大学从 2006 年 9 月起就为远程学习项目提供教学资源；澳大利亚电影电视广播学校的高级媒体制作实验室提供了多项教育和职业培训活动；新加坡国立大学在 Second Life 中建设了一个虚拟校园为教师与学生之间的交流提供一个新的平台，同时也有助于同学之间的相互学习与分享。此外，很多教育工作者个人也在 Second Life 上提供各种免费或收费的教学项目。虚拟学习环境的引入，无疑极大地拓展了教学的时空，如何利用这种新特性重新设计教学无疑是一个新的挑战。

再次，学习的资源发生了变化。传统纸质教材最大的挑战来自网络课程与电子书，特别是近年来电子书相关技术的提高，价格的降低，出现了让电子书替代原先教科书的呼声。2009 年 6 月，加利福尼亚州州长斯瓦辛格宣布启动加州数字教科书计划（California Digital Textbooks Initiative），他认为这对学生与州财政而言是一个双赢的计划，而加利福尼亚州则将成

---

① Prensky M. Digital Natives, Digital Immigrants Part 1, On the Horizon, 2001, 9 (5): 1–6.

② Ibid.

为美国国内第一个启动数字教科书的州①。2010 年 6 月,上海也提出了 5 年内率先推广电子课本的计划②。此外,中国香港、日本、新加坡政府也都先后提出了在中小学试用电子课本的计划。实际上关于电子书可以一直追溯到 1971 年启动的古腾堡工程(Project Gutenberg),一个致力于文本著作电子化以便于长期保存的工程。最初的电子书主要是为了方便长久保存而对纸质书电子化而来的,因而往往是纸质版本的扫描图片或者文字版本。但是随着技术的进步,原生的电子书出现了,也就是说不经过纸质版本的环节,直接制作而成的电子书出现了,由于不用考虑纸质媒体的限制,电子书因而也变得更加多媒体化。这些电子书一开始直接在电脑上看,后来又发展出专门用来看电子书的终端。可以预见,电子书由于具有多媒体、交互性强、非线性阅读的特点,一旦进入教学则将对教学实践产生巨大影响,要求传统的课堂教学流程与模式发生变化。

　　学习主体、学习环境与学习资源的变迁意味着传统教学理论所奠基其上的"三中心"已经发生了巨大变化,教师在传统上是一种高知识低技术的形象,但是随着信息技术对我们日常生活的渗透,年青一代的教师很多已经成为信息技术的拥趸。随着数字土著的长大成人,教师掌握最新信息技术的这种趋势已经成为一个不可逆转的时代潮流,如何把他们所掌握的信息技术转化为一种教学的生产力已经是当前教师发展所要研究的重要课题。与班级授课制相伴而来的传统教室也受到了各种虚拟学习环境的挑战,教室不再必然地是一个物理的实体,通过各种网络平台,教师可以构建一个跨时空的学习场所,这对教师的教学组织提出了一个前所未有的问题——跨时空的教学交互如何能够高效地进行。教科书也从纸质的变成电子的、网络的,其内容组织形式也由线性的走向多媒体化、非线性化、大容量化,新的教科书必然会消解教师作为知识权威的历史形象,它对整个教学流程与教师角色都提出了挑战。

　　毋庸讳言,教学的技术化已经成为了一个历史趋势,这种趋势已经改变了传统教学理论得以成立的各个基础,因此如何来把握教学的这种演变

---

① Schwarzenegger Announces Launch of the California Digital Textbooks Initiative [EB/OL]. [2010 - 05 - 11]. http：//www. govtech. com/education/Schwarzenegger - Announces - Launch - of. html.

② 上海中小学 5 年内推广电子课本 [EB/OL]. [2011 - 05 - 11]. http：//news. sina. com. cn/c/2010 - 06 - 07/151920427928. shtml。

已经是时代赋予教学论研究的一项重要任务。

二　技术主题的缺失对教学研究的制约

技术在教学实践中已经成为一个热门的话题，但在教学理论的研究中还是一个边缘的课题。如果把教学论学科作为教学理论研究的主要力量来看的话，关于教学技术的理论研究还非常薄弱。我们说这并不是偶然现象，在其背后有着必然的原因。

首先，西方的理论传统是排斥技术的。柏拉图所开辟出来的理念世界与可感世界的对立，在存在论上确立了理念世界高于可感世界，认为可感世界只是分有或模仿了理念世界而不能达到理念世界。根据他的这种划分理论自然就归于理念世界，而技术则属于可感世界，作为具有高尚追求的哲学家当然以研究理论为第一要务，耻于研究技术。在这样的一种传统中，要让教学理论研究者去主动关注技术话题确实非常困难。不但如此，由于上述的理论与技术的隔阂，教学理论者本身对教学技术的接触不多，体会不深，同时意识上也不重视，再加上上游理论的缺乏，甚至有教学理论者对技术持有负面的态度①②③④。

其次，技术主题的缺失是由于技术本身的特点所导致的。技术起作用的时候往往是自我隐蔽的，这就是海德格尔在《存在与时间》中揭示出来的用具的上手状态，在这种状态下用具仿佛抽身而去，但这才是用具的本真状态。技术这样的一种特性导致了它不起作用的时候人们排斥它，它起作用的时候人们忽略它，这也导致了教学研究中技术主题的缺失。就像文字在当初被发明出来的时候也曾引起过极大的争议，苏格拉底据说就对文字持有疑义，在《斐德罗》篇中，他讲了一个埃及的故事，古神塞乌斯发明了文字想把它传给埃及王萨姆斯，但是萨姆斯认为文字会让人依赖记录下来的东西而不去记忆，而记录下来的东西不是智慧，只是智慧的幌子，只会让人显得智慧而不是真正的智慧。由此可见，作为一种技术的文

①　徐继存：《教学技术化及其批判》，《教育理论与实践》2004年第3期。
②　刘同舫：《现代教育技术化发展倾向的反思》，《自然辩证法通讯》2006年第1期。
③　沈骑：《唯技术化·麦当劳化·去技术化——课堂教学技术化倾向的反思》，《教育理论与实践》2009年第22期。
④　伍正翔：《"教育技术化"危机及其救赎之道》，《华东师范大学学报》（教育科学版）2011年第4期。

字在其问世之初，经常会有人去讨论是否有必要使用它的问题，但是这么多年过去了，文字已经成为了我们文化的基础，现在已经没什么人再去质疑文字的作用，也很少有人会把它当作一种技术来看待了。被熟练应用的技术往往逃离于反思视域的这种特点在教学理论研究中同样存在，在现有的教学论教材中，一般都会有教学手段的章节，但是在这些章节里面，大家的写法往往都止于一般性的介绍，而对技术本身所蕴含的一些更深刻的意义则缺乏挖掘。这种工具论的、表面化的技术认识也是教学论中技术理论匮乏的重要原因。

最后，对物质技术的偏好忽视了教育行业中主导的信息技术①。人类历史上的技术进步，从分类上来说经历了物质技术的进步、能源技术的进步以及信息技术的进步。在一般公众的眼里，那些用于开发自然的物质技术与能量技术，它们在改造自然方面的成就给人类带来了巨大福祉，因而也是最先得到人们认可的技术。信息技术在简单的社会里是无足轻重的，因为简单所以很少有复杂信息交流的需要，相比于物质生产领域的技术，信息技术所产生的深远社会影响难以在短时间内显现。所以在人类社会的很长时间里，技术很多时候被狭隘地等同于物质技术与能源技术，相应地物质生产领域被认为是高技术领域。与人类社会中大量存在的物质生产行业相比，作为人类自身生产的教育行业是低技术行业，技术含量比较低，低到甚至被认为这是一个没有技术含量的行业，因此取消技术的研究也就顺理成章了。

由于以上各种内外部原因，技术主题的缺失给教学研究带来了各种问题：

首先，由于技术视角的缺失，教学研究走向了形而上，最终的后果则是越来越脱离教学实践，我国的主流教学论或多或少有这种倾向。虽然教学论研究者也意识到教学理论与教学实践的脱节，但是对技术的偏见以及囿于他们研究范式的局限，这个问题是不可能在其学科范围内根本消除的。

其次，由于技术视角的缺失，教学研究的实证（科学）倾向，导致

---

① 信息技术在如今的社会几乎已经约定俗成了，主要是指以计算机科学与通信技术为基础的庞大的技术系统。但这里的信息技术是指更加广泛意义上的管理信息与处理信息的技术，语言、文字、书籍等都在这广义信息技术之列。

了教学研究的片面化。由于缺乏技术视角，教学研究中曾一度被实证的研究所占据，实证的研究带来的最大问题就在于实证研究为了让研究能够量化，把教学研究的情景简单化，从而忽略掉了大量对教学有实际影响的重要要素，或者把研究对象从其环境中割裂开来，而不是像处理技术问题一样从整体上来把握情景。

最后，从教学技术的发展来看，由于教学中缺乏技术视角，因而教育技术学长期以来难以在其母体学科——教育学中得到正名，同时教学技术本身也变得迷茫，开始走向无教学的教学技术研究。教学技术本身的研究落后于教学发展的需要，这也是我在下面要强调教学论与教育技术学对话的原因之一。

不管如何，技术主题在教学理论中的缺失只能是历史性的。首先，从上游理论来看，哲学正经历着"技术转向"[1][2]，技术哲学已经成为了显学，这让技术主题进入教学理论提供了哲学上的参照；其次，在实践中，现代信息技术进入教学极大地拓展了人的肢体乃至智力方面的能力，它在教学中的应用使教学的复杂程度和技术含量都大大增加了。这里的技术含量不仅指教学过程中所应用的信息技术越来越多样化、复杂化，更是信息技术进入教学过程后各种要素在其作用下出现了新的情况，如前述的数字土著、虚拟学习环境、电子书等从各个方面改变了原有教学理论得以产生的物质基础。我们研究教学技术性就是要参考技术哲学的研究成果，试图把握当前充满着纷繁复杂技术现象的教学实践。

三　教学论与教育技术学的对话要求

在我国，教学论与教育技术学是两个不同的教育学二级学科，按理说两者之间"老死不相往来"是非常正常的情况，但是在我们看来教学论与教育技术学的对话非常有必要，而且也是有可能的。

首先，两个学科都具有类似的历史演进过程。两个学科的学者在回溯本学科历史的时候都提及了相同的事件，如美国著名的教育技术史专家赛

---

① 吴国盛：《哲学中的"技术转向"》，《哲学研究》2001 年第 1 期。

② 高亮华：《"技术转向"与技术哲学》，《哲学研究》2001 年第 1 期。

特勒就把教育技术的历史向前推到了古希腊的智者派①，这在吴也显的《教学论新编》②和李定仁的《教学思想发展史略：历史、现状与发展趋势》③中都是作为教学论史上的重要事件提到了，田本娜在其《外国教学思想史》的希腊教学思想部分中第一个提到的就是智者派的教学思想④。无独有偶，张诗亚在《教育的生机——论崛起的教育技术学》和《震荡与变革——20世纪的教育技术》中讲到古代中国的教育技术时就以《论语》以及《学记》和《礼记》中体现的教育技术为例⑤⑥，而这些内容都不同程度地在各种教学论著作中提及，如王策三的《教学论稿》、吴杰的《教学论——教学理论的历史发展》、路冠英与韩金生的《教学论》、刘克兰的《教学论》、熊明安的《中国教学思想史》、吴也显的《教学论新编》、李定仁的《教学思想发展史略：历史、现状与发展趋势》、董远骞的《中国教学论史》、李翠玉与张永秀的《中国教学思想探源》、张传燧的《中国教学论史纲》等。虽然教学论与教育技术学学科对这些历史事件有不同的解释，但是两者在历史上的交叉为对话提供了历史的基础。

其次，教学论作为具有较高理论统摄性的学科，不自觉地把教学技术作为其研究的内容，这体现在很多的教学论著作把教学技术作为其中的内容。这分成两种情况：在一些教学论的著作中直接把教育技术（多以电化教学、教育工学之名）作为其中的一部分内容，如游正伦的《教学论》、路冠英与韩金生的《教学论》、李咏吟与单文经的《教学原理：最新教学

---

① SAETTLER P. The evolution of American educational technology. Information Age Publishing, Incorporated, 2004: 24-26.

② 吴也显：《教学论新编》，教育科学出版社1991年版，第40页。

③ 李定仁：《教学思想发展史略：历史、现状与发展趋势》，甘肃教育出版社1993年版，第3页。

④ 田本娜：《外国教学思想史》，人民教育出版社1994年版，第17页。

⑤ 张诗亚：《教育的生机——论崛起的教育技术学》，四川教育出版社1988年版，第42—43页。

⑥ 张诗亚、周谊：《震荡与变革——20世纪的教育技术》，山东教育出版社1995年版，第52—53页。

理论与策略》等①②③；在另一些教学论著作专门开辟了教学手段/媒体的章节间接讨论了教育技术的部分内容，如鲍良克的《教学论》、王策三的《教学论稿》、吴杰的《教学论——教学理论的历史发展》、刘克兰的《教学论》、李秉德的《教学论》、吴也显的《教学论新编》、田慧生与李如密的《教学论》、克罗恩的《教学论基础》、李森的《现代教学论纲要》、裴娣娜的《教学论》等。在我们翻阅大量已经出版的教学论相关论著的时候，大部分都涉及了教学技术的内容。但是也有一些例外，如徐继存、赵昌木的《现代教学论基础》仅有教学艺术一部分略有提及④，而杨小微的基本教学论著作中则几无提及⑤⑥。总的来说，在教学论的认识逻辑中，教学技术是其内在的一部分。

再次，从教育技术学的理论基础来看，主要涉及了传播学理论、发展与教育心理学理论以及由此而来的学习理论与教学设计理论。其中，特别是教育心理学以及在此基础上的学习理论与教学设计理论，它们与教学论具有很深的渊源。施良方、崔允漷、皮连生等认为⑦⑧，教学论由于历史的原因大致可以分成两个不同分支，一支主要是由欧洲大陆而来带有明显的哲学思辨倾向的教学论，在 20 世纪初主要是通过日本进入中国的赫尔巴特的教学法，在解放后则主要是由苏联引入的教学论，这一支基本上已经成为我国教学论的主流。另一支主要是来自美国的带有心理学倾向的教学论，第一次世界大战后美国的教育开始加大对中国的影响，特别是杜威的思想中强调学生的自主性，使心理学开始进入教育，桑代克的心理学研究首先就是应用到教育，同时他也作为教育心理学的创始人而载入史册。后来的华生、斯金纳以及加涅都把心理学的研究成果转化成了教学理论，

---

① 游正伦：《教学论》，教育科学出版社 1982 年版。

② 路冠英、韩金生：《教学论》，河北教育出版社 1987 年版。

③ 李咏吟、单文经：《教学原理：最新教学理论与策略》，远流出版事业股份有限公司 1995 年版。

④ 徐继存、赵昌木：《现代教学论基础》，北京大学出版社 2008 年版。

⑤ 杨小微：《现代教学论》，山西教育出版社 2010 年版。

⑥ 杨小微、张天宝：《教学论》，人民教育出版社 2007 年版。

⑦ 施良方、崔允漷：《教学理论：课堂教学的原理、策略与研究》，华东师范大学出版社 1999 年版。

⑧ 皮连生：《教育心理学》，上海教育出版社 2004 年版。

华东师范大学的王小明写了一本书《教学论：心理学取向》，按他的意思教学心理学就是心理学取向的教学论①。在教育技术学界，桑新民教授把美国教育技术的发展历史看作"媒体派"与"学习派"的双重变奏②③，这里的学习派实际上就是王小明意义上的心理学取向的教学论。也就是说教学心理学成了教学论与教育技术学的公共领域，这与当年教学设计的"李何之争"④⑤ 有很大的关系。

最后，两者虽然具有相同的研究对象与研究目的，但是在具体的研究过程中体现了不同的特点。教学论研究的是教学的理论问题，而教育技术研究的是教学的技术问题，这决定了两者研究的立足点与方法的区别，也是两个学科相互独立的基础。但是正是这种研究初始阶段立足点的不同，导致了各自实现目的的方式与途径不同，最后造成了重大差异。教学论改进教学的思路与途径主要是通过对教学规律的认识来进行的，如李秉德先生认为教学论就是"探讨教学的本质与有关规律，寻求最优化的教学途径与方法"⑥，而王策三先生则认为教学论应该研究"一般教学规律"⑦，所以教学论的思路就是通过对教学的一般规律的把握来指导教学实践。而教育技术则是在实践中改进教学方法，如 AECT 的"94 定义"是一个对我国教育技术领域影响重大的定义，它就把教育技术定义为"为了促进学习，对有关的过程和资源进行设计、开发、利用、管理和评价的理论与实践"⑧，2005 年他们又把教育技术定义为"通过创造、使用和管理合适的

---

① 王小明：《教学论：心理学取向》，上海教育出版社 2005 年版，第 8 页。

② 桑新民：《学术权威人物个案研究的理念与方法论——美国教育技术学领军人物学术思想研究述评》，《现代教育技术》2010 年第 1 期。

③ 桑新民、郑旭东：《凝聚学科智慧　引领专业创新——教育技术学与学习科学基础研究的对话》，《中国电化教育》2011 年第 6 期。

④ 李秉德：《"教学设计"与教学论》，《电化教育研究》2000 年第 10 期。

⑤ 何克抗：《也论教学设计与教学论——与李秉德先生商榷》，《电化教育研究》2001 年第 4 期。

⑥ 李秉德：《教学论》，人民教育出版社 2000 年版，第 8 页。

⑦ 王策三：《教学论稿》，人民教育出版社 2005 年版，第 54 页。

⑧ 巴巴拉·西尔斯、丽塔·里齐：《教学技术：领域的定义和范畴》，乌美娜、刘雍潜译，中央广播电视大学出版社 1999 年版，第 25 页。

技术过程和资源以促进学习和改善绩效的研究与符合道德规范的实践"①。由此可见，教育技术的研究是直接面对实践问题的，通过对教学资源与教学过程的技术干预来直接地影响教学，其之所以形成理论则是为了让解决问题的方法能够传播与继承，这与教学论形成理论的目的是为了指导实践具有本质的不同，后者容易造成教条地应用理论。

教育技术与教学论两个学科在历史上与理论中的这种剪不断理还乱的关系表明了两者之间的亲密关系，这是两者对话的前提。但是两者又存在着很大的分歧，这也是我们强调两者进行对话的必要性。它们的分歧主要就在于研究逻辑不同。教学论的研究逻辑就是，如果一个理论是完善的，那么它必然能够精确地预测实践的发展，因此对教学论来说它们的目的就是去追求极致完善的理论，而这种理论在逻辑上也必然是完美自洽的，因此教学论者在发展理论的时候主要通过思辨演绎的方式去制造一个逻辑上完美的理论。殊不知，正是在这个追求完美理论的过程中，理论离实践越来越远，也离研究的目的越来越远。这种错误逻辑的根本就在于，在理论与实践两者中，最终的目的是实践而不是理论，教学论研究者把作为手段的理论当作目的，因而犯了舍本逐末的错误。教学论中把理论与实践两分甚至对立的做法是其研究逻辑所决定的，而教育技术学在其发展过程中的实用倾向可以在很大程度上弥补这种不足。教育技术学首先关注的是教学过程中教学活动与教学内容对学生学习的适切性，关注技术手段的选择与应用对教学成效的影响问题，因而其关心的是教学实践，而不是虚无缥缈的理论。当然，教育技术学也发展理论，但是它们发展理论的前提就是为了解决实际问题，因而其评价理论的依据也在于是否解决了实际问题，这与教学论为了理论而理论的追求是有所区别的，也是有所警示的。

从研究逻辑上来说，教学论重理论思辨因而有其超越性的优点，而教育技术重实用也有其短视的一面。在教学论学科中研究教学的技术性，把理性的光芒照入充满技术现象的教学实践，同时，把技术实践引入教学论的思辨对象，通过两者的对话，实现理论与技术的交互，互通有无，使作为整体的教学研究能够更加健康地发展。

---

① 贾纳斯泽乌斯基、莫伦达：《教育技术：定义与评析》，程东元、王小雪、刘雍潜译，北京大学出版社 2010 年版，第 1 页。

四　学习科学的崛起

近二三十年来"学习科学"成为了教学研究中一个新兴的、跨学科的研究领域，这是一个相当开放的领域，来自教育学、心理学、计算机科学、神经科学，乃至社会学、人类学的研究人员都可以在这里找到自己的一席之地。该领域的第一个目标就是通过多学科的途径来增进对学习的理解，试图找出人类学习的原理，《人是如何学习的》一书是在这方面探索的一个阶段总结；它的另一个目标则是利用上述关于人类学习的各种原理，设计各种环境来促进学习，代表作有《学习环境的理论基础》等。

学习科学对教学研究的启示是多方面的，但是我们认为至少以下两方面与教学的技术性有关。

首先，学习科学（Learning Sciences）用的是复数的科学，这意味着来自理性主义传统的本质论、独断论在学习科学领域的退场，这为技术的情境性、可选择性等特点的发挥扫清了道路。从西方追求自由的文化传统中演绎出来的科学以认识事物的本质与规律为己任，在享受精神世界的统一的同时，对复杂的现实问题也采用了同样的方法来达到认识的目的，实际上做的是削足适履的事。而近代以来科学的实用化所带来的理论的统一性与实践的复杂性所形成的张力，虽然客观上推动了理论的发展，但是带来的更严重的后果却是对实践的戕害。近代的两个著名人物培根与笛卡儿，长期以来我们都把他们作为经验论与唯理论这一对立哲学传统在近代的代表，但是两者在某些方面是相同的，即对理论的尊崇、对确定性的追求。现代的悲剧就在于当科学主义化，理性以压倒性的优势成为社会的意识形态，人们失去了批判的能力，人成了单向度的人。当学习科学采用了复数形式的科学，从一个侧面承认了科学的局限性，世界并不是铁板一块，绝对的确定性并不存在，有的只是可选择性，技术作为一种更加具有始源意味的东西才是世界更本真的存在。

其次，学习科学以设计研究作为其研究方法论体现了学习科学对传统科学实证方法的反叛，这种方法论的变迁体现了技术的实用性思维。所谓设计研究是伴随着学习科学的兴起而发展出来的一种新的教学研究范式，以安·布朗为代表的学习科学先驱们往往都有实验心理学的学术背景，但是当他们的研究视角转向教学应用的时候发现，实验室里的教学研究结果并不能直接推广到真实情景的教学，或者说实验室里的研究成果在真实情景中往往失效，因而萌生了在真实教学环境中采用系统工程的方法来代替实验室里分析还原的做法。这是一种反科学主流方法的一种方法论，却神奇地在教育领域中生根发芽，而学习科学也正是在这种方法论的指导下，取得了令人瞩目的成就。实际上，设计研究中最关键的是"设计"两字，在特定的情境中，为特定的目的设计人工物来干预现实活动，这与其说是一项科学活动倒不如说是一项技术活动，设计即创造，而技术从一般意义上来说就是造物并使用之。

总之，学习科学的崛起从某种意义上来说是技术的意识形态在教学研究领域打败了科学的意识形态，它一方面印证了我们讲教学技术性的意义，同时也为我们从教学的技术性出发研究教学指明了一条可行的道路。

第二节　文献综述

在上面研究背景的阐述中我们看到，技术已经影响到了教学的方方面面，我们把技术仅仅当作一种教学的辅助手段的说法显然已经过时，技术对教学的影响已经带有了根本性的特点。教学实践中的这种变化也影响了课程与教学论和教育技术学两个教育学二级学科的关系，此二者在共同关注教学中的技术问题的同时，相互对话已经迫在眉睫。而学习科学的崛起与其说是对过往学习研究的超越倒不如说是技术因素在学习中凸显了之后，技术的意识形态改变了教学的研究方法与研究问题。所以，不管是为了改进教学实践还是教学研究队伍的建设需要，把技术设定为教学研究重心的时机已经成熟，本研究提出教学的技术性这一概念就是为了凸显技术对教学的重要性。

当然，这样的一种研究设想还是我们的一厢情愿，最终是否能够研究至少还取决于如下问题，即前人是否已经研究过这样的问题，研究到怎么样的深度。如果研究过，那么我们需要对现有的研究设想做一修正，一模一样的研究没有意义，至少也要在前人基础上的推进；如果没有研究过，那么研究这个问题有哪些可供借鉴的理论资源，有哪些相关的研究可以帮助我们对此进行研究。本部分的文献综述主要就是解决这个问题。

一　教学技术性的已有研究

用"教学技术性"或"technical nature of teaching"为"关键词"在

中国学术期刊网、EBSCO、Science Direct、Wiley Online Library、Springer-Link，Taylor & Francis Online 和 ProQuest 的学位论文全文数据库都找不到相关内容。手工浏览《British Journal of Educational Technology》《Educational Philosophy and Theory》《Technology，Pedagogy and Education》《Educational Theory》《Journal of the Learning Sciences》《Philosophy & Technology》《Knowledge，Technology & Policy》《Phenomenology and the Cognitive Sciences》《Review of Educational Research》《Computers & Education》《Learning，Media and Technology》《Journal of Computer Assisted Learning》《Interactive Learning Environments》《Distance Education》《Journal of Curriculum Studies》《Curriculum Inquiry》《Instructional Science》《Educational Technology Research and Development》等 18 本杂志近 5 年目录也没找到相关研究，笔者认为这些外文杂志比较好地覆盖了本研究相关的教育技术学、课程与教学论、教育原理（哲学）以及技术哲学等领域，虽然没有全部穷尽但是也比较有代表性。

　　虽然没有找到相关研究，但是也发现了一些有参考意义的文章。如《教育技术研究中的技术决定主义：一些思考学习与技术关系的替代方法》，通过该文，作者批判了教育技术研究中的技术决定主义，同时引入社会历史文化学派的四大理论——活动理论、实践共同体理论、行动者网络理论与技术的社会建构理论——作为一种可供选择的分析教育中的技术问题的理论[1]。从某种意义上来说，技术决定论也不是坏事，它只不过是站在技术的角度来思考问题而已。极端的技术决定论者必然会主动寻找各种理论资源来证明技术决定论的合理性，而这样的一种建构本身就是我们多样化的世界中的一个有机组成。

　　在这个过程中也发现了唐纳德·伊利所写的两篇文章：《Toward a Philosophy of Instructional Technology》《Toward a philosophy of instructional technology：thirty years on》。作为教育技术领域的前辈名宿，伊利创立了美国教育资源信息中心（ERIC），担任过 AECT 的主席，他的名声也使这两篇文章有较多人关注，而且看起来也与本研究有关，但是从它们的内容来

---

[1]　Oliver M. Technological determinism in educational technology research：some alternative ways of thinking about the relationship between learning and technology. Journal of Computer Assisted Learning，2011，27（5）：373－384.

看，第一篇主要讲了四个问题①：（1）教学技术还不是学科；（2）行为科学的教学技术概念比自然科学的更靠谱；（3）技术是教育技术学科发展最好的核心概念；（4）"教学技术哲学"是试探性的。第二篇除谈了一些新的教育技术发展现象之外基本上重新再强调了30年前的那边文章②。我这么说并没有不尊重伊利的意思，我们知道与德国人相比，美国人对哲学的概念是非常宽容的，第一本英文教育哲学的著作据说就是德国人写的《教育学的体系》（*Padagogikals System*）被翻译到美国后就改名成《教育哲学》（*Philosophy of Education*）的③。

在中国学术期刊网上用"教学"＋"技术性"作为"篇名"关键词进行检索得到36条记录，基本上都是讲某门具体学科中的一些技术性内容的教学，其中张立昌的《论高效课堂的技术性及其意蕴——从脑图辅助教学谈起》④与王立刚的《从文学视角看课堂教学的技术性》⑤两篇文章与本研究的"教学技术性"最为相关。

在张立昌看来，技术化与艺术化是高效课堂改革的两大实践途径，两者虽然截然不同，但是仅凭单一途径都不能引导课堂改革走向成熟，在当前扬"艺"贬"技"的课改背景下，他更愿意唤起人们对技术的重视。在他的文章中，技术就是操纵，它的本性就是"将动态的实践过程程式化、固形化、结构化、有形化，赋予整个实践活动及其方式以可移植、可再生、可组装的属性"⑥。具体到课堂的技术化，他认为有如下表现：课堂格式化——将有效的教学方法与想法定型化；课堂操作化——引入大量的教学技术；课堂图式化——用思维导图的模式做教学设计；课堂流程化——用心理学的理论模型来指导教学过程的展开；课堂管理数字化——

① Ely D P. Toward a Philosophy of Instructional Technology, British Journal of Educational Technology, 1970, 1 (2): 81 - 94.

② Ely D. Toward a philosophy of instructional technology: thirty years on. British Journal of Educational Technology, 1999, 30 (4): 305 - 310.

③ 石中英：《20世纪美国教育哲学的发展》，《比较教育研究》2002年第6期。

④ 张立昌：《论高效课堂的技术性及其意蕴——从脑图辅助教学谈起》，《湖南师范大学教育科学学报》2014年第3期。

⑤ 王立刚：《从文学视角看课堂教学的技术性》，《基础教育》2013年第5期。

⑥ 张立昌：《论高效课堂的技术性及其意蕴——从脑图辅助教学谈起》，《湖南师范大学教育科学学报》2014年第3期。

使用教学时间管理技术使课堂更高效。课堂的技术化可以固化课改成果，使课改精神具形化、大众化，使课堂结构更加合理化、科学化，是深化课改的脚手架。总的来说，张立昌把技术性看作一种与艺术性相对立的教学特性，这两者最主要的对立就是前者"结构清晰"而后者"模棱两可"。

王立刚则是从课堂教学设计与文艺作品创作相比拟的角度来阐述教学的技术性的。他的技术含义主要是古希腊的"tekhne"，即制作、创造。在整个行文过程他就用艺术作品的特点来阐述课堂教学，如亚里士多德说艺术作品是有长度的，王立刚就说有长度限制的课堂；艺术作品源于生活高于生活，王立刚就说高于生活的课堂；他把课堂当作教育戏剧的舞台；把教学评价引起的紧张感看作课堂有别于真实生活的魅力；古希腊把技艺看作一种"人为"的存在，于是教学也是一种"人为"的存在。总之，他的技术性更多的是一种古希腊技艺含义下的技术性，带有很多艺术的特点。但是他也指出，"技术的对立面不是自然，而是没有理论的个别化经验，没有目的的盲目活动，不守规矩约束的自由散漫，随意而且蛮干与匹夫之勇，无知、愚蠢等等"①，由此看来他的技术有反对艺术的某些特性，这里存在着某些矛盾。

总的来说，当前关于教学技术性的研究还是很少，即使我们找到的这两篇论文主要还是对教学技术性的一种就事论事式的论述，更多的是对某一种教学（这里主要是课堂教学）的理解，而不是对一般的教学或者说教学总体的理解。可以这么说，本研究设计的用技术的视角来审视教学，把教学技术性作为一种对教学的总体的概括，这样的研究还没有出现。

当然，这两篇论文虽然与本研究不在一个层次上，但是他们的论述还是可以为本研究提供一些参考。如在总体的观点上，张立昌的文章中技术性是一种固化的、结构清晰的东西，而王立刚的文章中技术性与艺术有关，这两种都称为技术性的东西其本质上存在着对立，就像一直以来都存在的关于教学是科学还是艺术的争论，他们两者都用技术性来表述，但张立昌的技术性更多的是一种科学的东西，而王立刚的技术性则是一种艺术的东西，这就提示我们技术性是不是一种包含了科学与艺术的东西，当然这有待于我们未来的研究论证。其次，我们也发现两者对技术性的不同理解源于两者对技术概念的不同界定，这也就提示我们在研究的过程中要重

---

① 王立刚：《从文学视角看课堂教学的技术性》，《基础教育》2013 年第 5 期。

视对技术概念的界定。此外，在张立昌的文章中我们也发现了我们在日常语言中经常遇到的问题，如用科学、实践等概念来描述技术，这也告诉我们在技术概念的界定时需要结合着技术与科学和实践等概念的比较来进行。

二　"学媒论争"的启示

虽然本研究意义上的教学技术性还没人研究过，但这并不表明这是一个无人问津的主题，只是人们没有把相关研究概念化为"教学技术性"，我们认为那些在一般意义上讨论技术与教学或技术与教育①关系的研究都与本研究有关。

国外关于技术与教学关系的一般探讨比较少，但是 20 世纪八九十年代发生在美国的学媒论争还是有助于我们对这个问题的理解。所谓学媒论争主要是指肇始于 20 世纪 80 年代的关于媒体（技术）到底影不影响学习结果的争论，对垒的双方一方认为媒体与学习无关，另一方认为媒体与学习有关。因为这里的媒体就相当于技术，而在实际争论中更多的是关注教学方法而不是学习结果，所以这个学媒论争相当于是争论技术到底影响不影响教学结果，或者说技术与教学的关系问题，虽然在论争中大家并没有把它刻意地提升为形而上学的问题，但是这次论争对我们理解技术与教学关系还是有很大帮助。

1983 年克拉克（Richard E. Clark）在《教育研究评论》中发表了《对通过媒体来学习的重新思考》，在这里他提出了媒体应用的"卡车论"。在他看来，用媒体来传送教学信息就像用卡车来运送食品，卡车运送食品只不过改变了食物运送的方式但是并没有改变事物的营养结构，所以用媒体传输教学信息虽然改变了教学信息的传送方式但是并没有改变教学信息的内容，所以媒体与学习是不相关的②。该文章受到了派特科维奇（Michael Petkovich）和丁尼生（Robert D. Tennyson）的批评③，而克拉克

---

① 在本研究中，教学与教育的含义基本相同，具体看"教学的概念"一节。

② Clark R E. Reconsidering Research on Learning from Media. Review of Educational Research, 1983, 53（4）: 445 – 459.

③ Petkovich, M., & Tennyson, R.. Clark's "Learning from media": A critique. Educational Communications and Technology Journal, 1984, 32（4）: 233 – 241. 转引自严莉、郑旭东《学媒论争启示录——对"学习与媒体大辩论"的新思考》,《开放教育研究》2009 年第 5 期。

也对此做了回应①。不过这场争论在当时没有引起多大的关注，直到1991年。

1991年考兹曼（Robert B. Kozma）同样在《教育研究评论》中发表了《用媒体学习》一文，在这篇长达33页的论文中他系统回顾了过往的研究中图书、电视、电脑、多媒体环境等媒体用于学习时所体现出来的认知特征、符号系统与处理能力，并在结论部分他从三个方面反驳了克拉克的学媒无关论②：（1）克拉克说媒体在任何情况下都不会影响学习，考兹曼说根据研究确实会有学生不管用什么媒体都能学好，但是也有学生必须依赖特定的媒体才能学得更好，媒体至少影响学习过程中的表征系统、学生的技术水平和信息处理能力；（2）克拉克认为不同的学习结果不是由于使用了不同的媒体而是使用了不同的教学方法，考兹曼则认为媒体与使用的教学方法是一个整体，教学方法都是跟特定的媒体相结合才能更好地发挥作用；（3）克拉克认为要取消对媒体的研究，考兹曼认为我们对使用媒体学习的机制的了解不是太多了而是太少了，所以需要更多的研究来弄清楚这里的机制。

如果说这场论争从一开始都是克拉克代表的学媒无关论占着上风，那么1994年开始，学媒相关论开始在论战中占据了主动。这一年，教育技术领域的顶级杂志——《教育技术研究与发展》——出版了一期关于学媒论争的专辑，除了克拉克与考兹曼，乔纳森（David H. Jonassen）、莫里森（Gary R. Morrison）、瑞泽（Robert A. Reiser）、夏洛克（Sharon A. Shrock）等人也加入了这场论争。在这里，虽然媒体与学习到底相关不相关的论争原点还是没有得到定论，但是参与论争的人已经开始在解构最初论争的焦点，正如丁尼生在该专辑的下一期中撰文说："考兹曼与克拉克努力想回到原来的问题，其他人的讨论却超越了这个简单问题。"③ 如乔纳森认为论争不应该聚焦于媒体的角色，因为媒体不仅仅是媒体，围绕着媒体是一

① Clark，R..A reply to Petkovich and Tennyson. Educational Communications and Technology ournal，1984，32（4）：238－241. 转引自严莉、郑旭东《学媒论争启示录——对"学习与媒体大辩论"的新思考》，《开放教育研究》2009年第5期。

② Kozma R B. Learning with Media. Review of Educational Research，1991，61（2）：179－211.

③ Tennyson R D. The big wrench vs. integrated approaches：The great media debate. Educational Technology Research and Development，1994，42（3）：15－28.

个生态，这里面的东西都是相互影响的，所以他觉得更应该关注学习的过程①。莫里森则认为克拉克与考兹曼相互论争的东西并不同一，如果反复阅读两者的论争文章就会发现，他们两者的观点是毫不相干的，所以这个论争并没有实际意义②。

在这次专辑的文章中克拉克坚持媒体独立于方法，并用实证研究的数据来证明自己的观点。他认为任何关于媒体影响学习的论断都要有实证数据来支持，所以他就用考兹曼的话来证实自己的观点，因为考兹曼承认过去的媒体研究确实没有证明媒体与学习有关。总的来说，克拉克还是坚持11年前的观点，媒体会影响学习的费用与速度，但是只有恰当的教学方法才能影响学习结果③。

与克拉克针锋相对的是，考兹曼借用了两个较为成功的教学媒体——Thinker Tools 与范德比尔特大学的 The Jasper Woodbury Series——来说明媒体是复杂的，并且它与教学方法不是相互独立而是相关的，所以他拒绝用媒体比较研究的方法来验证媒体对学习的影响，因为在他看来媒体比较研究本身就是有问题的。尽管在实证的角度他无法回答克拉克的提问——"媒体是否影响学习"，但是他认为教学技术更应该关注"我们如何使用媒体来影响教学"④。

该次论争的另外四个参与者，乔纳森从建构主义的视角坚定地认为媒体影响教学⑤。莫里森认为媒体不是一个直接影响学习的单独变量⑥。瑞泽作为教学设计的实践者也认为媒体影响教学，但是他并不关心媒体影响学习的显著性，因为在他看来媒体具有的特性在特定的情况下与教学的方

① Jonassen D H, Campbell J P, Davidson M E. Learningwith media: Restructuring the debate. Educational Technology Research and Development, 1994, 42 (2): 31-39.

② Morrison G R. The media effects question: "Unresolvable" or asking the right question. Educational Technology Research and Development, 1994, 42 (2): 41-44.

③ Clark R E. Media will never influence learning. Educational Technology Research and Development, 1994, 42 (2): 21-29.

④ Kozma R B. Will media influence learning? Reframing the debate. Educational Technology Research and Development, 1994, 42 (2): 7-19.

⑤ Jonassen D H, Campbell J P, Davidson M E. Learningwith media: Restructuring the debate. Educational Technology Research and Development, 1994, 42 (2): 31-39.

⑥ Morrison G R. The media effects question: "Unresolvable" or asking the right question. Educational Technology Research and Development, 1994, 42 (2): 41-44.

法是一起发挥作用的①。夏洛克不认为媒体能够影响学习，但是她认为这是复杂的教学设计过程的一部分②。双方三比三的力量对比势均力敌，对论争最初的提问——"媒体是否影响学习"——也没有一个定论。

在该杂志的接下去的那期，克拉克与考兹曼以"媒体与方法"为主题对该次论争进行了总结，双方对教学媒体与教学方法是独立的还是集成的继续意见相左。丁尼生也撰文对这次论争进行了评论③。这场历时11年的论争终于落幕，闫志明把它看作两种不同的教育技术研究范式之间的对话④，郑旭东把它看作美国教育技术的"媒体派"与"学习派"之间的交锋⑤⑥，即使在美国也是余响不绝⑦⑧⑨。虽然在论争的问题上没有定论，但是对美国教育技术的发展还是影响深远，因为这次论争的双方是美国教育技术的"学习派"与"媒体派"的代表，通过论争，双方都借机澄清了自己的研究对象与研究方法，从而使双方能够更好地理解对方，为之后美国教育技术界的融合发展奠定了基础，而后来学习科学的出现也与此有关。

学媒论争说到底就是关于技术与教学关系的一种论争，因为这里的媒

---

① Reiser R A. Clark's invitation to the dance: An instructional Designer's response. Educational Technology Research and Development, 1994, 42 (2): 45 – 48.

② Shrock S A. The media influence debate: Read the fine print, but don't lose sight of the big picture. Educational Technology Research and Development, 1994, 42 (2): 49 – 53.

③ Tennyson R D. The big wrench vs. integrated approaches: The great media debate. Educational Technology Research and Development, 1994, 42 (3): 15 – 28.

④ 闫志明:《学习与媒体关系大辩论: 不同范式下的对话》,《电化教育研究》2009 年第3 期。

⑤ 郑旭东:《"学习"与"媒体"的历史纷争与教育技术领域的未来 (三)——"学习与媒体大争论"的遽然爆发与一波三折》,《软件导刊》(教育技术) 2008 年第9 期。

⑥ 严莉、郑旭东:《学媒论争启示录——对"学习与媒体大辩论"的新思考》,《开放教育研究》2009 年第5 期。

⑦ Cobb T. Cognitive efficiency: Toward a revised theory of media. Educational Technology Research and Development, 1997, 45 (4): 21 – 35.

⑧ Robinson C, Nathan M, Robinson C, et al. Considerations of Learning and Learning Research: Revisiting the "Media Effects" Debate. Journal of Interactive Learning Research, 2001, 12 (1): 69 – 88.

⑨ Hastings N B, Tracey M W. Does media affect learning: where are we now? TechTrends, 2004, 49 (2): 28 – 30.

体就是一种技术，这里的学习结果也是教学的结果，所以这个问题可以转述为"技术会不会影响教学的结果"，从本质上来看就是一个关于技术与教学关系的问题。虽然在这场论争中大家没有对最初的问题——媒体到底影响不影响教学——做出定论，同时在论争的过程中也没有出现关于该问题的突破性的认识，但是对于我们的研究至少有如下启示：

首先，在这个论争背景下，"媒体会不会影响学习结果"这是一个形而上学的问题。克拉克坚持用实证研究来证明它，也得到了论争对手的赞同，但是论争的结果表明用实证的方法来证明形而上学问题是不可能的，就像哲学中的本体论问题可以转移但不会消失。这告诉我们，研究教学的技术性也不能用实证的方法。同时，我们对此类问题也应该持有一种正确的态度，即对于形而上学的问题我们不应该纠缠于暂时的错与对，要抱有更加长远的眼光借此去改变现实。

其次，学媒论争的焦点就在于对媒体的定义。在 1994 年的专辑当中，很多人都意识到了克拉克与考兹曼论争的不是一个东西，因为他们对媒体的定义就不一样的，如克拉克使用"learning from media"，而考兹曼使用"learning with media"，克拉克的媒体是独立的，而考兹曼的媒体是与学习方法、表征手段等相联系的。而参与论战的诸人中对媒体的理解也不一样，如乔纳森把媒体看作学习环境的要素之一，与学习者、学习内容、学习方法共同构成了学习环境[①]。对我们的研究来说，界定技术是什么就是一个最重要的问题，因为之后所有的论证都要从这个定义出发。

最后，不同的定义就有不同的学习景观与不同的教学实践，相互之间会有竞争，但很难说替代。参与这场论战的都是知名的教育技术研究者与实践者，他们都用自己的工作证明了自己理论的正确性，但是这里面也有些微差异。如在论战的初期克拉克所代表的学习派在教育技术领域占据了优势，因而他可以挑起这场论争，甚至在 8 年内一度没有强有力的挑战者。而到了论战的后期，多媒体电脑与互联网的出现使媒体派获得了新生，他们在论战中毫无疑问占据了上风。这些告诉我们，理论虽然能够指导实践，但是只有与实践一起更新的理论才更加具有生命力。同时，不同的理论揭示的是世界的不同方面，我们要保持宽容与开放的心态，敝帚自

---

① Jonassen D H, Campbell J P, Davidson M E. Learningwith media: Restructuring the debate. Educational Technology Research and Development, 1994, 42（2）: 31 – 39.

珍不是不可以，但是更需要对其他竞争对手的欣赏与尊重。

三　技术与教学关系的相关研究

技术与教学的关系，可以是肯定性的关系，也可以是否定性的关系，可以是特殊意义上的关系，也可以是一般意义上的关系，可以是以技术为出发点，也可以以教育为出发点。我们研究教学的技术性是为了获得一个技术视野中的教学的新观点，因而我们是以技术为出发点，同时这种关系也是一般意义上的关系，同时我们要考虑技术的观点对理解教学的建设性需求，我们倾向于使用肯定性关系。

正如我们在研究背景中所说的，由于理论研究传统的影响，教学（教育）理论界对技术与教学（教育）的关系问题缺乏应有的思考，所以在这个问题上乏善可陈，而且从弘扬教学的人文性出发大家天然地对技术保持警惕，大家对技术与教学的关系即使有也多为否定性关系[1][2][3][4]。

当前对技术与教学关系最为关注的却是教育技术学界的专家，技术与教育的关系问题实际上是教育技术基本理论中的基础问题，因此，出于建设教育技术基本理论的需要，他们投入了大量的精力来探讨这个问题。

桑新民教授是较早地明确提出把技术哲学引入教育技术基本理论研究中来，在《技术—教育—人的发展（上）：现代教育技术学的哲学基础初探》一文中他就把技术哲学与教育哲学看作"教育技术学最深层的理论基础""技术哲学是现代教育技术学的重要理论基石"[5]。从此以后在教育技术界经常可以看到一些用技术哲学的视野考察教育技术问题的论文，而其中影响较大、研究较为集中的就是李艺教授领衔的团队在此方面的研究。

---

① 徐继存：《教学技术化及其批判》，《教育理论与实践》2004 年第 3 期。

② 刘同舫：《现代教育技术化发展倾向的反思》，《自然辩证法通讯》2006 年第 1 期。

③ 沈骑：《唯技术化·麦当劳化·去技术化——课堂教学技术化倾向的反思》，《教育理论与实践》2009 年第 22 期。

④ 伍正翔：《"教育技术化"危机及其救赎之道》，《华东师范大学学报》（教育科学版）2011 年第 4 期。

⑤ 桑新民：《技术—教育—人的发展（上）——现代教育技术学的哲学基础初探》，《电化教育研究》1999 年第 2 期。

　　从中国期刊网查到的论文看,李艺教授的团队从 2007 年开始以技术价值论为切入点开始研究技术与教育的关系,他们用王玉樑的"效应说"来解释技术的价值问题,并根据其提出的价值实现与价值创造的途径——主体客体化和客体主体化——相应地提出了教育的技术化与技术的教育化问题①,而他们的团队在之后的时间里主要就是对这两个途径的深化与拓展。同年,颜士刚和李艺在《电化教育研究》中发表了《论教育技术化是技术教育价值的实现和彰显》,在该文中作者从过程与状态两方面阐述了教育技术化的含义②,2008 年他们又发表了《论技术教育化是技术教育价值的创造和累积》,同样也从过程与状态两方面阐述了技术教育化的含义③。单美贤与李艺在《华东师范大学学报》(教育科学版)上发表了《技术教育化过程的基本规律探析》,在文中通过对技术应用的"凤凰现象""时滞现象"等问题的探讨,提出了技术教育化的"结构与功能的有机统一""内在逻辑与教育环境的统一""教育目的与技术手段的有机统一"三个规律④。之后,单美贤与李艺在《开放教育研究》中发表《教育中技术的价值探讨》基本上是该团队对技术的教育价值的一个总结,在该文中的最后,作者提出"基于人本的思想和对人的关切,共同寻找适合的教育方式和相关技术,以使技术在教育系统中的应用展现其人文关怀和价值意蕴,达成与教育以人为本的价值追求的协调",这就是技术与教育对话的基础⑤。

　　从技术价值论出发,李艺团队开始了他们对教育技术基本理论的思考,但是其重点还是在于技术与教育关系的阐述。首先,李美凤与李艺在《开放教育研究》中发表了《人文主义技术视角中教育与技术的"一体两面"——兼论教育学与教育技术学的对话何以可能》,该文从技术视角在教育理论研究中的缺乏开始,导出了人文主义技术观下技术与教育的内在

　　① 李艺、颜士刚:《论技术教育价值问题的困境与出路》,《电化教育研究》2007 年。

　　② 颜士刚、李艺:《论教育技术化是技术教育价值的实现和彰显》,《电化教育研究》2007 年第 12 期。

　　③ 颜士刚、李艺:《论技术教育化是技术教育价值的创造和累积》,《电化教育研究》2008 年第 3 期。

　　④ 单美贤、李艺:《技术教育化过程的基本规律探析》,《华东师范大学学报》(教育科学版),2008 年第 3 期。

　　⑤ 单美贤、李艺:《教育中技术的价值探讨》,《开放教育研究》2008 年第 2 期。

一致性，从而为教育技术学与教育学的对话提供了理论前提①。李艺与李美凤在《电化教育研究》中发表的《教育中的技术价值论研究过程与方法——兼谈对教育技术哲学研究的几点看法》则是该团队从技术价值论生发出对教育技术基本理论研究的一些看法②。

除此之外，单美贤与李艺的《教育中技术的本质探讨》③，颜士刚和李艺的《教育领域中科学的技术价值观问题探索》④，李美凤与李艺的《人的技术化之合理性辩护》⑤，叶晓玲与李艺的《从观点到视角：论教育与技术的内在一致性》⑥ 以及《论教育的"教育—技术"存在结构及其中的延异运动——基于技术现象学观点的分析》⑦，安涛与李艺的《技术哲学视野下的教育技术理论图景》⑧，张刚要与李艺的《技术时代教育哲学的拓展研究——兼论教育技术学与教育学的深度融合何以可能》⑨ 等都是在探讨技术与教育关系基础上生发出来的研究。

综观李艺教授团队的相关研究，他们关于技术与教育关系的研究最主要的理论立足点还是技术价值论，即使在讨论教育中的技术本质问题时还保留了很多讨论技术价值论时的思路⑩，在这条路上他们导出了技术与教育相一致的观点⑪，后来叶晓玲与李艺的另一篇文章从另外的角度强调了

---

① 李美凤、李艺：《人文主义技术视角中教育与技术的"一体两面"——兼论教育学与教育技术学的对话何以可能》，《开放教育研究》2008 年第 1 期。

② 李艺、李美凤：《教育中的技术价值论研究过程与方法——兼谈对教育技术哲学研究的几点看法》，《电化教育研究》2008 年第 10 期。

③ 单美贤、李艺：《教育中技术的本质探讨》，《教育研究》2008 年第 5 期。

④ 颜士刚、李艺：《教育领域中科学的技术价值观问题探索》，《中国电化教育》2008 年第 4 期。

⑤ 李美凤、李艺：《人的技术化之合理性辩护》，《科学技术与辩证法》2008 年第 1 期。

⑥ 叶晓玲、李艺：《从观点到视角：论教育与技术的内在一致性》，《电化教育研究》2012 年第 3 期。

⑦ 叶晓玲、李艺：《论教育的"教育—技术"存在结构及其中的延异运动——基于技术现象学观点的分析》，《电化教育研究》2013 年第 6 期。

⑧ 安涛、李艺：《技术哲学视野下的教育技术理论图景》，《教育研究》2014 年第 4 期。

⑨ 张刚要、李艺：《技术时代教育哲学的拓展研究——兼论教育技术学与教育学的深度融合何以可能》，《中国电化教育》2014 年第 9 期。

⑩ 单美贤、李艺：《教育中技术的本质探讨》，《教育研究》2008 年第 5 期。

⑪ 李美凤、李艺：《人文主义技术视角中教育与技术的"一体两面"——兼论教育学与教育技术学的对话何以可能》，《开放教育研究》2008 年第 1 期。

技术与教育的一致性方面①，他们这种强调技术与教育的一致性从某种意义上与我们这里研究教学的技术性有相同之处，只不过他们更多的是看到了教育与技术的相同点，从而可以用技术哲学的相关观点来解释教育问题，而我们虽然也把教学看作一种技术，但是更多的是利用技术哲学相关资源来建构对教育的理解。李艺教授的团队志在为教育技术学科奠定新的理论基础，而我们更希望寻求一种新的理解教学（教育）的视角，这其中的区别是微妙的，但是这决定了我们在研究内容上的有所侧重。他们更多的是用技术哲学的相关理论来阐释教育技术，而我们用技术哲学的相关理论来建构教学是什么。

除了李艺教授团队之外，对技术与教学关系也有一些零星的论述，较为重要的有郭文革的《教育的"技术"发展史》，这是比较少见的从历史的角度来研究技术与教育关系的文字②，《新卢德主义关于技术影响教育的批判性阐释》这是哲学界对技术与教育关系的一种较为理解，虽然主要还是一种否定性关系的阐述③。此外，《技术与教育关系新论》④《教育与技术的关系探微》⑤都是教育技术领域的人对技术与教学关系的一种自发的总结，是对技术与教育关系的一种朴素的认识。

四　小结

从上述关于教育技术性、学媒论争以及技术与教学关系的相关研究的回溯，我们基本可以得出以建构技术视野的教学理解为目的的教学技术性研究尚不存在，这样的一种研究如果能够得以成功开展、取得的成果能够得到认可，那么对于解决学媒纷争，厘清技术与教学的关系，甚至对于理解这个技术时代的教学都将会带来新的希望。

同时，根据现有研究的不足，我们认为本研究在研究内容上要注意以下问题的回答，即什么是技术，什么是技术视野的教学，技术视野的教学

① 叶晓玲、李艺：《从观点到视角：论教育与技术的内在一致性》，《电化教育研究》2012年第3期。

② 郭文革：《教育的"技术"发展史》，《北京大学教育评论》2011年第3期。

③ 陈红兵、周建民：《新卢德主义关于技术影响教育的批判性阐释》，《自然辩证法研究》2006年第3期。

④ 王竹立：《技术与教育关系新论》，《现代远程教育研究》2012年第2期。

⑤ 赵勇、王安琳：《教育与技术的关系探微》，《中国电化教育》2004年第5期。

有什么特点，什么是教学的技术性，教学的技术性与教学的创新有什么关系。这其中关于教学的技术性是什么为核心，其他问题都是为这个问题做准备或从这个问题生发而来。

在研究方法上我们要用好形而上的思辨方法，同时要多向各相关学科寻求理论资源，特别是技术哲学已经成为一门显学的情况下，要广泛涉猎技术哲学的各个流派与分支，要能够恰如其分地使用好现有的理论来阐释教学问题。

第三节　研究主题与意义

事物的属性可以很多，本质属性却只有一个，但是由于事物是发展的，所以这个本质属性不是固定不变的。同时，事物的本质属性属于人的认识的范畴，所以在不同的视角中这个本质属性也并不是固定的，审视的视角不同，所得到的本质属性也会不同。我们研究教学的技术性的初衷就是对教学理论与教学实践关系的一个处理，从上述研究背景的探讨中我们可以看到，教学实践的技术化与教学理论中技术主题的缺失是当前教学研究理论与实践脱节的一个体现，而教育技术学与教学论之间缺乏对话则是学科层面对教学理论与教学实践的人为分割，学习科学似乎已经在走一条理论与实践融合的道路，但是还缺乏一个从根本上的对教学理论与教学实践关系的探讨，我们认为教学的技术性就是这样的一种探讨。

一　研究的主题

本研究探讨的主题为教学的技术性，旨在获得一种审视教学的视角以及对教学的一种新认识，并以此对当前的教学理论与实践所存在的一些问题做出回应。这包括两方面的工作，首先就是确认这种视角的合理性及其合理的结构，其次就是这种视角对现实的关怀。对第一方面的工作来说，我们需要研究的问题包括：什么是教学的技术性？教学为什么会有技术性？教学的技术性包括有哪些内容？对第二方面的工作来说，我们更加关注当前教学实践中所凸显出来的一些现象的解释，如高等教育中的MOOC、基础教育中的翻转课堂以及一些新技术如云计算、大数据等进入教学后有可能对教学产生的变革。

从研究的背景部分我们可以看到，信息技术正在加速进入教学实践，教学的面貌正在发生全面的变化，而教学理论长期以来对技术主题的忽视显然对这种趋势有点措手不及，也难以把握教学正在发生的变化。正是在这样的情况下，本研究试图从技术的视角来把握教学，为我们理解技术时代的教学提供一个可供参考的思维框架，本研究的主题词——教学的技术性——就是这一研究的落脚点。

研究教学的技术性，首先就是把教学看作一种技术，这是对从技术视野审视教学的本体论承诺。一直以来教学理论与教学实践之间存在着脱节现象，这是由于在理论与实践相互转化过程中的诸多环节与诸多限制条件带来的复杂性，使这个转化过程不能顺利完成。在本研究中我们把技术看作理论与实践之间的中介，技术人工物与身体技能是技术的两大核心，教学的过程就是教学理论不断地固化到技术人工物或形成人的身体技能，然后通过技术人工物与身体技能的应用对教学实践产生影响，同时教学实践的差异性对教学中的技术人工物与教师身体技能形成了一定程度的对抗，这种对抗达到一定程度就需要修改教学理论，从而再一次进入新的循环。在这个过程中，教学理论与教学实践不断地以技术为中介进行滚动式的发展，最终实现教学的发展。

其次，研究教学的技术性需要关注技术工具在教学中的应用，这不但是一个理论问题也是一个实践的问题。工具手段一旦产生就会对人类社会具有强大的反作用力，当前网络与通信技术的发展对人们的认知与行事方面都产生了巨大的影响，这对教学对象与教学目的的冲击是巨大的。我们教学对象与教学目的的变化也要求我们教学方法的改变，对教师来说，很多时候就是技术工具及其相关技能的改变。技术工具的应用是实现教学理论与教学实践的转换过程，也是教学技术性的外在体现。

最后，教学的技术性还表现在教学以技术为目的的特点。在这个技术时代，技术的内容开始进入教学，成为教学内容。教学方法的创新也与技术的应用有关，教学过程客观上也是技术创新应用的过程。更为关键的就是教学的对象也越来越技术化，这种技术化既是教学环境的技术化也是教学产出的技术化。

总之，如果要我说出什么是教学的技术性，那么在我看来"作为技术的教学""使用技术的教学"与"为了技术的教学"就是技术性在教学的本质、过程与目的等方面的具体体现。

那么教学的技术性对教学的现实有何指导与解释作用呢？把教学的技

术性应用到当前信息技术对教学的变革，解释与指导当前的教学信息化是本研究的另一个主题。这包括对当前教学改革中比较热门的如翻转课堂、MOOC 等现象的剖析。当然教学的技术性对当前教学的意义不仅是针对实践的，还具有理论意义，正如我们在结论中探讨的，像当前我们的教学研究正面临着技术的转向，因此一些教学的概念有待修正，一些新的概念有待提出，我们做教学的范式也有待改变，这可能是个无尽的任务，在此挂一漏万也仅是个抛砖引玉的权宜之计。

二 研究的意义

本研究的直接意义有两个，第一个就是为思考当前正在蓬勃发展的教育信息化提供理论框架（使用技术的教学）；其次就是用技术性的概念为教学理论与教学实践之间的转化问题提供一个思路（为了技术的教学）。

这是一个技术浸润的世界，技术无孔不入成了这个世界最显著的现象，因此，对教学中的技术现象进行审视已经成了当前教学发展的重要问题。正如我们在前面所说，由于历史原因教学理论缺乏对技术问题的关注，或者说技术问题在教学实践中的重要性与教学理论对其重视程度是不匹配的。不唯如此，当前教学理论界对教学中的技术问题批判的多，建构的少，这就造成教育学人对技术问题不愿投入很多的精力去研究。同时，当前对教学中的技术问题进行思考还缺乏一些基本的理论资源，也就是说，当前在教育学范围内研究技术问题尚有很大的理论障碍。本研究试图以教学的技术性这个概念为核心，为教育学思考技术问题奠定一定的理论基础，可能还是比较粗陋，但是终归是起步了。

研究教学的技术性另一个意义就在于探讨教学理论与教学实践的转化途径。理论与实践的关系是个乱象丛生的领域，研究理论的人往往强调理论对实践的指导作用，而做实践的人往往轻视理论，认为实践出真知。在教学研究领域，教学理论与教学实践两张皮的问题一直存在，得不到很好的解决。对教学本质的探讨，有人把它看作一种认识，有人把它看作一种实践，似乎谁也不能把谁给说服。其实，抽象地来谈理论与实践的关系并没有多大的意义，所谓尺有所短寸有所长，这当中最重要的东西就是如何实现这两者的相互转化，然后推动各自的发展。研究教学的技术性就是把教学看作技术，而技术在本质上就有中介理论与实践的特点。静态地看，在技术的设计阶段主要偏内向理论的应用而技术的应用阶段则是实践的过程；动态地看，技术发生作用的时候就是工具手段与身体技能密切配合的时候，工具手段主要是理论的产物，而身体技能则是实践规训的结果。因此，研究教学的技术性也是研究教学理论与教学实践的转化的问题。

当然，本研究的最终目的在于建立一种对教学的新的理解。由于历史的原因，技术主题在教学理论中被长期地忽略，而常识中的技术概念又充满着误解，所以技术在教学理论中的形象一直都是比较负面，而与此相对的却是教学实践中技术工具在不断地扩大它的领地，教学中的技术问题呈现出越来越凸显的态势。这种理论与实践的不对称发展必将阻碍教学的长期发展，因而建立一种基于技术视角的教学理解是当前的教学实践对教学理论提出的问题。当然，我们建立这种对教学的新理解，不是要反对或者替换我们原有的教学理论或对教学的理解，我们更愿意相信我们的工作只是提供了一种对教学的新的理解，我们的建构工作只是出于丰富对于教学本质认识的目的，它跟我们原来的各种关于教学的理解共存，形成一个多元化的教学理解景观。

第四节　研究方法与思路

一　研究的方法

心理学领域中习惯把以事实与数据为中心的研究称作实证研究，而以论理为中心的研究称作思辨研究①，按这样的划分，本研究是属于思辨的研究。所谓思辨"在西方哲学中源于拉丁语 speculum（镜子），是不涉及感性只借助概念进行抽象的理论思维"②，简单地说，思辨就是一种不直接根据感性材料，而是用人类理性认识能力，通过用概念、命题以逻辑演绎的方式进行的思维方式。它是人类早期一种主要的认识世界的方法，随着近代经验科学的发展而式微。

思辨研究方法的式微，一方面是由于其本身存在的问题，另一方面则是人们对思辨研究与实证研究两者关系的不正确认识。

思辨研究作为人类早期的一种认识方法其起源于人们发现仅仅依靠对

---

① 龙立荣、李晔：《论心理学中思辨研究与实证研究的关系》，《华中师范大学学报》（人文社会科学版）2000 年第 5 期。

② 谭鑫田等：《西方哲学词典》，山东人民出版社 1991 年版，第 454 页。

现象的直观不能获得对事物的真知，必须要通过大脑对现象的判断与演绎才有可能获得更加真实的知识。由于人的思维要借助于语言表达，于是最初的思辨就是一套思考问题与解答问题的语言程序，最为著名的就是苏格拉底的"产婆术"，即通过归谬法与排除法来发现对方意见中的逻辑缺陷，提出自己的观点。苏格拉底之后柏拉图提出了思辨方法的知识基础，他认为如果没有广博的知识作为基础，那么思辨就有可能走向诡辩，因此他主张最优秀的哲学家必须精通"七艺"。而亚里士多德则用他的逻辑学，特别是形式逻辑的三段论为思辨研究提供了具体的操作程序。从三段论来看，思辨研究的最大问题就在于需要一个"大前提"，为了逻辑的一致性，这个大前提一旦确立就无法改变，这也是思辨容易导致僵化的原因。所以思辨研究最容易被批判的就是它的形而上学性，后来实证主义对思辨的批判其中的一个口号就是"拒斥形而上学"。此外，思辨研究的形而上学特性导致了思辨的命题过于一般化而难以与现实相呼应，甚至沦为一种语言的游戏，这也使思辨研究在当前的学术研究中声名不彰，从而导致其难以得到好的学术评价。

实证主义对思辨的批判应该说是切中要害的，但是它要因此而取代思辨的研究则是过犹不及。在研究中，思辨与实证并不是水火不容的两种东西，恰恰相反，这两者具有很强的互补性。从研究对象来看，实证的研究存在着简化研究对象的问题，因为用数字的方法来完整表达复杂的现实是不可能的，所以实证研究往往要丢弃一些看起来与研究无关的变量，但是这也就造成了实证研究在解释变量之间的因果关系的时候不得不持审慎的态度，因为那些被抛弃掉的、看起来与研究关系不大的变量说不定就是一个很重要的因素。同时，对于一些抽象程度高、难以操作化的问题，实证研究也没办法研究，这个时候思辨的研究就可以作为实证研究的补充。从研究过程来看，在实证研究的早期阶段，研究问题的凝练过程中必须要有思辨的参与，因为在提出问题的过程中如果采用了不同的基本理论假设，其提出的问题是不同的，进而也会影响研究的进程；而思辨的研究中，也需要一些经验的证据来证明其中的观点，就像我们常说的，马克思哲学是以各门具体科学的研究成果为基础的，也就是说哲学的思辨也需要有经验材料，一方面从经验中得到启发，另一方面在经验中得到印证，一个时代的哲学是这个时代的精神之花，实际上也表明了哲学对经验材料的依赖关系。由此可见，思辨与实证是两种针对不同研究问题的研究方法，并不存在谁比谁高明的问题，它们都是我们认识世界的方法，两者具有互补性。当前，在我国学术界存在的厚实证薄思辨的现象虽然有一定的针对性，但也要注意矫枉过正。要知道，在20世纪90年代英国的教育管理领域中实证的研究方法就已经不流行了①，而美国也开始流行混和方法研究②。

思辨的研究方法虽然在当前不被看好，但是它在整个研究生态中还是不可或缺的，彭荣础认为它对于解决本体论与认识论层次的问题具有不可替代的作用③。鉴于本研究的主题实际上就是获得一种关于教学的本质及其认识方法，所以我们认为思辨的研究方法是本研究的首选，就像马克思说的"分析经济形式，既不能用显微镜，也不能用化学试剂。二者都必须用抽象力来代替"④，研究教学的本质也必须要用人的抽象思维。

二　本书的思路

马克思在《资本论》第二版的跋中提出了"在形式上，叙述方法必须与研究方法不同。研究必须充分地占有材料，分析它的各种发展形式，探寻这些形式的内在联系。只有这项工作完成以后，现实的运动才能适当地叙述出来"⑤。在这里，他指出了一条从具体到抽象的研究方法，同时也提及了另一个与此不同的叙述方法，这两种方法就是他在《政治经济学批判》导言中提到的两条道路——"在第一条道路上，完整的表象蒸发为抽象的规定；在第二条道路上，抽象的规定在思维行程中导致具体的再现"⑥。总之，马克思认为在他的政治经济学的研究中存在着两种逻辑——研究的逻辑与叙述的逻辑。研究的逻辑就是从具体到抽象、从复杂到简单，它的最终结果就是得到对事物的抽象规定；而叙述的逻辑恰恰与此相反，它是从本质到现象、从简单到复杂，或者说从抽象到思维中的具

①　托尼·比彻：《学术部落及其领地》，北京大学出版社2008年版，第194页。

②　田虎伟：《混和方法研究——美国教育研究方法的一种新范式》，《比较教育研究》2007年第1期。

③　彭荣础：《思辨研究方法：历史、困境与前景》，《大学教育科学》2011年第5期。

④　马克思、恩格斯：《马克思恩格斯全集》（第23卷），中共中央马克思恩格斯列宁斯大林著作编译局译，人民出版社1972年版，第8页。

⑤　同上书，第23页。

⑥　马克思、恩格斯：《马克思恩格斯选集》（第2卷），中共中央马克思恩格斯列宁斯大林著作编译局译，人民出版社1995年版，第18页。

体。这两种逻辑构成了一个辩证认识的两个阶段，我们的博士学位论文研究也是遵循这样的思路，但是从成文的角度我们遵循了叙述的逻辑，即从本质到现象，从抽象到思维中的具体。因此整个论文的叙述思路如图1-1所示，从最抽象的概念生成，到概念的描述，再到最后的概念的应用。

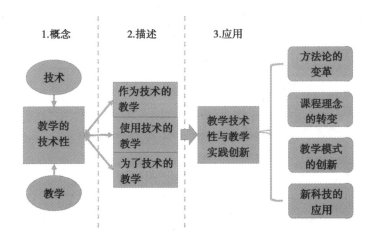

图1-1   论文的叙述思路

首先，在本书的最初我们需要对本研究中最抽象的概念——教学的技术性——做一铺陈，我们从最基本的两个概念——技术与教学——入手来阐述教学的技术性。技术的概念由于在长期的使用过程中变化比较大，同时技术哲学的勃兴导致了技术概念的多样化，所以我们首先采取了理解的模式，理解各个技术哲学家在提出他们的技术概念时到底是出于什么样的目的，他们是在什么样的意义上理解技术的，同时由于技术概念在历史上与科学概念和实践概念的纠缠，我们还分别把技术与这两者进行了比较。在此基础上，我们提出了我们自己的对技术的理解，并以此为基点得到了一个关于教学的技术性的最简单的表述。

其次，我们从"作为技术的教学""使用技术的教学""为了技术的教学"三方面来展开对教学技术性的阐述：在"作为技术的教学"部分，我们首先从"技术就是理论与实践之间差异消弭"的定义出发，论证了教学是一种技术的观点，其次从教学目的、教学手段与教学过程三方面论证了教学作为技术的合理性，接着论述了作为技术的教学的三个特点，最后以我的教学故事为例，展示了作为技术的教学的实现；在"使用技术的教学"部分，我们从媒介环境学对技术的分期入手，探讨不同工具手段在它们盛行的时期对教学产生的影响，另一方面我们从身体理论入手，探讨身体技能对教学中工具手段的应用有何作用，在这一部分我们试图强调作为技术使用场域的教学，不但跟技术手段有关还跟人的身体技能有关；在"为了技术的教学"部分，我们试图说明，技术不但是教学的手段也是教学的目的。在这部分我们讨论了目的与手段的普遍转化问题，以及技术与人的同一性问题，以此作为把技术看作教学目的的理论基础。然后从技术作为教学内容的目的与技术作为教学形式的目的两个方面，讲到了教学与技术之间的目的与手段互换的情形，即把教学作为传承技术与发展技术的工具，这两者合起来就是把技术作为教学目的的含义。

最后，我们把我们理解的教学的技术性投射到教学的实践，特别是教学创新问题上，以期能够得到一些启发。如在研究方法上我们探讨了基于设计的研究中所包含的技术性预设，在教学理念的转变中我们以 MOOC 实践中所体现的后现代课程理念来说明技术与新理念的结合点，在教学模式上我们以翻转课堂的例子探讨了技术对教学模式创新的重要作用，最后用大数据技术与脑科学在教学中的运用说明技术给教学带来的新面貌。这些多层次、多方面的探讨是为了验证教学的技术性对当前教学实践的解释作用。

第一章

技术与教学：概念解析及其他

只要试图给"技术"一词下定义，人们就会发现离开这个术语的模糊性，就等于不适当地减少了问题的复杂性，从而抹杀了所要研究对象的复杂性。[①]

——拉普

世界是一还是多？是宿命的还是自由的？是物质的还是精神的？这些概念的任何一对中的任何一个都既可能适用于又可能不适用于这个世界；对于这些概念的争论是无止境的。在这种情况下，实用主义的方法是试图探索其实际效果来解释每一个概念。[②]

——詹姆斯

作为一项研究，概念的清晰是最基本的要求，虽然这是个无尽的任务，就像尼采所说一切有历史的东西都是不可定义的，但是在研究的初期还是要尽可能地做一番详尽的考察。在本研究中技术的定义非常关键，但是仅仅抽象地定义技术则又非常困难而难以明白，因此在这里我们试图从技术与一些相近概念的比较中来把握技术。同时，由于本研究的独特视角，所以对教学的理解也需要作一新的界定，在本研究我们从技术哲学的角度来对教学为何做一框定。

---

① 拉普：《技术哲学导论》，刘武等译，辽宁科学技术出版社 1986 年版，第 184 页。
② 威廉·詹姆斯：《实用主义》，陈羽纶、孙端禾译，商务印书馆 1979 年版，第 26 页。

第一节　理解技术

拉普曾经在他的《技术哲学导论》中说："只要试图给'技术'一词下定义，人们就会发现离开这个术语的模糊性，就等于不适当地减少了问题的复杂性，从而抹杀了所要研究对象的复杂性。"[①] 诚然，技术作为一个具有悠久历史的东西，要清楚地界定其概念是很困难的，在这里我们只能尽可能多地展示其各方面的含义，给人一个较为全面的理解。首先，我们从一般的意义上来考察技术的概念，特别是根据海德格尔所批判的两种技术定义出发，得到关于技术的理解；其次，通过把技术与相关概念的比较与甄别来得到技术的较为核心的内涵；最后，提出我们对技术的理解。

一　技术概念的一般探讨

什么是技术？有多少个技术哲学家就有多少种技术的定义。米切姆（Carl Mitcham）认为，从最一般意义上来说"技术是制造并使用工具"[②]，皮特（Joseph C. Pitt）认为技术是"工作中的人性（Humanity at work）"[③]，德韶尔（Friedrich Dessauer）认为"技术是通过目的性导向以及自然物的加工而实现的理念的现实存在"[④]，敖德嘉（José Ortega Y Gasset）认为技术是"人为了满足需求而强加于自然的改造"[⑤]，海德格尔称"技术是一种解蔽方式。技术乃是在解蔽和无蔽状态的发生领域中，在 $\alpha\lambda\eta\theta\epsilon\iota\alpha$ ［无蔽］即真理的发生领域中成其本质的"[⑥]，拉普（Friedrich Rapp）认为"'技术'一词都是指物质技术，它是以遵照工程科学进行的活动和科学

---

① 拉普：《技术哲学导论》，刘武等译，辽宁科学技术出版社 1986 年版，第 184 页。

② 米切姆：《技术哲学》，吴国盛：《技术哲学经典读本》，上海交通大学出版社 2008 年版，第 4 页。

③ 约瑟夫·C. 皮特：《技术思考——技术哲学的基础》，陈凡、秦书生译，辽宁人民出版社 2008 年版，第 14 页。

④ 王飞：《德韶尔的技术王国思想》，人民出版社 2007 年版，第 71 页。

⑤ 敖德嘉：《关于技术的思考》；吴国盛：《技术哲学经典读本》，上海交通大学出版社 2008 年版，第 266 页。

⑥ 海德格尔：《演讲与论文集》，孙周兴译，生活·读书·新知三联书店 2005 年版，第 12 页。

知识为基础的，这个定义最接近人们的通常理解"[1]。吴国盛说"技术是人的存在方式"[2]，乔瑞金认为"技术即内化为人的本能性的娴熟技巧，它是人的现实活动及能力标志"[3]，王伯鲁认为技术是"围绕'如何有效地实现目的'的现实课题，主体后天不断创造和应用的目的性活动序列或方式"[4]，布莱恩·阿瑟（W. Brian Authur）认为"技术是对现象有目的的编程"[5]……每个技术哲学家从自己的视野出发总会得到不同的技术定义。

尼采曾经说过一切有历史的东西都是不可定义的，这可以看作落入本质主义窠臼的非本质主义观点，但是这种观点在技术哲学的研究中比比皆是，除了一些专门以下定义为目的的词典外，当代的技术哲学家很少有人声称自己给技术作了一个完善的定义，他们使用技术定义的时候或者只是作为自己研究起点的一个假设，如海德格尔在追问技术的时候先假定了一个工具论和人类学的定义，但是马上说"单纯正确的东西还不是真实的东西"[6]，于是开始了其现象学的技术追问。或者通过描述技术的特征来完成对技术的定义，如陈红兵与陈昌曙认为与其给一个简单的定义不如勾画出技术的特征更为有用，并从功能性特征、社会目的特征与结构性特征三方面给出了对技术的理解[7]。还有的讨论技术问题的人则更加随意，往往只关注技术的某一方面。如 R. 舍普说"在我看来，技术既非完全天然的也非完全人为的"[8]，突出了技术的双重属性。盖伦（Arnold Gehlen）说"技术和人类自身是同样古老，因为在我们研究化石遗迹时，只有当我们遇到使用过制造工具的痕迹时，我们才能肯定我们是在研究人类"[9]，突

---

① 拉普：《技术哲学导论》，刘武、康荣平、吴明泰译，辽宁科学技术出版社 1986 年版，第 30—31 页。

② 吴国盛：《技术哲学讲演录》，中国人民大学出版社 2009 年版，第 2 页。

③ 乔瑞金：《马克思技术哲学纲要》，人民出版社 2002 年版，第 14 页。

④ 王伯鲁：《技术究竟是什么：广义技术世界的理论阐释》，科学出版社 2006 年版，第 28—29 页。

⑤ 布莱恩·阿瑟：《技术的本质》，曹东溟、王健译，浙江人民出版社 2014 年版，第 53 页。

⑥ 海德格尔：《演讲与论文集》，孙周兴译，生活·读书·新知三联书店 2005 年版，第 5 页。

⑦ 陈红兵、陈昌曙：《关于"技术是什么"的对话》，《自然辩证法研究》2001 年第 4 期。

⑧ R. 舍普：《技术帝国》，刘莉译，生活·读书·新知三联书店 1999 年版，第 10 页。

⑨ 阿诺德·盖伦：《技术时代的人类心灵》，何兆武译，上海科技教育出版社 2008 年版，第 2 页。

出了技术与人类起源的某种关系。

我们认同尼采的观点，作为一个有着悠久历史的技术现象，给其下一个完善的定义是不可能的。但是作为学术探讨，如果没能有一种确定的观点同样也是不可思议的。

从词源学的角度来看，在古汉语中多单音节词，如今的"技术"一词在古代是两个词，"技"表示与身体有关的手艺、技能，"术"表示具有一定抽象性带有知识性质的方法、策略。当前的"技术"一词基本上继承了这两者的意思，既表示工匠的技能，也表示一些方法、策略等知识。此外，随着大量的工具产品的诞生，人的手艺、技能不断地外化为机器，于是"技术"也开始指代这些机器，可以说这三层意思基本上涵盖了目前的"技术"一词的含义。

在英语中，当前翻译成技术的主要有两个词，即"technology"与"technique"，这两个词都来自希腊文"techne"，我们今天一般把它翻译成"技艺"。在古希腊"techne"这个词是非常复杂的，它既表示建筑、驯马等实用技术，也表示诗歌、舞蹈等非实用技术，这大概也是如今的翻译"技艺"的来历，因为实用技术我们现在一般就叫技术，而非实用技术则是指艺术。不但如此，德国古典学家耶格尔认为："techne 一词指一种依赖于普遍规则与固定知识的实践，因此与素朴经验相比，techne 显然接近理论（theoria）的含义；但 techne 与 theoria 的不同在于，techne 总是与实践相关。"[①] 也就是说，"techne"一词在古希腊既与理论有关也与实践有关。"technology"一词是由"techne"与"logos"的组合，这种组词方式我们很熟悉，如 Psychology、Biology，它们都是代表了对现象的科学探究，我们一般就翻译成"某某学"，所以"technology"最初在 17 世纪出现的时候是作为关于技术的学问。但是在如今的运用中，technology 虽然还包含着"技术学"的义项，但是人们更多的是把它看作一种总体的技术，它不但指关于技术的学问，也指技术工具与身体技能（technique）。

词源学上的这种技术含义给了我们比较好的探讨一般性技术概念的起点，事实上，海德格尔在《技术的追问》中一开始就提出了类似的说法："技术之所是，包含着对器具、仪器和机械的制作和利用，包含着这种被

---

① Jeager. Paideia: the Ideals of Greek Culture [M]. Ox ford University Press, 1971: 130. 转引自韩潮《希腊思想中的技术问题》，《自然辩证法研究》2007 年第 6 期。

制作和被利用的东西本身，包含着技术为之效力的各种需要和目的。这些设置的整体就是技术。"①　在这里，他提出技术包含了工具手段、工具手段的制作与使用过程以及工具手段为之服务的需要与目的三个方面，海德格尔称之为工具论与人类学的技术定义，同时也认为这种对技术的规定"甚至是非常正确的，以至它对于现代技术也还是适切的"②。跟这个比较接近的是米切姆对技术定义的考察框架，他认为当前人们在定义技术的时候主要有四种倾向，即把技术作为客体，把技术作为过程，把技术作为知识，把技术作为意志。与海德格尔上述工具论与人类学定义相对照，这里的客体就是"器具、仪器和机械"，过程就是"对器具、仪器和机械的制作和利用"，意志则是"需要与目的"，而海德格尔没有提到的"知识"实际上就包含在器具的制作与使用过程中。

虽然海德格尔在《技术的追问》中提到了两种关于技术的常识观点——工具论与人类学的技术观，但是他的分析主要是从工具论的规定出发开始技术的追问，我们认为从人类学出发探讨技术，敖德嘉的分析堪称经典。

在《关于技术的思考》中，敖德嘉指出人类行为中有一类是脱胎于动物界，主要是为了满足生存而从事的行为，如冷了就要取暖，饿了就要进食，为了取暖或进食需要行走，我们可以把这类活动称为生存活动，即为了生存下去而从事的活动。在生存活动中有一类人类行为与动物几乎无异，如冷了就找个洞穴躲避风寒，饿了采摘植物果实来吃，简单地说，就是直接利用自然条件来满足生存的自然需要。还有一类则体现了人类与普通动物的不同，人感觉冷了不但会找洞穴躲风寒，还会生堆火来取暖，人为了不让自己挨饿，还会想到种植粮食、驯养动物以备不时之需，即人会创造出一种自然界所没有的东西来满足生存的自然需要。但是在人类早期除了有满足生存需要的人类行为外还有一类其他的行为，考古学家能够在原始人居住过的山洞中发现精美的壁画，这些东西实在不是人类生物学上生存所必需的，在这些壁画中我们也能看到原始人喜欢跳舞唱歌以及从事祭祀活动，同样这些也不是生存所必需的。反过来我们也能发现，人为了某些需求会中止求生的活动。如中国儒家崇尚"杀身成仁、舍生取义"，

---

① 海德格尔：《演讲与论文集》，孙周兴译，生活·读书·新知三联书店2005年版，第4页。

② 同上。

对儒家来说为了求得仁义可以为之去死。匈牙利的裴多菲也说："生命诚可贵，爱情价更高。若为自由故，两者皆可抛。"在他看来爱情与自由也比活着更加重要。我们把人为之而放弃生命的东西叫作幸福，由此看来，对人来说生存下去不是必需的，必需的是活得幸福。这样人类行为中就包含了两种目的，一种是为了活着，一种是为了幸福。而幸福是以活着为条件的，从行为目的来看，获得幸福更为高级，其内在地包含了活着的目的，这样来看技术就是人类追求幸福的行为。

在上面我们快速地浏览了一些重要的关于技术概念的探讨，应该说由于各人探讨的视角不同，得到的结果也是大相径庭，但是毕竟也丰富了人类对技术的理解。在本研究中我们探讨技术是跟教学研究中如何处理理论与实践、科学与艺术的关系有关，所以在接下来的部分我们首先把技术与科学和实践进行比较，然后再从理论与实践的角度对技术的定义作一重新的定向。

二　技术与科学

在当前社会语境下，科学与技术经常合在一起使用，如脍炙人口的"科学技术是第一生产力"，中华人民共和国科学技术部，中国科学技术大学，甚至把科学技术简称为"科技"，这表明了常识中科学与技术具有相似的一面。但是也存在相反的例子表明科学与技术有明显的分界，如我们有科学院与工程院的区别，有科学家与工程师的区别，还有其他一些把科学与技术分开来使用的场合。从这些现象我们可以得到科学与技术是一组既有联系又有区别的概念，但是作为学术研究我们希望能够明白联系在哪里？区别又在哪里？

中文"科学"一词来自日本人对英文单词 science 的翻译，而 science 来源拉丁文 sciatica，该词又是继承了希腊文 episteme 的含义，即"知识""学问"的意思。因此从词源来看科学的原意是"知识"，但是在语言发展过程中这种最初的含义发生了偏离，如英文中的 science 只表示自然科学的知识，但同样来自拉丁语的 sciatica 的 Wissenschaft（德文）则不但表示自然科学的知识，还表示文史哲等人文学科的知识，跟希腊文的 episteme 与拉丁文的 sciatica 含义非常接近。由此可见，存在着两种不同含义的科学，一种是广义的科学表示各种学问与知识，包括自然与人文的知识，是科学的原意；另一种是狭义的科学，即英语世界中的 science，仅指自然科学。下面我们从科学发展的历史来看看科学含义的发展与演化。

丹尼尔（W. C. 丹尼尔）（1975）认为科学发展的历程中经历了三个阶段：在古希腊时代科学就是哲学，这是科学的第一个阶段；第二阶段是在中世纪，当时科学和哲学是与神学合在了一起的；文艺复兴以后开始采用实验方法来研究自然，自此以后科学与哲学分道扬镳，科学与哲学越走越远，现代意义上的科学开始出现，这就是科学发展的第三阶段。

梅森（斯蒂芬·F. 梅森）认为现在被人们叫作科学的东西是近代以后才出现的东西，但是在近代以前我们可以在工匠或哲学家那里找到一些科学性的见解，因此"科学主要有两个历史根源。首先是技术传统，它将实际经验与技能一代代传下来，使之不断发展。其次是精神传统，它把人类的理想和思想传下来并发扬光大。"① 也就是说，科学是近代对技术经验与哲学理性的结合后产出的成果。

弗伯斯（R. J. 弗伯斯）与狄克斯特霍伊斯（E. J. 狄克斯特霍伊斯）认为 18 世纪以前，除了极少数人如培根、笛卡儿等，几乎没人认识到科学与技术可以相互合作，"有很长的一个时期，科学对其成果的实际应用漠不关心，技术又必须在没有科学帮助的情况下发展，而且正当技术能从这种帮助中得到好处的时候，却不止一次地嘲笑了科学"②。总之，不管现在看来科学与技术结合得如何紧密，在历史上科学与技术是相互分离，沿着不同的路径发展的。

从上述三本经典的科学通史来看，虽然几位作者对科学具有不同的理解，但是他们对科学与技术的关系还是有一定的共识：

首先，大家都认为科学与技术不同，同时大多数人认为历史上技术先于科学。丹尼尔在写科学史的时候虽然强调科学与哲学的关系，但是也提到技术是科学的基础，"简单工艺的发展，火的发现和取得，工具的改进，却通过一条不那么富于浪漫意味、然而却更加可靠的道路，奠定了科学的另一基础——或许是唯一的基础。"③ "常识性的知识和工艺知识的规

---

① 斯蒂芬·F. 梅森：《自然科学史》，上海外国自然科学哲学著作编译组译，上海人民出版社 1977 年版，第 1 页。

② R. J. 弗伯斯、E. J. 狄克斯特霍伊斯：《科学技术史》，刘珺珺、柯礼文、王勤民等译，求实出版社 1985 年版，第 2 页。

③ W. C. 丹尼尔：《科学史及其与哲学和宗教的关系（上）》，李珩译，商务印书馆 1975 年版，第 28—29 页。

范化和标准化，应该说是实用科学的起源的最可靠的基础。"① 梅森也认为科学有两大来源，其中之一就是先前的技术经验②，弗伯斯与狄克斯特霍伊斯则认为 18 世纪以前科学与技术基本就是异姓陌路，难有交点。

其次，大家都认同哲学在科学发展早期的深刻影响，早期的科学家就是哲学家，这奠定了科学的地位高于技术的历史根源。在丹尼尔那里爱奥尼亚的自然哲学学派是最早摆脱神话传统的，他们开始理性地来解释自然，如泰勒斯提出了世界的水本原说、演绎几何学，阿那克西曼德的天体演化说等都是在当时理性条件下试图对自然作出的理论解释，但是这些学说从本质上来看更接近于形而上学。梅森认为哲学是科学的两大来源之一，弗伯斯与狄克斯特霍伊斯的书虽然更偏向于技术对科学的影响，但是在书中第二章旗帜鲜明地提出希腊科学是希腊哲学的一个方面，并把科学史的起点定在古希腊哲学家泰勒斯的哲学思想，"现代科学正是从泰勒斯和同时代具有相同特征的人的思想持续不断地传下来的。我们完全有理由认为科学史应该从他开始，正如写一个人的传记应该从他的孩提时期开始一样"③。把哲学看作科学发展早期的重要影响因素，强调了科学的理性传统，这也是一般意义上科学与技术的分歧，"技术即无思"是人类早期流传下来对技术的评价。正是由于早期的科学跟哲学几乎合为一体，科学从其身上获得的理性精神长期以来一直成为科学高于技术的首要原因。

最后，大家都认同科学与技术在近代交汇。丹尼尔认为文艺复兴以后用实验方法来研究自然就是科学摆脱哲学的开始，"他们丢掉了理性的全面的综合这条镀金锁链（不管它是亚里士多德的还是柏拉图的），因而可以自由而谦卑地接受事实，即使这些事实不能嵌合到一个普遍的知识体系里去"④。实际上摆脱哲学就是为科学与技术的结合扫清了障碍，因为在希腊的哲学传统中技术被认为是"无思"，是被驱逐于哲学门庭之外的卑

① W. C. 丹尼尔：《科学史及其与哲学和宗教的关系（上）》，李珩译，商务印书馆 1975 年版，第 31 页。

② 斯蒂芬·F. 梅森：《自然科学史》，上海外国自然科学哲学著作编译组译，上海人民出版社 1977 年版，第 1 页。

③ R. J. 弗伯斯、E. J. 狄克斯特霍伊斯：《科学技术史》，刘珺珺、柯礼文、王勤民等译，求实出版社 1985 年版，第 18 页。

④ W. C. 丹尼尔：《科学史及其与哲学和宗教的关系（上）》，李珩译，商务印书馆 1975 年版，第 216 页。

贱活动，有哲学的地方技术都是被排斥的，科学脱离了哲学的羁绊为与技术结合提供了可能。梅森的《自然哲学史》具有辉格史①的特点，他把现代人的观点——技术作为科学的应用——运用到科学史的编写当中，因此在其看来当科学考虑到实际应用的时候就是科学与技术交汇时，他把这个时间点设在17世纪初期科学在航海术中的应用②。弗伯斯与狄克斯特霍伊斯把技术知识出现于出版物作为技术与科学融合的契机，16、17世纪技术知识的出版使17世纪成为"设想的年代"，而18世纪在科学知识得到长足进步的情况下，出现了一些对技术研究感兴趣的大学，除了科学家还有一些业余玩家"不仅开始进行科学方面的，而且也从事手工艺方面的研究和实验，他们对于许多发明的出现作了很大贡献，其证据是18世纪的专利大为增加"③。

　　上述是西方人对科学的理解，那么东方对科学的理解如何呢？以中国来说，从西方科学得到极大触动的大概始于19世纪中叶的鸦片战争，在战争中西方的船坚炮利给中国人留下了深刻印象，甚至把战争的胜负归因于此，魏源由此在《海国图志》中提出了"师夷长技以制夷"的思想。后来的洋务运动，先是创办军事工业以"自强"，后是发展民用工业以"求富"，到最后是办新式教育以培养近代人才。在办新式学堂的过程中不但教育理念与教学组织方式上与中国传统教育不同，而且在课程设置上也引进了一些西方自然科学方面的课程，当时被称作"格致学"，这大概是西方科学正式进入中国课程的起点，也是中国科学启蒙的开始，为以后新文化运动的"赛先生"提供了基础。因此，科学是19世纪末由西方进入中国的，当时被称为"格致学"或"格物学"，来自《大学》的"格物、致知、诚意、正心、修身、齐家、治国、平天下"的说法，所谓格物以致知。

　　由此可见，中国对科学的关注始于19世纪末20世纪初，但是对于之前中国是否有科学，则是见仁见智的事情，比较有代表性的是"李约瑟问题"，即"现代科学何以出现于西方而非中国"。早在五四运动前后，国

---

①　一种科学史的编史纲领，即用今日的观点来解释过去与历史。

②　斯蒂芬·F. 梅森：《自然科学史》，上海外国自然科学哲学著作编译组译，上海人民出版社1977年版，第224页。

③　R. J. 弗伯斯、E. J. 狄克斯特霍伊斯：《科学技术史》，刘珺珺、柯礼文、王勤民等译，求实出版社1985年版，第217页。

内即有人开始研究中国科学的不发达问题，如任鸿隽、冯友兰等，他们的出发点都是"为何中国的传统科学如此落后"。但是英国人李约瑟在1944年的湄潭演讲中提出了完全不同的看法，他认为中国传统上有大量的科技成果，并且这些成果是远远超过西方的，只是西方在文艺复兴后它们的科学才迅猛发展，反超中国，从而出现了"现代科学出现于西方"的现象。之后，在长达半个多世纪的时间里李约瑟主持编撰了《中国科学技术史》，直到2004年才完成20余卷的科技史巨著（李约瑟1995年去世）。可以说李约瑟穷尽了毕生精力来褒扬中国科学与文化，同时把现代科学没有在中国出现的原因归咎于外部的社会经济制度。李约瑟的言行得到了许多中国人的拥抱，因此在讨论李约瑟问题的时候，中国的学者往往不自觉地陷入了李约瑟对该问题的思维模式，即中国没有出现现代科学肇因于外部的社会条件。近年来随着对科学认识的加深，社会建构论、科学解释学等学科的发展，人们对"科学无国界"之类的说法产生了深深的怀疑，开始从社会文化继承等角度对李约瑟问题进行了新的反思，如陈方正的《继承与叛逆：现代科学为何出现于西方》就试图证明现代科学出现于西方乃是因为其一方面继承了希腊的科学精神，另一方面又通过两次革命——一次是柏拉图接受毕达哥拉斯学派"万物皆数"的世界观，另一次是16、17世纪的"科学革命"——最终实现了运用精确的数字对自然界进行量化研究的现代科学。吴国盛也认为现代科学与希腊科学是一脉相承的，它们具有共同的文化基因——理性精神[①]。

　　从以上科技史的分析可见，科学出现于西方在于其源头处强大的理性精神的支撑，而中国传统强烈的入世倾向则发展出极其高超的技术水平。科学与技术不管它们在今天是多么地接近，但它们确实是不同的文化土壤里开出的不同的人类精神之花。库恩曾在《必要的张力：科学的传统和变革论文选》中形象地描述了科学与技术在一段时间中的对立："直到19世纪末，重要的技术革新几乎从来不是来源于对科学有贡献的人、机构或社会群体。虽然科学家有时也尝试搞技术，他们的代言人常常宣称他们的成功，但有效的技术改进者主要是手工匠、工头和灵巧的设计者，这一群人往往与他们科学方面的同时代人发生尖锐的冲突。对发明者的轻视反复在科学文献中出现，对自命不凡的、抽象的和胡思乱想的科学家的敌视是

---

① 吴国盛：《技术哲学讲演录》，中国人民大学出版社2009年版。

技术文献中的一个持久的主题。甚至有证据证明科学和技术的这种两极化有深刻的社会学根源，因为几乎没有一个历史上的社会得以成功地同时培育这二者。"① 简单地说，科学与技术是两个很不一样的东西：科学的对象是自然界，而技术活动中充满了人的意向；科学从纷繁复杂的现象中寻求统一性，而技术则是用确定的手段来面对不确定的情景；科学满足于解释世界，而技术的工作是改变世界。

总的来说，科学与技术之间的区别主要在于科学是一种关心认知的活动，而技术是一种专注于造物及运用的活动，这就决定了科学是寻找事物的不变性而技术则是在变化的情境中谋求人造物的适切性，科学遵循的自然的意志而技术则以人的意志为旨归。虽然科学与技术之间有如此巨大的反差，但是此间的辩证法向人们开了个大玩笑，它们之间的联系却又如此地紧密，科学为技术提供理论向导以加速技术的发展，技术则为科学提供证实的场所使科学的发展能够站在更加坚实的基础之上。不管科学的面目怎么变，不变的是它对确定性的追求与对理性的依赖，而各种各样的技术，不管其多么地令人眼花缭乱，其背后的规律则是对实用性的追寻与对情境的依赖。

当前，关于科学与技术还是有许多观点需要澄清，如技术是科学的应用，技术的非人性化，由于篇幅所限，我们在这里仅作简单说明。

关于"技术是科学的应用"的说法，我们要明白技术在历史上是先于科学而存在的，甚至我们可以说"科学是技术的理性化"，因此技术与科学的关系并不仅限于此。即使在这个"技术是科学的应用"的年代，技术在科学的进步中也扮演了非常重要的角色，很多科学实验如果没有合适的实验工具是根本达不到预设的目的的。科学主要通过说理来认识世界，但是这种"理"并不是真理的"理"，充其量只能算是对真理的拟合，当这种"理"的解释力足够大的时候，我们可以"认为"是真理，所以科学是一种认识世界的方式，但并不是绝对的。技术是通过造物来认识世界，在技术的世界里没有预设的真理，先按照人类的需求制造出目的物，然后从目的物起作用的地方来认识世界。因此，作为认识世界的方式来看，技术通过了一种非常原始的、直接的方式来进行，而科学则往往还

---

① 托马斯·库恩：《必要的张力：科学的传统和变革论文选》，范岱年、纪树立译，北京大学出版社 2004 年版，第 140 页。

要通过技术来验证，没有技术的科学总不是那么地可靠。正是在这个意义上，海德格尔说："最切近的交往方式并非一味地进行觉知的认识，而是操作着的、使用着的操劳——操劳有它自己的'认识'。"① 所以在这个科学与技术相互缠绕的"科技"时代，当我们过分倚重科学的时候，要重视技术作为一种更加原始的人类文明活动，对人类更为基础的影响。

技术在当前被批判的很多理由归结为技术对人的异化，因此技术被斥为非人文的东西。但是考虑到技术来自人的目的，因此技术与人文具有非常切近的关系，甚至在技术的本性中具有人文性，只是表面看来，技术应用的结果老是造成人的异化而已。如果我们不那么悲观地看待人的异化，那么技术就成了人的存在方式——人不断地超越自己、创造自己，从这个意义上技术就是人文的。即使人类异化的结果却是不那么令人愉快，我在这里还是要说，这并不是技术的本意。不管是芒福德的有机技术还是海德格尔的古代技术，他们与人类还是能够和平相处的，而当前人们批判技术对人的异化，这主要是跟科学进入技术领域有关。在当前，人们批判科学主义但不批判科学，这是理性思索的结果。科学主义的最大问题就是把科学的领域无限扩大化，从而使原来用于处理人与自然关系的学问进入处理人与人之间的关系，把科学意识形态化，最终造成了人文灾难，马尔库塞在《单向度的人》中批判的就是这个问题。所以，在当前大家批判技术的非人文性的时候，没能考虑到技术的这些问题实际上是科学主义化而带来的，并不是技术本身所固有的，大家对技术的批判没能从科学主义中去找原因，这不能说不是一个遗憾。

三 技术与实践

相对于技术与科学，技术与实践的关系更为复杂，因为"实践"一词的意义在哲学史上发生过几次变迁，在某些情况下技术活动甚至包含在实践活动中，而上面关于技术与科学的关系也与此有关。下面我们从实践问题产生的背景与发展脉络来看看我们今天的实践概念是如何来的，特别是在这一过程中实践与技术概念的纠缠。

虽然实践在现代哲学是一个很关键的词，但是它并没有出现在哲学诞

---

① 海德格尔：《存在与时间》，陈嘉映、王节庆译，生活·读书·新知三联书店2006年版，第79页。

生的时候。按哲学史家的一般看法，在苏格拉底之前的哲学我们把它称作自然哲学，这里的自然虽然也有研究对象的意味，但是从根本上来说更是一种哲学的眼界，即关注一事物之所以成其所是的原因，并且这个原因是内在于该事物。在这样的一种哲学眼界中，由于与人有关的实践活动往往会涉及人的自由选择的问题，也即带入了外部的原因，所以实践不可能成为哲学研究的主题。

亚里士多德可以说是西方全面探讨实践的第一人，在他之前苏格拉底把哲学研究的对象从自然转移到人身上，从而实践的问题开始凸显，而柏拉图则在"理念"高于一切的情况下，承认了其他人类活动的合理性，这也为实践问题的研究提供了可能性。亚里士多德虽然也曾使用过实践的多种含义，但是他对实践最稳定的用法就在于其对人类活动的三分法，他根据活动对象与活动目的性质的不同把人类活动分成理论、实践与制作三种，理论的对象不变、目的蕴含其中，实践与制作的对象可变，但实践的目的内在于活动而制作的目的外在于活动。

亚里士多德的人类活动三分法实际上确立了理论、实践与制作三者在本体论上独立的地位，这是有别于柏拉图用理念世界统一可感世界，人类其他活动从属于理念认识的做法。亚里士多德认为理论活动追求自然界中普遍的知识，这是一种追求必然性的活动，而实践则是在特殊情境中进行选择以求善，这是一种自由的活动。由此可见，理论与实践不是我们现在所说的基本原理与应用的关系，而是两种并列的人类活动，两者不具内在的一致性。两者的共同点就是都是目的性活动，即活动本身就是目的，所区别的就是两者追求的结果的普遍性程度不同。理论的结果适用于一切相关的对象，具有最大的普遍性，而实践的结果由于人的选择性因而变得因人因事而异，所以在普遍性上大打折扣。理论与实践的这种规定性直接导致了一种目的在外的活动——制作活动，与理论活动与实践活动不同的是它是一种手段性的活动。

无论如何，亚里士多德关于实践与技术（制作）的区别还是非常明确的。丁立群在《实践哲学：传统与超越》中解读亚里士多德的实践哲学时给这两者做了5个区分点①：第一，实践是一种德行的实现活动，而制作是依据一定的自然原理的造物，实践的重点在于"行"，而制作的重

---

① 丁立群：《实践哲学：传统与超越》，北京师范大学出版社2012年版，第7—13页。

点在于"知"；第二，实践与制作是不同的理性指导下的人类活动，指导实践的理性是"明智"，而指导制作的则是"理智"；第三，实践的目的内在于实践活动自身，而制作则是以外在于活动，以结果为目的，它本身则是手段；第四，实践是无条件、自由的活动，制作是有条件、非自由的活动。这是由于在活动性质上，实践作为一种道德实践活动具有自足性，在活动主体上，实践活动的主体是摆脱生产劳动、拥有自由的贵族阶级；第五，实践的目的是终极的、完美的，它在本质上是一种终极的道德关怀，而制作则是片面的、手段性的东西。

虽然亚里士多德对实践与技术做了详细的区分，但是他的实践概念带有一定的两面性。他在《尼各马可伦理学》与《形而上学》中说最终的善可以统一一切目的与行为，但是他却把实践与制作对立起来了，这就造成了后来培根的技术实践与康德的道德实践的分野。他说实践是自足的，但是他又意识到实践任何行动都要有所凭借，需要有条件，所以他把实践的自足性让给了理论沉思，于是，失去了自足性的实践走向了功利化与庸俗化，实践成了人们的衣食住行相关的日常活动，理论由于与这些活动没什么关系于是就发生了理论与实践的分离。总之，亚里士多德在实践哲学上做了大量的开创性工作，但是由于其在实践概念上的摇摆，给后世的哲学家留下了相当大的诠释空间，也为实践概念的变迁留下了伏笔。

早期的实践概念一直是政治学和伦理学的研究对象，其本意是关于人际交往的，它不包含体现人与自然关系的技艺与生产劳动，它在本质上是超验的，体现了一种人际关系与人自身的终极和谐状态。但是到了中世纪，神学家托马斯·阿奎那开始把技术与政治、道德相提并论，而此时的实践概念开始包含人类的一切活动，既包括人与人之间的交往关系，也包括人与自然之间的技艺关系。随着中世纪后期科学技术的发展，技术产生了巨大的社会效益，实践概念中的技术特征也越发明显。到了培根与百科全书派那里，工匠的手艺、对自然的认识和实验仪器被列入实践的内涵中，从而使实践的概念发生了重大的变化。

培根对古希腊的学术传统持根本上的批判，他认为古希腊超功利性的学术传统压抑了自然科学的发展，因而基于实用的目的，他重新为理论与实践概念定向。首先把在古希腊代表理论的总称的科学狭义化为经验科学，在这个意义上，科学成为了技术的原理，于是接下去就顺理成章地把实践看作科学的技术化。培根对古希腊理论与实践概念的反动，为西方的现代化进程奠定了形而上基础。从此，人类高扬科学技术的旗帜，对自然进行了无限的攫取。而培根在批判古希腊学术传统的同时，也无意间为实践概念树立了一个新的解释，它与亚里士多德的实践概念形成了我们今天讲的实践概念的两个极端——技术实践与道德实践。同时，由于培根实践概念的世俗化与功利化，实践概念也出现了泛化的现象。今天，我们在日常话语的情境中"实践"一词几乎可以指任何人类活动，这样庸俗的实践概念毕竟离实践哲学的原意太远了，这是我们在看到"实践"一词时需要仔细甄别的。

在前面我们看到亚里士多德把完整的人类活动拆分成处理人与人之间关系的实践和人与自然之间关系的制作，并从本体论上做出了实践高于制作的论断。而培根不满古希腊传统重思辨、轻实用的学术传统，提出了与亚里士多德旨趣迥异的实践哲学。这两派实践哲学从今天来看就是道德实践与技术实践的分野。这两种关于实践的理论不管其内涵如何，从其形式上来看实际上是分裂了作为整体的人类活动，或者说它们各自占据了人类活动的两极——道德实践关注的是人与人之间的活动，而技术实践关注的是人与自然之间的活动。

培根之后的实践概念基本上在两个方向发展，一个就是把上述分裂的人类行为重新整合起来，如马克思用异化劳动与真正的劳动把制作与实践统一到劳动中，哈贝马斯提出建立"实践学"（Praxeologie）来讨论科学与政治之间的转化问题；另一个方向就是晚一些的看到技术实践给人类带来负面效应之后的对古希腊道德实践的回归，如海德格尔通过对技术本质的追问，揭示了技术式的实践导致了人与自然、人与他人以及人与自身的深度异化，并以天地神人四重奏的理论扬弃了亚里士多德的实践理论，伽达默尔批判了技术时代的实践被窄化为科学的应用，强调实践理性在人类实践活动中的重要作用，明确提出要恢复亚里士多德的实践传统。此外，还有一种就是实践的泛化后，实践成为了一种职业行动，这在日常话语体系中非常普遍，舍恩就是以研究专业工作者的行为出名的，他的一些著作都被冠以"实践"字样，如《实践理论》《反映的实践者》和《培养反映的实践者》。

从上述实践概念的发展来看，在西方思想的源头，古希腊的实践是处理人与人之间关系的一门学问，它主要包括了政治学与伦理学。当时实践是一个与制作（技术）相区别的东西，它们之间的最大分化在于行为的目的是否在于行为自身，同时由于实践的主体社会地位高于制作的主体，实践的目的内在于实践因而比制作有更大的善，所以实践在存在论上的地位比制作高。但是，随着中世纪的技术进步以及人们生活水平的提高日益依赖于科学技术，技术的社会地位有所提高。及至培根的时代，培根在批判古希腊学术传统的基础上，高度赞扬了有用的科学技术，把它也引入了实践中，甚至取代了古希腊传统意义上的实践，实践在他的意义上变成了科学的应用。至此，道德实践与技术实践的两分成为实践哲学探讨的重要问题。之后，马克思用劳动概念来统整人与人之间的关系（道德实践）与人与自然关系（生产实践），海德格尔用天地神人四重奏对亚里士多德的实践概念进行了别样的解读，伽达默尔则旗帜鲜明地要恢复亚里士多德的实践。

　　从实践概念的发展来看，技术与实践的关系相互交织着，越到近代此两者的关系越紧密，特别是培根之后，实践概念的世俗化后，人们的日常语言体系中技术与实践越来越难以区分，实践活动就是广义的技术活动。同时，我们也注意到，杜威曾经在《美国实用主义的发展》中提到，康德曾对实用与实践做了区分，实践用于道德律令，而道德律令是先天的，实用的则用于艺术与技术的规则，而这些艺术与技术的规则是基于经验的并适用于经验①。这里实践与实用的关系类似我们讨论的实践与技术的关系，实践是先天的原则，具有强制性，它可以自己保证自己，所以无须外在的目的，而实用的技术则必须面向经验，面向带有问题的情景，这些问题就是技术的外在目的。从另一个角度来看，我们认为实践强调的是活动的目的与形式，而实用主义又称工具主义，因而更加关注活动的过程与手段。如果这么来理解实践的话，那么实践与技术的区分就很明显了，实践是人类活动的类的总称，如教学实践、武术实践等，它代表着某类人类活动，在人的头脑中形成某种意向，但由于并不落实到具体的东西，所以对具体的过程来说是模糊的，清晰的是对这个活动的目的与形式。而技术则是人类活动实现过程中最具体、最现实的东西，它关涉的是人的一举一动，由于其面对的是流变的现实，充满了复杂性与不确定性，所以也难以预先地把握，但是只有通过这个环节，实践才能成为现实。总之，在我们看来，与实践相比技术首先指的是一类更加具体的活动，它是实践的某个

---

① 伊德：《让事物"说话"：后现象学和技术科学》，北京大学出版社 2008 年版，第 8 页。

环节；其次，技术指向的是问题，这个问题就是技术的外在目的。

实践与技术相比除了前面我们说的超越性外，还具有纯粹性，在马克思的观点里实践是"感性的人的活动"①，与之相对的是"人的思维"②，如果说人的思维是想，结果是理论，那么感性的人的活动是做，结果是实践，这也是理论与实践常常被对举的原因。从这个意义上来说，技术则不但要做还要想，有时候是边想边做，跟实践相比不那么的纯粹。在本研究中我们更想强调的就是这种想与做结合的教学，所以用技术的概念来指称教学比用实践来指称教学更为合适。

四　技术是什么

在上述与科学和实践的比较中，我们看到技术与科学和实践都有非常紧密的关系，在某些时候技术与这两者甚至合二为一。这说明技术与科学与实践具有某种亲密的关系，那么这种关系是什么呢？

休谟在《人性论》中说："在我所遇到的每一个道德学体系中，我一向注意到，作者在一个时期中是照平常的推理方式进行的，确定了上帝的存在，或是对人事作了一番议论；可是突然之间，我却大吃一惊地发现，我所遇到的不再是命题中通常的'是'与'不是'等连系词，而是没有一个命题不是由一个'应该'或一个'不应该'联系起来的……因为这个应该或不应该既然表示一种新的关系或肯定，所以就必须加以论述和说明；同时对于这种似乎完全不可思议的事情，即这个新关系如何能由完全不同的另外一些关系推出来的，也应当举出理由加以说明。"③ 在这段话中，休谟想揭示的就是人们在实践领域中用的"应该"（价值判断）是不能逻辑地从"是"（事实判断）中推出来的，科学与实践存在着逻辑断裂，这就是著名的休谟法则。而技术与这两者的亲密关系让我们似乎看到了某种弥合的可能。

人类理性习惯把事物条分缕析，以此来得到明确的认识，而人类实践总是以综合的方式呈现出来，让人感觉一团乱麻。但是不管如何，这两者都在推进，并且在推进的同时两者似乎还是相互支持的。因此，必然地存

---

① 马克思：《马克思恩格斯选集（第1卷）》，人民出版社1995年版，第54页。

② 同上书，第55页。

③ 休谟：《人性论》，关文运译，商务印书馆1996年版，第509—510页。

在着一个中间的地带，它或者是两者的过渡、或者是两者的中介，在我们看来，这就是技术。实际上我们在前面分析"techne"一词时就已经看到在古希腊中这个词既与理论有关也与实践有关。即使我们回到近代以来的西方哲学，我们至少可以在康德与杜威等人的思想中看到类似结果。

康德的《纯粹理性批判》与《实践理性批判》实际上就是休谟法则的重演，根据他的说法就是，"哲学被划分为在原则上完全不同的两个部分，即作为自然哲学的理论部分和作为道德哲学的实践部分"①。正是基于这样的认识，他的第三批判从某种意义上就是为了解决这个问题的。在《判断力批判》中康德试图通过判断力来连接人的认识能力与欲求能力，这样就为断裂的科学世界与实践世界建立起互通的桥梁。在该书中，康德主要讲的是反思的判断力，这种判断力的特点就是从特殊的、偶然的现象中寻找普遍性，但是这种普遍性它不是面向自然的普遍性，而是面向判断力本身的，简单地说，这个不是客观的普遍性，而是主观的普遍性。所以反思的判断力不是为了说明世界多样性背后存在一个确定的目的，而是为了说明世界的"合目的性"。

在康德的认识论中，人的认识有三个层次，感性、知性与理性。感性是接受外物刺激，形成表象的过程，而知性则是用认识主体头脑中的概念、范畴之类的东西加工感性所获得的经验材料，使其变得有规律，从杂多的经验材料中找到统一。但是知性由于受经验的限制，其统一是相对的，也是不完善的，所以要获得完善的统一性就要求助于理性。理性是用先验的原理对知性进行加工，以获得一种超绝的普遍化，其结果就是整个世界的统一体，这是一个关于世界的绝对知识，也就是"自在之物"、物自体。由此，康德把可认知的现象界交给了知性，获得的是科学知识，而把不可知的物自体留给了理性。但是现实中充满了偶然性，现象界也有无限丰富性，这些都超过了知性的能力范围。所以来自现象界的，人类难以用概念、范畴把握的部分，在康德的设计中只能转向理性了，但是直接转向理性又有问题，所以他就提出用主观的判断力，给丰富的自然现象人为地安上一个目的，也就是所谓的"合目的性"，本质上这是一个为了认识需要才做的假定。但是正是这个假定才让知性与理性两个各有分工的人类认知能力联系起来了，这也是判断力批判在康德体系的重要性。

---

① 康德：《判断力批判》，邓晓芒译，人民出版社2002年版，第22页。

　　当然，康德的判断力批判是关于认识的，但是当我们转向技术的思考时也有类似结构。科学对应的是知性，它是能够用语言讲清楚的确定性的领域，而实践对应的是理性，是一个我们难以把握的非确定性的领域。而技术设计就是假定不确定的实践具有一些确定的目的，然后针对这些目的来设计相应的手段。一切理论它并不是真的指导了我们的实践，而是给我们设计手段的时候提供了一个合理的目的而已，也正是在这个意义上，我们说一切理论都是实用的。

　　杜威并不是以研究技术出名的，他有伦理学、逻辑学、美学、政治学乃至教育学与宗教的专门论著，唯独没有专门论述技术的著作。但是他的两个最著名的诠释者之一——拉里·希克曼却认为，杜威对技术的关注贯穿于他已经出版的所有著作中，只不过最初他把他的技术观点称为"工具主义"，后来又称为"实验主义"，直到最后才用"技术"一词。正如杜威自己所说的，如果他从一开始就使用"技术"而不是"工具主义"，则可能避免大量误解①。

　　与康德先把科学与实践分割开来，然后用判断力来连接的做法不同，杜威干脆就把科学与实践都划归技术的领域。杜威从来没有对技术下过明确的定义，但是从他对"技术"一词用法来看，主要是指一种主动的探究活动，就是当人面对疑难的情境时，通过建构一定的人工物来实现对这些问题的转化与控制。值得注意的是这里的人工物不仅是指一些有形的工具手段，如机器设备，它还包括无形的东西，如头脑中的概念、理念等。所以对杜威来说科学是技术的一种，因为科学的概念假设、实验操作这些内在的组成部分都是技术的，正如其在《人的问题》中所说的，"科学和其他技术之间的差别不是内在的。它是依赖于科学和工业两者之外的文化条件。如果不是由于这些条件对它所施加的影响，它们之间的差别就会仅仅是因袭的，乃至是属于口头上"②。此外，在杜威看来，实践也是技术的，他反对亚里士多德把理论与实践分离的观点，认为理论与实践只是不同的技术过程，理论是"观念的行动"，而实践是"被实施的洞察"③。

　　杜威对技术的理解是立足于功能的，所以他反对对技术概念的静态理

------

① 杜威：《人的问题》，傅统先、邱椿译，上海人民出版社1965年版，第243页。

② 同上。

③ 拉里·希克曼：《杜威的实用主义技术》，北京大学出版社2010年版，第148页。

解，强调从技术起作用的地方来理解技术的。在《人性与行为》中，为了说明习惯这一工具，他区分了放在工具箱里的工具与有效使用的工具①。放在工具箱里的工具就是我们把它当作一个对象来看待，我们只能看到其结构特征；但是有效使用的工具，它展示了具体应用的情景，获得了意义。而后者才是我们理解工具的关键，如果工具不运用它是称不上工具的。杜威也是在这个意义上来批判古希腊的哲学家和科学家，认为他们虽然也意识到了一些问题，并对此提出了明确的表述或理论，但是由于对工具的鄙弃，对手工业者的鄙视，他们不可能像工匠、商人一样去解决实际问题。所以，在杜威看来，古希腊的科学不是技术的。

除此之外，杜威的主动的生产性技能也是其描述技术时非常重要的一方面，"要使活生生的经验得以实现和富有意义，解决各种疑难情形，主动的生产技能是取得成功的唯一手段"②。当一位教学多年的教师去教学时，他可能是从不备课的，教学过程中也总是因循守旧，虽然看起来他也使用了一些工具手段，但是他在教学过程中往往是一种应激的反应，所以不能称其为主动的生产技能。一位年轻的教师，在课前主动地查资料进行教学设计，上课中对学生的反应保持高度的关注，并尽可能有所反应，课后还意犹未尽地对自己的教学进行探讨，那么这位年轻的教师也许其课堂效果不如前面的老教师，但是这却是主动的生产技能的代表。技术必须是主动的，而且要有所产出、有所创新，主动的生产技能的应用就是技术，其结果就是认知，在杜威看来认知就是一种技术人工物。由此杜威对知识的定义也是奇特的，他认为所谓知识就是通过制定行动方案，并在实际情形的情境中通过各种工具去验证，以此来解决疑难情形，这完全不同于哲学家所说的传统意思上的"知识"③。

杜威虽然有泛化技术的倾向，但是其思考技术的视角是独特的，其实用主义的功能论首先把技术的内在与外在、有形与无形的区别给消解了，一切有所事功的东西都是技术；其次，关于技术的手段与目的问题，他也不再认为是经验地给予的，而是在反思经验的时候作为分析的工具建构出来的；最后，杜威的技术观点把科学与实践、已知与未知、现在与未来联

---

① John Dewey, Human Nature and Conduct, New York: Henry Holt and Co., 1922: 25.
② 拉里·希克曼：《杜威的实用主义技术》，北京大学出版社 2010 年版，第 32 页。
③ 同上书，第 55 页。

系了起来，其特征就是创造，在新事物诞生的过程中，技术弥合了上述分裂。

康德指出了"是"与"应该"之间的逻辑断裂可以通过人的反思判断力来中介，其实质就是通过人的目的能力，或者说意向性来填补这两者之间的鸿沟。如果说康德的出发点是认识论的，那么杜威的出发点是实用主义的功能论。在杜威看来，一切有所事功的东西都是工具，理论也是工具。而技术就是用工具解决问题，同时生成新的认知。在康德那里，人的目的能力、寻求意义的天性从人的本体论形而上地连接了理论与实践，而杜威则在现实的解决问题的过程中把理论与实践联系起来了。在杜威看来，只有使用着的工具才算工具，而康德则强调了工具的目的原则。两者的起点与终点都不尽相同，但是都道出了技术的因素在理论与实践之间的中介。

那么技术是如何沟通理论与实践的呢？简单地说就是技术把实践过程中碰到的具体困难反馈给理论或向理论求助，然后理论来解释这些困难的原因并指导人们或者直接通过身体技能或者人造物来克服实践中的种种困难，及至遇到新的困难，然后重复上述过程。在这个过程中，理论是人们的认识工具与认识结果，它通过抽象把复杂的世界变得容易让人理解，因此其实际上起着解释的功能，而实践则提供了一个处所，其间不断涌现出的复杂性是人类生存所需要克服的种种困难。理论与实践是两个不同世界的东西，它们之间也不存在严格的一一对应的关系，理论的抽象代表了某种理想，而实践是现实是瞬息万变的复杂。在人的生存过程中，理论的抽象存在人的头脑中，实践的复杂外在于人，在人的操作中这两者相互牵引，最终实现这两者的和谐共处。也就是说，只有在人的技术活动中，理论与实践两者才能得到内外的契合。也正是这样的原因，在技术活动的身上我们一方面能够看到科学理论指导下的确定性，同时也有一种与流变的实践互动而导致的不确定性。在古代，科学理论尚不成熟时人的活动体现了更多的不确定性，因而那时的技术叫"techne"——技艺，技术与艺术同出一源，而到了我们今天这个时代，科学为技术提供了更多的支持，技术与科学有合流的趋势，"科技"一词甚嚣尘上，技术制品通过科学原理把人的技能不断外化，技艺当中的不确定性随着技能的物化而被消解。

在技术中介理论与实践的过程中，有两类东西非常关键，那就是技术人工物与人的身体技能。技术人工物是人的技能的外化与科学理论结合的成果，而人的身体技能则是实践规训的结果。但是，人的身体技能与技术人工物之间也是相互作用的，人的身体技能很多就是关于技术人工物的使用技能，而技术人工物则是对人身体技能的模仿。虽然这两者并不等于技术，但是技术的本质在这两者身上体现得最为淋漓。杜威认为，技术就是对工具与技艺的探究①。与技术人工物和身体技能相对的我们可以把技术过程分成技术制造与技术运用两个过程。技术制造过程主要是生成技术人工物的阶段，而技术使用则是身体技能形成的阶段。

总之，技术的定义有很多，技术是一种解蔽，是真理的显现，是一种创造，甚至是人的存在方式，这些都没错。但是概念是思维的工具，你接受不同的概念就意味着你采用了不同的思维方式。对本研究来说，我们更加相信技术是理论与实践的中介，是工具与技艺的运用，是对具体情境中的问题的一种解决，这是我们运思的起点。

第二节　教学的概念

一　教育与教学

一般认为，教育与教学是包含与被包含的关系，教育是一个更大的集合包含着教学。所以当我们说教育的时候往往包含了教学，而当我们说教学的时候则不能概括整个教育，这大概是当前教育理论界对教育与教学关系的一种常识。

在本研究中，我们认为教育与教学的关系不再是一种包含与被包含的关系，而是一种抽象与具体、理念与实现的关系，它们只是在某种程度上存在着同一。

在日常语言中，作为名词的"教育"总是一个抽象的名词，它可以指很多东西，但是其本身却不能排他地指代任何具体的活动。我们如果需要指代一种具体的教育总是需要在它前面加上定语，如学前教育、初等教育、家庭教育、社会教育等来指具体的教育活动。同时，作为名词的"教学"往往指示着某一类具体的行动或活动，我们也可以给它添加定语，但

---

① 拉里·希克曼：《杜威的实用主义技术》，北京大学出版社2010年版，中文版序言第7页。

是这种定语往往只是体现这种活动的特点的，如活动教学、设计教学等，这里的活动与设计都是为了突出这一类教学活动的特殊性，如果少了这些定语教学本身还是非常具体的。总之，"教学"一词在人头脑的意象中是非常具体的，它往往就代表了某种行动或活动，这与"教育"一词在人头脑中的意象是有很大区别的，后者只能让人非常模糊地意识到有这么一种活动。所以，我们说"教学"与"教育"是两个抽象程度相差比较大的词，后者的抽象度远高于前者。

从两个词涵盖的内容来看，广义的教育指的是所有能够导致人的认知、情感、态度、技能等方面的提升的活动，狭义的教育则是指特定的教育机构组织的有计划、有目的的活动，主要指学校教育。《辞海》中"教育"一词的词条显示："教育广义指以影响人的身心发展为直接目的的社会活动。狭义指由专职人员和专门机构进行的学校教育。"[①] 与此类似的，刘克兰认为："广义的教学是泛指那种经验的传授和经验获得的活动，是能者为师。不拘形式、场合，不拘内容，如'父传子''师传徒'等活动。狭义的教学指的是学校教育中培养人的基本途径。"[②] 由此可见，教育与教学都有广义与狭义之分，巧的是这种划分存在着某种重合，如两者狭义的定义指的都是学校里面的活动。当然，广义的定义里面是有些许差异的，如《辞海》里面认为是影响人身心发展的所有的社会活动，而刘克兰的定义中强调了教学是一种经验传递的活动。这也是我们通常认为教育包含教学的由来，因为这里教学主要是一种知识的教学。但是如果我们考虑到经常被忽略的教学的教育性，那么教育跟教学在现实中的所指是非常接近的。

实际上，王策三先生在《教学论稿》中就对"教学"一词进行过详细的考证，得到该词的五种含义[③]：（1）教学包括所有的人类实践，生活也是教学；（2）教学等于教育；（3）教学是教育的基本途径；（4）教学就是技能训练，主要是俄语中有此用法；（5）具体的教学活动。从这5种含义可以看到，我们的理解是第2与第3种含义的复合体。我们认为教育与教学具有某种同一关系（含义2），但是它们并不是直接的同一关系，

---

① 夏征农、陈至立：《辞海》，上海辞书出版社 2009 年版，第 4176 页。

② 刘克兰：《教学论》，西南师范大学出版社 1988 年版，第 62 页。

③ 王策三：《教学论稿》，人民教育出版社 2005 年版，第 34—36 页。

而是理念与实现的关系（含义3），教学是教育理念在现实的展开。教育与教学相比，其关注的东西更为宏观、更为抽象，而教学关注的更多的是教育理念的现实问题，两者是一枚硬币的两面，这也解释了为什么课程论、教学论中的理论研究跟教育哲学很接近的情况。

需要说明的是在本研究中，凡是讨论教学的形而上学问题时，教育与教学两个词基本上可以混用，因为最抽象的教学问题就是教育问题。

二　教学本质探讨的历史

由于教育与教学是一种抽象与具体、理念与实现的关系，所以当我们探讨教学本质的时候实际上就在探讨教育的本质。但是从历史的角度来看，当大家探讨这个领域的形而上问题的时候基本上都以教育的名义，而谈到具体的活动则以教学更为常见。在教学论学科成立之前，很少有文献声称自己研究了教学的本质，所以我们在这里探讨教学本质的历史，其最初是跟探讨教育本质一起的。

在原始社会里，教学就是在劳动与生活当中进行的，由长者向晚辈进行教学，教的过程也是做的过程。教学在当时还没有从人们的日常活动中分化出来，所以当时的教学主要还是一种群体内部的自发活动，如果说当时有对教学的意识的话，那也是基于部落群体的生存与延续的考虑。

在古代四大文明古国中，随着社会的发展，教学活动从生产与生活中独立出来，专门的学校建立了起来，专职的教师也出现了。同时，在这个阶段文字的发明也使专门的教材与教法的出现。但是，文字的出现同时也让教学成为部分人才能享受的特权。由于文字的革命性作用，当时的教学把文字的教学作为一个重要的内容，如古埃及的书记学校、古巴比伦王国的书写学校等。

古希腊作为西方文明的来源之一，在教育上的表现也是可圈可点，孕育了斯巴达与雅典两种截然不同的教学类型。特别是雅典的教育对后世的影响更大，从教学内容上来看，他们强调思维训练，强调课程内容的德、智、体、美的全面发展，从教学方法上来看，他们注意教学内容与方法要与学生的年龄阶段相适应。苏格拉底的产婆术开了启发式教学的先河，而柏拉图的《理想国》更是教育史上的不朽之作。

相比古希腊，罗马时期的学校教育的规模更大，教学活动更加繁荣，因而对教学实践进行总结与建构的内在需求就更强烈，昆体良的《雄辩术

原理》是这一时期教育思想的集大成者。早在 1 世纪，昆体良就提出了
"教是为了不教"的观点，"除了使我们的学生不需要总是有人教，我们
的教学还能有什么别的目的呢？"① 此外他提出要激发学生的兴趣，反对
体罚，要善于纠正学生的错误，不同年龄的学生要用不同的纠正方法。他
还强调教师对教学质量的重要性，教师不但应该学识渊博，而且还要热爱
儿童。雄辩家作为一种职业教育，昆体良力排众议，认为雄辩术教育不应
只有雄辩的技巧训练，还要以广博的知识为基础，雄辩家不应只有高超的
雄辩术，更要有高尚的品德。虽然昆体良的教学思想全都是围绕着雄辩家
的培养，但是在他的著作中我们也可以看到后世普通教育学才讨论的
问题。

　　正如亚里士多德所说的，人天生是政治的动物。在古希腊、罗马时期
的教学与政治学是强烈地联系在一起的，教学甚至就是实现政治抱负的手
段。柏拉图的名篇《国家篇》（《理想国》）就是哲人政治家的治国纲领，
它与卢梭的《爱弥儿》以及杜威的《民主主义与教育》并称为教育史上
的三大名著。西塞罗就认为教学的最终目的就是培养政治活动家，而只有
出色的雄辩家才能成为真正优秀的政治活动家。应该说雄辩家就是古罗马
时的理想人性，所以雄辩家的教育所涉及的问题非常广，既要有渊博的知
识（文学、哲学、军事、法律等），又擅长雄辩术，同时还要有高贵的风
度，由此也不难理解昆体良的《雄辩术原理》成为了教育史上的一本重
要的著作。

　　进入中世纪后，教学活动被宗教接管，因此所有的教学活动都带上了
宗教的烙印，当时的教育家一般也是神学家，这其中以奥古斯丁最为有
名。在文艺复兴时期，虽然高举了人性的旗帜，但是实际上突出的是人的
感性欲望。不过他们在教学上还是承接了昆体良的教学思想，扩大了受教
育的对象，课程科目更加广泛，从"七艺"拓展到了历史、地理以及自
然科学等新兴学科。这个时期的教育培养了大量多才多艺的人文主义者。

　　进入近代，夸美纽斯是不得不提的一位教育家，一般认为他的《大教
学论》被认为是现代教育学的奠基之作。在该书中，他把大教学论称作
"把一切事物教给一切人的普遍的艺术"②。把教学作为艺术虽然不是他原

---

　① 昆体良：《昆体良教育论著选》，任钟印译，人民教育出版社 1989 年版，第 84 页。
　② 夸美纽斯：《大教学论·教学法解析》，任钟印译，人民教育出版社 2006 年版。

创的，但是他的言论无疑为这一观点提供了强有力的依据。与夸美纽斯不同的是，近代另一位著名教育学家赫尔巴特则是努力把教育学建设为一门科学。他以观念心理学为基础，结合学生多方面兴趣与注意力的培养，提出了著名的"教学阶段理论"。他把教学分成"指明、联接、教导、给予哲学的观点"四个阶段①，对应着学生"注意、期待、探究、行动"四种心理状态②。有意思的是，教育与教学的反差在近代这两位教育家的著作里表现得非常充分。夸美纽斯想把教学建设成一种专门的艺术，结果一不小心就成了一本教育学著作，虽然其名称为《大教学论》；而赫尔巴特虽然想建设一门普通的教育学，但是走的科学路子却让它看起来像一本教学论的著作。这似乎更加印证了我们的观点，教育与教学存在着某种同一，只不过教育关注的是抽象的理念，而教学更加关乎现实的实现。

现代以来，社会交流的节奏更快了，社会变动更加剧烈。在这样的社会条件下，教学思想的变化也更频繁。杜威的教学思想常常是作为现代教学思想的代表而被提及的，而他在提出自己的教学思想的时候也是以批判传统教学思想为基础的，他批评斯宾塞教育为未来生活做准备的说法，也不赞同福禄贝尔教育是儿童天性的展开的说法，他批评传统的形式训练说，也不赞同赫尔巴特的教学法。他主张活动课程论，主张教学过程要与思维过程相契合，主张"做中学"。作为一名哲学家，他的教学思想虽然有他的实验学校作为经验的支撑，但是终究思辨大于实证，深刻有余而践行不足，同时他对传统教学方法的全盘否定也使其教学思想难以贯彻。但是他把教学的重心引到了儿童，对整个教学思想的改变还是非常巨大。

从教学思想的发展史来看，主动对教学本质进行专门讨论是不常见的。较为多见的是现代的教学思想家们为了更加清晰地界定自己的教学思想而对历史上的相关理论进行探讨，其本意是为了自己的教学理论服务的，而不是专门为了探究教学的本质。事实上，对教学本质进行自觉探讨是很晚近的事情了，在我看来，对教学本质的研究在李定仁、徐继存主编的《教学论研究二十年（1979—1999）》中已经有了很好的描述。在该书中，关于教学本质研究的内容先是从语词含义与逻辑归属两个方面对教学

---

① 赫尔巴特：《赫尔巴特文集（3）教育卷一》，李其龙译，浙江教育出版社2002年版，第74页。

② 同上书，第72页。

概念进行了界定。从语词含义上看，教学概念通常存在三种不同的理解：
（1）"教学"仅从教师或教育者的角度进行理解，如"教学是传授知识技能"，"教学就是经验传递"等；（2）"教学"概念仅从学生的角度进行界定，如教学是"学生在教师指导下，在掌握知识过程中发展能力的活动"；（3）把"教学"作为教师和学生的协同活动，如指出教学是教师的教和学生的学组成的双边活动。从教学概念的逻辑归属方面看，存在着四种典型的归属，即教学是一种"教育活动"、教学是一种"认识活动"、教学是一种"实践活动"与教学是一种"交往活动"。

关于教学本质观《教学论研究二十年（1979—1999）》归纳出了十大类，"即认识说、发展说、层次说、类型说、传递说、学习说、统一说、实践说、认识—实践说、交往说与价值增殖说"①。同时通过对教学本质研究的反思，认为当前的研究首先受限于方法论"以认识论为根本的方法论前提，将教学过程视为一种认识过程……由此有了教学本质的'认识说''认识—实践说'；以认识论和价值论特别是价值论为根本的方法论指导，将教学过程视为一种追求教育价值目标实现的活动过程，而有'价值增殖说'……"②同时也由于对"本质"的理解存在偏差，"讨论中人们有时对教学的'质'和'本质'，对教学的性质、基本特征、基本属性及基本功能与教学本质之间的联系和区别并不明确分析，因而是不够清楚的。由此而带来的是以质代替本质，把多方面的质看作多重的本质"③。

实际上，探讨教学的本质是什么，其中暗含了一个逻辑前提就是承认教学有一个确定的本质的，这种本质主义的观点是传统哲学的一个特征。亚里士多德在《范畴篇》中把本质（本体）置于十大范畴之首的地位，黑格尔在《小逻辑》中也指出哲学的目的就在于认识事物的本质，因此，探讨"本质"问题也是传统哲学的核心。但是随着社会的发展，一股"反本质主义"的潮流开始兴起，后现代、解构主义、社会建构论等一系列名称出现在人们视野，其核心的观点就是反对普遍性、统一性，宣扬差异性、多元化与复杂性。因此，本质的问题本身变得无足轻重，如何达到

---

① 李定仁、徐继存：《教学论研究二十年（1979—1999）》，人民教育出版社2001年版，第59页。

② 同上书，第76页。

③ 同上书，第78页。

本质开始受到关注，现象学，解释学，甚至解构主义的出现都是为了追寻某种"本质"。在这个意义上，它们都是达到某种"本质"的手段，它们也还是本质主义，不同的是这里的"本质"不再是单数而是复数的了，因而也可以称为"非本质主义"。

哲学上这种从本质主义走向反本质主义、非本质主义的观点已经广为接受。因此，面对众说纷纭的教学本质，要从理论上来证明对或不对已经没有意义了。正如马克思所说的，重要的是改变世界而不是解释世界，因此研究世界是什么应该让位于研究世界应该是什么，世界如何变成这样。于是，对教学研究来说研究教学是什么不如研究教学应该如何的问题，这就是本研究教学技术性所关注的问题。当然由此回溯，我们又会发现实际上这里还是存在着某种本质主义的假设，即教学是一种技术。

三　技术学视野的教学

我们无意于评论前人对教学的认识，相信放在它们的时代这样的认识是有意义的，但也很乐意提出自己对教学的理解，相信这样的理解是属于这个技术时代的。

我们将从三个角度提出我们基于技术学的对教学的理解：首先，从技术的起源来看，教学中工具的应用总是以具体的问题为指向的；其次，从技术的实现过程来看，教学是不断地创新；最后，从技术的非线性因果性特点来看，教学的研究要超越线性因果范式。

关于技术的来源，有两种竞争的理论，即生物本能贫乏论与心理能量冗余论[1]。第一种理论认为，技术是由于人本身先天本能的缺失，为了生存而作的弥补。法国哲学家斯蒂格勒把技术看作"代具"，就是其中的一个代表[2]。在柏拉图的《普罗泰戈拉篇》中，普罗泰戈拉讲了一个故事。故事讲到在神创造万物的某个时候，需要给万物分配本质力量，爱比米修斯与普罗米修斯这对兄弟被派去做这件事，爱比米修斯负责分配本质力量，普罗米修斯负责检查。结果爱比米修斯犯了一个严重的过失，他把所有的本质力量都分配给了其他动物，当分到人的时候，所有的本质力量都

---

[1]　吴国盛：《技术哲学讲演录》，中国人民大学出版社 2009 年版，第 41—61 页。

[2]　贝尔纳·斯蒂格勒：《技术与时间：爱比米修斯的过失》，裴程译，译林出版社 2000 年版。

已经被分完了，人类成了一个没本质力量的物种。普罗米修斯检查的时候发现这个问题，为了弥补爱比米修斯的过失，他从雅典娜与赫淮斯托斯那里偷了火与技艺给人类，以使人类能在自然界生存。斯蒂格勒从这个神话出发提出了他的关于技术起源的解释，认为技术起源于人类本质力量的缺失。这里他的运思起点是古希腊神话，但是这种生物本能贫乏论从生物学上也是有佐证的。因为现代人的脑量平均值有 1500 毫升，而新生儿的脑量却只有 300 毫升，所以人类不像一般动物出生后不久就能自己生活，他的幼年期是比较长的，很长时间中都需要成年人的照顾才能生存下来。当然，也正是人类新生儿脑量的小，才让人的发展具有无限的可能性，所谓虚位以待，人出生之后漫长的学习期就是人不断积累工具与技能的过程。所以回到人类初期，人类为了在大自然中生存下来，由于本身身体上的种种缺陷，需要借助于各种技术手段才能生存下来，这就是技术的来源。

但是，心理能量冗余论者对上述的观点是不认可的，因为上述理论的基础是进化论，它强调了人类进化的连续性，虽然从事后看来这个理论还是具有相当的合理性，但是如果我们反过来想一想，为什么只有人是这样进化的，其他当时在类似条件下的动物没有像人一样地发展？我们现在也知道，使用工具也不是人的专利，很多大猩猩①也有这种能力，但是它们为什么没有像人一样地发展呢？所以心理能量冗余论者觉得这里一定是一个突变，并且这种突变不是外部原因引起的，而是人，并且是区别于其他动物的人的属性导致了这种转变。这其中，美国的芒福德是重要的代表。相对于我们熟知的"人是工具的制造者与使用者"，他认为人是符号的制作者与使用者。在他看来，把人当作工具的制造者与使用者无非是对这个时代的下意识的认同，但是这种认同把许多史前的重要问题忽略了，是一种以今度古的做法，很值得怀疑。"This overweighting of tools, weapons, physical apparatus, and machines has obscured the actual path of human development. 对工具、武器、物理器械和机器的高估已经模糊了人类发展的真正道路。"② 所以，芒福德开始构建他的人类史前史，他认为人之为人首先在于他的心理，因而人类的发展首先需要解决的问题就是对人的心理能量与性能量的压抑。因为原始人的心理能量非常充沛，对未知世界的好奇

---

① 著名的大猩猩 Kanzi 能够烧火煮饭，甚至还能用电脑与人交流。

② Lewis Mumford, Technics and Human Development, A Harvest / HBJ Book, 1967: 5.

心与探险的欲望，对超出认知的现象的猜度，他们的大脑活动过度，经常有莫名的冲动。于是，人类发明了跳舞、唱歌、模仿、表演、仪式、图腾等原始人类的文化活动。通过这些文化活动，他们宣泄了心中的心理能量与性能量，特别是仪式，通过不断地重复，规范化的动作引导着原始人的心理能量，对他们的冲动起到了很好的压抑。总之，在芒福德看来人类诞生之初的最大困境不在于饭能不能吃饱的问题，而在于能不能压抑住自己内心中的那种骚动，因而人类最早发明的工具不是征服自然的工具，而是克服自身心理能量的文化技术。同类相残在动物界里都是为了争夺地盘，这是一种动物性的活动，但是自从有了人类以后，为了献祭而做的同样的事则是人类的理智行为。人类首先建构出了人的心理，然后人才称为人。所以，从芒福德看来，人类技术首先是建构自身心理结构的技术而不是对外改造自然的技术。

从现在来看，技术到底起源于人先天本质的缺乏还是心理能量的充沛，这已经是一个不可证伪的命题了，根据波普尔的理论，这不是一个科学的命题。但是这两种理论都有各自的道理，也有各自的拥趸。对本研究来说，不管技术是为了弥补人类的先天缺陷还是为了压抑内心充沛的心理能量，至少表明技术是人在困境中的自我救赎。这对教学来说有两个问题值得思考：首先，教学作为一种技术它面对的是人类的哪种困境；其次，教学过程中使用各种工具是为了解决什么问题。第一个问题是对教学总体上的思考，第二个问题是对具体的教学工作的思考。根据我们对教育与教学的区别，即教育是对教学的总体的抽象，因而第一个问题中的教学在本研究应该被称作教育。所以本研究关心的是第二个问题，即教学中的工具应用总是面向具体的问题。

在西方哲学中，本质与存在是一对相互联系又有区别的基本概念，一般来说本质就是关于某一事物能够说得明白的抽象表述，而存在则是以如其所是的方式展示的关于某一事物的本真。古代西方人对世界本原的寻根究底，使他们对本质的关心更甚于存在，所谓的逻各斯中心主义其实质就是试图用语言来把世界上的万事万物说清楚，这就决定了本质在一开始是被拥护的东西。有凸显也有遮蔽，本质的独占鳌头让存在的问题隐藏起来了，亚里士多德之后除了阿奎那的《论存在与本质》，鲜有人提及存在的问题。直到现代，存在才被逐渐重视，存在主义、现象学等的出现才让存在开始从幕后走向前台，所谓的"存在先于本质"强调的就是这个意思。

我们把本质与存在的关系和理论与实践的关系联系起来，就会发现强调理论的哲学其关注的是本质，哲学史上的大多数哲学家就是此类，也是西方哲学的传统，而强调实践的哲学关注的往往是存在，这以现象学一脉最为突出。如果我们把描述本质的文本称作理论，而展现存在的现象叫作实践，那么理论与实践的差异实际上就是本质与存在的差异。虽然我们不能把本质与理论画等号，也不能把存在与实践画等号，但是回到前面我们对技术的定义，即技术是理论与实践的中介，那么从本质与存在的角度来看，技术是本质与存在的差异，技术就是试图消除本质与存在之间差异的行动。

消除存在与本质之间的差异是什么意思呢？同一事物的本质与存在总是会有差异的，这种差异实际上就是事物变异的内在动力。人对本质的思考总是倾向于与存在契合，每个研究教学的人都希望自己对教学的理解是符合现实中的教学的，他们对自己观点的确证也是通过与现实中的教学进行比较而确认的，一旦碰到有不符合教学现实的地方，研究者总会被这个不和谐的地方吸引，通过修改自己的观点以能够更大程度地符合教学现实来确证自己。同样，教学的现实不是铁板一块只有理论来符合它，实际上它本身又是人能动地创造的结果，所以教学的现实如何很大程度上取决于教学实施者对教学的理解，从这个角度我们看到人们对教学实质的理解影响着教学的存在。总之，教学存在与教学本质这两者的互动不断地在推动教学的变革，在本研究看来，由于本质与存在之间的差异我们把它叫作技术，那么教学的变革就成了技术的后果，而创新则是技术视野中的教学的固有属性。

教学作为技术使我们还可以以另一种方式来看待它，在前文我们分析了科学与技术的不同，主要是从确定性与不确定性来讲的，与确定性与不确定性相关的有一个更加深层次的东西，那就是不同的因果观念。科学与技术分别采用了不同的因果模型，前者主要是线性因果与非目的性因果，后者则是非线性因果与目的性因果。

线性与非线性是数学用语，线性关系是可以叠加的关系，整体是部分的加和。线性因果中整体的原因就是各个部分的原因的总和，所以线性因果给我们的科学研究带来了便利，我们研究事物只要把它分拆成几个简单的部分，分别寻找它们的原因，最后把所有的原因加起来就是事物的原因了。但是从现在看来，这种线性的因果关系在现实中是非常少见的，组成一事物的各个部分实际上都会或多或少地存在着各种联系，所以当它们共同作用的时候总是不会等同于把它们简单地相加。也就是说事物之间的因果关系更多地是一种非线性的关系，而近代科学崇尚的线性关系只不过是一种近似于理想的状态。

除了线性因果与非线性因果的分歧之外，科学与技术在因果观上还有非目的性因果与目的性因果的分歧。一直以来，经典科学都把因果关系看作原因单向作用于结果的这样一种关系，并且不承认那些超自然力量可能带来的因果关系，因此，科学中的因果关系都是非目的性因果关系。但是这种非目的性因果的最大问题就是，一切结果都是原因造成的，那么决定世界未来方向的原因都已经存在了，那么未来也已经没什么好希望了。很明显，非目的论因果关系在生物界，尤其是人类社会，很多问题都是没法解释的。所以 19 世纪达尔文提出了自然选择的物种起源学说，揭示了在客观环境的制约下，生物有适应环境的合目的性行为。这就是一种目的论因果观，实际上在人类参与的活动中，目的是一个重要的原因。

在人类早期，非线性的、目的论的因果观念是普遍存在的。亚里士多德的"四因说"作为古代西方世界的一个集大成的因果理论就体现了这种因果观念。首先，四因说中的四因以不同的方式作用于产出，它们承担了不同的分工，同时相互之间也有一定的依赖关系，并且目的本身也是原因之一。17 世纪之前，这种因果观念在西方一直占据着主导地位。虽然亚里士多德在《物理学》中第一次提出"四因说"时其本意是为了解释自然界事物的，但是通过在《形而上学》中的诠释，以及亚里士多德本人在解释"四因说"的时候经常用制作之物及其制作过程来举例，如青铜做成铜像和白银制作酒杯，所以，实际上它不但适合解释自然之物也适合解释人类活动与人工制品。更有人认为，四因说是关于技术的原理，例如潘知水认为四因说是"关于人类制作活动的第一个本质规定以及这一本质规定的第一个理论形态"[1]，李伯聪认为："四因说就其本性而言本来是一种关于造物活动和人工制品的理论。"[2] 所以，从技术学的角度审视教学，我们要超越经典科学的线性的、非目的论的因果观念，从而也超越当前甚嚣尘上的科学研究范式。

---

① 潘知水：《论主体本质为形式因》，《哲学研究》1992 年第 12 期。

② 李伯聪：《工程哲学引论》，大象出版社 2002 年版，第 15 页。

　　当然，从技术的视角来看待教学，甚至把教学看作一种技术并不是把教学框定在技术的范畴内了，我们的出发点更多地是强调教学也具有技术所具有的一些特点，这些特点对当前的教学研究具有非常重要的指导意义。我们把技术看作理论与实践的中介，看作本质与存在的中介，都是为了突出技术的过程属性对教学研究的意义，我们不能再简单地、静态地看待教学了，教学只有在其运作的过程中才成其为教学。

　　这里的一个悖论就是，语言作为一种表达工具，其先天地具有一种本质主义的倾向，人们用于交流的各种概念就是从实物中抽象出来的本质。这也就能够理解一些所谓的反本质主义者们如海德格尔等的论著非常晦涩难懂，因为他们所反对的其实就是常人能够理解的他们写下来的，所以为了让人能够产生别样的理解，他们不断地创造新词，不断地旧词新用，他们的目的也就是为了打破人们通常所具有的世俗理解。不管怎样，海德格尔还是相信语言的，他说"语言是存在的家"，但是根据我们的理解"语言是本质的家"更为贴切，存在是超越于语言的表达的，只有本质才囿于语言。那么，对于研究不能言语的存在怎么办呢？句读一下海德格尔的弟子、我国著名哲学家熊伟的《说，可说，不可说，不说》，"说可说，不可说不说"代表了我们的态度。本研究不可能言说完教学，只能说出能够说出来的东西，那些说不出来的，即使能够体会到，也就不说了。飞鸟是永远也追逐不到其身影的，除非飞鸟不飞，人类追求真理犹如飞鸟追逐其身影，只有静止不动的东西才能有真，任何在运动的东西经由言语一刻画就可能出错。所以虽然我们向往对作为过程的教学的了解，但是写出来的东西也只是我们认为可说的东西，我们的期望也就在于能够部分地说出。

第三节　教学技术性的初步探讨

　　在上面我们讨论了技术是什么以及技术学视野的教学是什么的问题，接下去我们简单探讨一下教学的技术性问题。所谓教学的技术性就是教学活动过程中所体现出来的一些技术相关的特性。从根本上来说，教学的技术性是由于教学活动过程中稳定的人工物与不稳定的人必然相遇而造成的。技术人工物一旦生成它就能够忠实地执行设计者的意图，而人在不同的情境下难免受环境的影响而产生难以预料的反应。技术性不因我们观察视角的改变而改变，它是客观存在的，同时它也是对教学的各种属性的一种概括。

一　作为技术的教学

客观上，教学理论与教学实践之间存在着不可逾越的鸿沟，这是过去的教学理论与教学实践所忽视的现实，也是当前教学观念需要突破的地方。历来的教学研究或者片面重视理论，用理论来指导实践，或者片面重视实践，以实践来规整理论，但是由于不能正视教学理论与教学实践之间的鸿沟，所以教学的研究犹如钟摆，踟蹰不前。本研究首先就是突破了这一观念，承认教学理论与教学实践的差异，并用技术来中介教学理论与教学实践，使两者之间能够相互转化。同时把这种转化本身当作教学的本质特征来凸显，这样我们就把教学看作一种技术。

把教学看作一种技术，或者说把技术性看作教学的本质属性，这是本研究的出发点。根据《马克思主义百科要览·上卷》，所谓本质属性就是"反映事物本质特征、直接决定事物的存在及其发展的特性"。我们把技术性看作了教学的本质属性，这就是说技术性是反映教学的本质特征，决定教学存在及其发展的特性。这是因为我们认为教学理论与教学实践是两个永远都不可能相符合的东西，两者之间存在着不可逾越的鸿沟。但是教学本身的发展却要求这两者之间建立互动，因此教学发展的根本就是如何为教学理论与教学实践建立中介。我们在前面探讨技术是什么的地方就阐明了技术是理论与实践之间的中介，所以，研究教学的技术性就是要研究如何沟通教学理论与教学实践，在两者的和谐互动中促进教学的发展，这也是我们研究教学技术性的根本问题。

二　使用工具的教学

在承认了教学理论与教学实践之间的差异之后，势必要找出并解决由此而导致的教学问题，这就涉及教学中使用工具手段的问题。

库恩的范式理论认为，一种科学理论成功之后，就成为进一步科学研究的范式。罗伯特·洛根认为[①]，技术领域也有类似的现象，一种技术获得了社会认同以后，它也将影响社会的其他方面。譬如我们在考察人类社

---

① 罗伯特·洛根：《字母表效应：拼音文字与西方文明》，何道宽译，复旦大学出版社 2012 年版，第 170 页。

会历史的时候就会发现石器时代、青铜时代之类的说法，这种说法本身就是强调了技术对社会发展的根本影响。所以，在本研究中，我们强调教学的技术性首先就是各种工具手段在教学中的使用，及其它们对教学发展的决定作用，或者说教学的技术性虽然其内在的原因在于教学理论与教学实践的分歧，但外在的表现却在于教学中工具手段的使用。

三　技术使用的教学后果

技术的使用必然会带来一定的后果，在本研究我们关注两方面的后果，一方面就是技术的使用对学习者的改造，另一方面则是技术的使用对教学研究的影响。

教学中使用技术的后果有很多，但是对学习者的改造可能是诸多后果中最重要也最具有根本性的一点后果。因为人的能动作用，被改变的学习者将会改变未来的世界，这也是教育历来被政治家们重视的最重要原因。但是对教学本身来说，技术的使用最后会在教学研究中形成某种关于技术的意识形态，最终必将影响研究教学的方法，这也是教学中使用技术的重要后果。

以上我们简单罗列了教学技术性研究的几个重要问题，下面我们分章节对这些问题进行具体的探讨。

第二章

作为技术的教学

为真理而追求真理是人类在这世界上完美型的一种根本表现，也是一切其他德行的种源。　　　　　　　　　　　——约翰·洛克

哲学解放了教师的想象力，同时又指导着他们的理智。教师追溯各种教育问题的哲学根源，从而以比较广阔的眼界来看待这些问题。教师通过哲理的思考，致力于系统地解决人们已经认识清楚并提炼出来的各种重要问题。那些不应用哲学去思考问题的教育工作者必然是肤浅的。一个肤浅的教育工作者，可能是好的教育工作者，也可能是坏的教育工作者——但是好也好得有限，坏则每况愈下。①

　　　　　　　　　　　　　　　　　　　　　　——乔治·奈勒

研究教学的技术性，把技术性看作教学的根本属性，这里有个重要的假设就是把教学看作技术。在本章我们试图证明，教学作为技术是教学本身所固有的一个无法克服的困难——教学理论与教学实践的差异——所导致的。

第一节　教学为什么是技术

在日常生活中我们经常听到"用理论指导实践"，"实践是检验真理的唯一标准"的说法。前者代表了一种通行的做法，告诉我们做一件事情首先要为它找到一个合适的理论，在理论的指导下我们才能做好事情；后者则陈述了一个原则，一个理论只有当它带来了好的实践才能证明这个理

---

① 陈友松：《当代西方教育哲学》，教育科学出版社 1982 年版，第 28 页。

论是好的。由于这样的言论经常出现，以至人们认为理论与实践之间具有某种对应关系，甚至认为理论与实践是同一的，它们之间能够顺畅地转化，我们只要抓住其中之一必然就能得到另一个。这样的一种无意识进入人的思维后，让人对理论与实践的关系产生一种僵化的认识，认为好的理论就能得到好的实践，好的实践能够从中归纳出好的理论，而对理论与实践之间的转化困难明显重视不够。对本研究来说，技术就是理论与实践之间的中介，我们研究教学的技术性就是在承认教学理论与教学实践之间转化困难的基础上，用技术的方式来缩小教学理论与教学实践之间的转化困难，而以技术的方式运行的教学所体现出来的特性就是教学的技术性。

一　从理论与实践的差异谈起

理论与实践虽然是不同的东西，但是人们常常关注这两者的内在一致性，所谓"理论指导实践""实践是检验真理的唯一标准"等都强调了这两者的内在关联。但是过于强调这种内在关联造成的后果就是人们对理论与实践的内在差异不够重视，所以我们在这里讲的这两者之间的差异并不是讲这两者之间一目了然的那种差异，而是讲这两者内在的东西并不是一一对应，而是有所区别的。

人类历史上对理论与实践的关系往往采取了求同的态度，很少思考它们之间的差异。典型的如柏拉图的理念论，它把这个世界上的一切现象都看作对理念的摹仿与分有，理念是一切事物存在的根据。言下之意，理论是实践的依据，我们如何做取决于理论怎么说，理论与实践之间存在着某种一一对应关系。怀特海说，西方两千多年的哲学史无非是给柏拉图做注脚，虽然不无夸张，但是从中也可以看出柏拉图的理念论，或者说其中体现的理论与实践的关系在西方思想界的盛行。特别是到了近代，科学理论的成功应用，更把这种思想导向了一个极端。1869 年，门捷列夫根据原子量的变化制定了元素周期表，并断定金的原子量要比锇、铱、铂大[①]，并用元素周期表纠正了原先错误的金的原子量，后人还根据这个元素周期

---

① 当时，金的原子量公认为 169.2，锇、铱、铂的原子量分别为 198.6、196.7、196.7，所以根据元素周期表的排列顺序金应该排在此三者前面，而门捷列夫根据元素周期表中元素性质出现周期性类同的特点，断定金应排列在这三种元素的后面，原子量应重新测定。最后大家重测的结果证明了门捷列夫的判断，锇为 190.9，铱为 193.1、铂为 195.2，而金是 197.2。

表发现了一些新的元素。诸如此类的例子在科学史上不胜枚举，从而也给人带来了一种错觉，认为人类的理论反映了客观规律，理论跟实践能够一一对应。

那么，理论到底能否贯通实践呢？其实柏拉图推行《理想国》的经历就能够说明问题。我们知道《理想国》是柏拉图最著名的代表作，在书中通过与苏格拉底的对话，探讨了哲学、政治、伦理、教育、文艺等多方面的问题，并以理念论为基础，构造了一个理想国家的系统方案。但是之后的两千多年时间中没有一个政权声称按照这个理想国原型成功地建立了国家。即使柏拉图自己，在经历了两代叙拉古国王的施政挫折之后也对《理想国》失去信心，写下了《政治家篇》与《法律篇》，特别是《法律篇》基本宣告《理想国》的幻灭。实际上《理想国》书名的翻译也透露了一些秘密，《理想国》希腊文的原名是 Πολιτεια（Politeia），该词表示国家的所有事务，直接翻译过来就是政治，亚里士多德也曾写过一本名为 Politeia 的书，现在我们把它翻译成《政治学》，实际上与柏拉图的《理想国》同名。但是为什么这么一本讲政治学的著作被翻译成《理想国》呢？也许这可以解释柏拉图在其中的国家理想的尴尬境况，所谓《理想国》按照柏拉图的理念论就是理论上的国家，这个国家在理论上是完美的。但是这一套国家理论在现实中的失败乃至无人问津告诉我们，理论与实践之间并不是简单的一一对应的关系，它们之间存在着一定的差异。亚里士多德在《政治学》里面的某句话似乎就为此做了注脚："政治学方面大多数的作家虽然在理论上各具某些卓见，但等到涉及有关应用（实践）的事项，却往往错误很多。"[①] 总之，我们在这里讲理论与实践的差异主要是讲好的理论能够解释实践，但是不一定能够导致好的实践，或者说好的实践能够被理论解释，但是从中肯定不能导出放之四海而皆准的理论，这两者并不是一一对应关系。

那么理论与实践之间的差异是如何导致的呢？休谟说这两者的差异是事实判断与价值判断的差异，康德说这是自然哲学的理论部分与道德哲学的实践部分的差异，但是他们都没有说出这两者差异背后的原因。徐长福在分析理论思维与工程思维差异的时候却无意中道出了这两者差异的根本

---

① 亚里士多德：《政治学》，吴寿彭译，商务印书馆1983年版，第177页。

原因①。

　　为了解释他的理论思维与工程思维的差异，徐长福在本体上设定了虚
体思维与实体思维的差别，在我看来，虚体思维与实体思维的差别正是理
论与实践差别的重要根源。所谓实体是指"任何可以在工程中予以操作界
定的实存个体，它具有若干属性但却是一个单元"②，实体的特点就是它
具有多个属性，但是这些属性之间没有逻辑上必然的联系，这些属性之所
以在一起就是由于这个实体存在。譬如我们有个男学生，10 岁，他的两
个属性——男性与 10 岁——之间是没有任何逻辑的关系，只不过是事
实而已。同时这些属性中有些对这个实体来说是必要的，有些属性则是偶然
性的。如上面这个学生 10 岁而不是 1 岁，这个年龄对学生这一社会角色
来说具有必然性，但是从性别来说是男性还是女性则是随机的。而虚体则
是指一套描述属性间必然联系的逻辑性系统。这里的属性可以是某个实体
内部的，也可以是多个实体之间的，它们出现在一起的原因就在于它们之
间存在着逻辑的必然性。同时虚体需要一个特定的命题作为前提，并且这
个前提包含了结论并限定了结论的范围。虚体之所以为虚，实体之所以为
实，这主要是虚体归根结底是依附于实体的，试想没有实体的话就没有属
性，也就没有描述属性之间联系的虚体了。但是在这个基础上，实体与虚
体又相对独立，不必说实体是实存的单位个体，虚体也是通过逻辑形成独
立的对属性关系的判断。

　　根据虚体与实体的讨论，结合理论与实践的关系，我们认为理论相当
于虚体，它的操作对象是实体的属性，而实践的操作对象却是实体本身。
理论由于是操作属性，所以可以对实体进行条分缕析，对实体进行任意的
拆分，而实践面对的实体本身是一个操作单位，不能对其进一步地拆分，
所以必然达不到理论分析所要达到的要求。同时，实体存在的复杂性也导
致了理论不能完整地剖析它，因为一个实体的属性是无限多个，让理论完
整描述实体是一个不可能完成的任务。总之，理论与实践是两类相关而不
相应的东西，我们不能认为掌握了理论就能把握实践，反之亦然。这里需
要澄清的是，我们讲理论与实践之间的差异虽然强调的是它们之间的差异

---

　　① 徐长福：《理论思维与工程思维——两种思维方式的僭越与划界》（修订本），重庆出版
社 2013 年版。

　　② 同上书，第 41 页。

性，但是并不否认理论与实践的相关性。理论对实践的引领，理论对实践的解释，实践对理论的验证都是合法的，甚至在大多数情况下都是正确的，只要我们不迷信。

承认理论与实践之间的差异是非常重要的，不那么严格地来讲，理论是我们对事物的认识，而实践是事物如其所是的展现，如果这两者是完全吻合的话，那么这世界就是铁板一块，没有过去也没有将来，一切都在人的意料之中。只有当这两者存在着某种差异，人才会想着去调整自己的想法、调整自己的行为从而改变这个世界，推动这个世界的发展。就像牛顿力学虽然在日常生活场景中非常有解释力，但是到了宏观与微观世界却引发了很多的问题，这就是理论与实践的差异，但是这种差异最终也导致了相对论与量子力学的提出，这些理论改变了人们对世界的理解，也改变了人们的行为。所以，我们认为理论与实践的差异对当今这个世界来说具有本质的必然性。

二 教学理论与教学实践的差异

由上面的分析我们可以知道，理论与实践的差异是必然存在的，那么这个差异在当前的教学中是以什么样的形式存在呢？理论与实践的差异在教学中具体体现在两个方面：一个方面从教学研究的角度来看，从最初的把教学当作一种特殊认识到如今的把教学当作一种实践，这样两种截然不同的假设实际上就是把教学研究看作理论研究还是实践研究的分歧；另一方面在教学的实际现象来看，教学的理论与实践存在两张皮的问题①，理论工作者感觉理论对教学实践影响力有限，实践工作者则感到理论无法在实际中应用，双方都倍感苦恼。

实际上，教学论领域对教学理论与教学实践的关系问题一直都有讨论，并在 20 世纪 90 年代初期有了一些突破性的认识。首先《教育研究》杂志在 1991 年第 5 到第 11 期（第 10 期纪念陶行知诞辰 100 周年暂停）开辟了"教育理论与实践"专栏，发表了一些对教学理论与教学实践关系探讨很有启发的文章。如扈中平、刘朝晖的文章指出教育理论与实际的脱节是双向的，既有理论工作者不关心教育实践的原因，也有实践工作者轻视理论的原因。同时，大家对教育理论投入了过高的期望，而实际上理

---

① 李秉德：《教学理论与教学实践"两张皮"现象剖析》，《教育研究》1997 年第 7 期。

论往往不是直接针对操作的，它对实践的指导都是原则性的，并且还受到整个社会系统运行的制约①。安文铸提出了教育理论与实践关系的探讨要考虑到教育理论的层次性，不同的理论层次对应着不同的实践功能。同时，在我国讨论教育理论与实践的关系还需要一个重要的中间环节——教育政策，教育政策是教育理论与实践之间的桥梁②。

　　1992 年，王策三在《北京师范大学学报》（社会科学版）发表的《教学论学科发展三题》中有一题就是关于教学理论与教学实践关系的。他认为，理论与实际是一对矛盾，两者虽然也有统一的时候，但是更主要的是一种对立关系。当理论超前或落后于实践的时候就会出现相互脱离的情况。教学理论虽然来自实践，但是其一旦形成就有相对独立性，它有自己的发展逻辑，它能够脱离实践而生发出新的理论，此时实践的作用在于验证理论对实际的符合程度，从而促使理论体系的自我改造。教学实践也有自己的发展逻辑，并不囿于理论所及的范围，很多时候它是超越理论的。所以这是两个系统而非一个系统，两者存在差异是必然的。再有，教学理论与教学实践之间的相互转化过程，需要一定的工具手段，遵循一定的转化机制，如果转化机制不搞好就会发生脱离的状况③。具体来说，要实现理论向实践转化需要两个要点：首先理论本身要具有适度超前性的特点。理论要超前于实践，否则对实践只会造成破坏，同时这种超前也要适度，太多超前往往意味着理论实施的现实条件还不够，这也会妨碍理论指导实践；其次，理论要转化为实践首先必须让群众掌握它，然后根据一定的转化程序来实现转化，在这个过程中要注意教学实验与教学模式在这个过程中的重要作用，同时在认识上也要注意理论对实践指导的间接性、整体性以及受社会客观条件的制约。但是王策三先生也承认上述所说的教学实验与教学模式不是教学理论与教学实践相互转化的唯一途径，而只是众多途径中的一种，毕竟理论与实践的转化是个复杂的过程④。

　　经过 1991 年的那场讨论之后，教学理论与实践之间存在差异的观点已经有了定论，所以在这之后就有很多学者考虑如何来弥合这种差距，即

---

① 扈中平、刘朝晖：《对教育理论脱离实际的几点看法》，《教育研究》1991 年第 7 期。

② 安文铸：《教育科学研究中理论与实践关系的思考》，《教育研究》1991 年第 11 期。

③ 王策三：《教学论学科发展三题》，《北京师范大学学报》（社会科学版）1992 年第 5 期。

④ 同上。

关于教学理论与实践的中介的问题。实际上在 1991 年讨论教学理论与实践关系的时候就有人提出了这两者的中介问题，如安文铸认为教育政策是教学理论与教学实践的中介①，朱作仁认为教师是理论与实践的中介，"为使教育理论与教育实践密切结合，要提倡教师扮演双重'角色'：既是教育实践的工作者，又是教育实际问题的研究者"②，而赵学华则认为校长要成为教学理论与实践的中介③。

　　之后，吴康宁在《对我国教育理论发展的思考》中专门提及了理论沟通实践的途径，他提出用教育活动模式来担当这一功能。他认为教育活动模式要求包括对特定教育活动模型的呈现，对解释该模型的运行规律的阐述以及具体的操作程序的说明三个部分。这样的活动模式既能够使深奥的理论变成鲜活的实践，同时也能够促进实践的深化，因此它能有效沟通教育理论与教育实践④。

　　在 1994 年 9 月的一篇访谈文章中，许多专家对教学理论与实践的中介问题表达了自己的看法：张武升认为教学实验是根据教学理论对不合理的教学实践进行改进，在这个过程中来进一步探索教学规律，形成新的教学理论。所以，教学实验是教学理论与教学实践结合的有效中介，它比一般的实践更高级、更复杂，没有理论指导很难进行，因而更能感受到理论指导的重要性与迫切性，同时它自身作为一种科学研究不但需要应用理论还要验证理论、发展理论⑤；陈心五则认为教学理论与教学实践的结合点在于教学策略，因为它不是解决某一实际问题的具体操作，而是能够处理某一类问题的方法，它是与实际问题相联系的教学理论，又是解决某一类问题的规律，"它既是较低概括层次的理论，又是较高概括层次的方法"⑥；曾天山认为教材是教学理论与教学实践的中介。因为教材在教学中的地位很重要，同时它是一定教学思想的载体，又是教学活动的基本工具与依据；杨小微认为教学模式是教学理论与教学实践的中介。因为教学模式从表面上来看是规定了一套叫人如何去做的程序，但是这套程序的背

①　安文铸：《教育科学研究中理论与实践关系的思考》，《教育研究》1991 年第 11 期。

②　朱作仁：《教育理论，何去何从?》，《教育研究》1991 年第 11 期。

③　赵学华：《校长应当好教育理论与教育实践之间的中介人》，《教育研究》1991 年第 8 期。

④　吴康宁：《对我国教育理论发展的思考》，《教育研究》1992 年第 12 期。

⑤　宗秋荣：《教学理论与教学实践的结合探微》，《教育研究》1994 年第 9 期。

⑥　同上。

后则蕴含着特定的教学理论，这个理论能够解释这套教学模式为什么要这样做。"教学模式既是从实践经验到抽象理论的'过滤器'，又是从理论构思到操作规范的'转换器'"①，因而可以担当教学理论与教学实践的中介。

虽然有众多学者试图去寻找教学理论与教学实践的中介，但是这个中介到底是什么实际上还是没有定论，所以关于教学理论与教学实践的趋同论还是占据着教学研究的主流，大家在研究的时候有个隐藏的假设就是教学理论与教学实践具有某种程度的同一，这就造成了当前教学研究中对教学理论与教学实践的差异的无视，这也是当前教学研究的瓶颈之一。

上述众多学者对教学理论与教学实践的中介是什么的种种观点应该说各有其合理之处，但是这些观点也存在一些问题，其中最大的问题就在于中介本身与教学理论和教学实践不在一个抽象层次，因此这些研究的结论只是涵盖了中介的某一方面。我们在前面关于技术的定义中就明确提出了技术是理论与实践的中介，由此我们也可以得到"教学理论与教学实践的中介是教学技术"。而实际上上述探讨中提及的中介都可以称作技术，譬如教育政策、教学模式、教学策略等属于某种智能形态的教学技术，教材则是物质形态的教学技术，而校长与教师则是教学技术的行动主体，教学改革实验本身就是方法类的技术。所以，我们认为教学技术才是教学理论与教学实践之间的中介，同时这个中介过程就是教学的实现过程，所以教学就是以技术的方式存在的，或者说这就是教学的技术性。

三　教学作为技术

在上一节我们讨论了技术是教学理论与教学实践的中介，在这一部分我们继续讨论，教学作为技术是如何中介教学理论与教学实践的。

理论与实践的差异最主要就是两者处理事物的方式不一样。理论采取的是分析的方法，把一个或多个事物根据需要拆分成若干属性，并在属性之间进行操作，所以理论的操作实际上是脱离具体事物的，它要么是事先的预测，要么是事后的解释。应该说通过操作属性来改变事物也不是不可能，但是由于事物之间关系的复杂性，当理论应用到实践的时候其结果并不一定如愿，正如蝴蝶效应，失之毫厘谬以千里。实践使用的是综合的方

---

① 宗秋荣：《教学理论与教学实践的结合探微》，《教育研究》1994 年第 9 期。

法，实践者眼里都是一个个鲜活的事物，他们对事物进行操作，直观地看到结果，因而实践者的所有反应都是当下的，操作的结果或成功或失败，不能回头。简单地说，理论的操作是预设的，而实践的操作是生成的。

预设与生成是一对矛盾体，要弥合理论与实践的差异最主要就是如何浑一地把这两者统整起来。在第二章我们提到技术中最关键的是两类事物——技术人工物与人的身体技能，技术人工物是依据一定的理论制作出来的工具，处理的是一些明确的操作，而人的身体技能则是长期实践规训的结果，能够在活动中随机应变。在技术过程中，技术人工物与人的身体技能又是相辅相成的，技术人工物会规训人的身体技能，人的身体技能又会外化成技术人工物，在技术活动中两者需要高度的配合。在教学过程中，教师正是借助于教学工具与身体技能的相互配合来实现教学理论与教学实践的连接，工具代表着教学理论的固化，而身体技能则是教学实践的适应。下面我们提供一个例子来说明计算机软件系统如何跟教师结合来提高学生的阅读能力①。

阿贝塔老师的学校像今天的很多学校一样，购买了整合学习系统（一个计算机软件）。学生在学校的计算机房里使用这一系统，每台机器就是一个个人学习工作台。每个人用的计算机与服务器相连，从而都可以使用整合学习系统的软件。

整合学习系统的开发者分析学习内容，将学习内容划分成基本技能，再按一定的顺序排列。与这个体系相配套，每个教师都有一个手册。例如，与阅读教学相关的软件开始就是掌握词语，包括辅音和元音，然后就是简单的单词，在后面就是双元音和发一个音的二合字母（例如 phone 中的 ph）。词汇课依据年级水平来设计所要学习的单词，阅读课要反映出阅读所需要的基本技能，如找出中心思想、写作顺序等等。每一项技能都配有大量的多项选择题，依据学生的水平适当地呈现。

数学从最简单的计算开始，然后学习一位数的加法，到没有进位的两位数加法，然后是有进位的两位数加法，然后再学习减法、乘

①　Priscilla Norton & Karin M. Wiburg：《信息技术与教学创新》，吴洪健、倪男奇译，中国轻工业出版社 2002 年版，第 27—28 页。

法、除法和分数。应用题的设计不仅要考虑学生的计算能力同时也要兼顾他们的阅读水平。整合学习系统的软件包含大量的与每一项具体任务相关的问题，同时，程序还提供了一套规则以决定什么时候向学生呈现哪些问题①。

阿贝塔的学生们每周要到学校的计算机实验室去四次，每次一个半小时。两次练习阅读技能，两次练习数学技能。学生们第一次去的时候，每人得到一个登录名和密码，计算机可以根据登录名检索学生的纪录，并根据学生一段时间内的学习情况决定学生应该从哪里开始学起。密码可以确保学生的登录名与其身份保持一致无误。

整合学习系统会通过学生在阅读和数学的练习来确定学生当前的成绩水平，计算机从试题库中随机选择一些阅读和数学方面的问题呈现给学生，如果学生答对了 4 个同一水平上的问题，计算机就进入更难水平的试题库选；如果学生答错了 2 道题，计算机就从更容易的试题库中选题。这一过程会一直持续下去，直到计算机能够确定学生在每个领域的当前水平为止。

当确定了学生在每个领域的成绩水平之后，计算机就从与之相匹配的试题库中随机选取一些问题，呈现给学生。在每个水平上，学生要回答 10 个问题，计算机会记录下他们的回答。一门学科的学习结束以后，计算机会转到另一门学科，然后重复同样的过程。当学生对某门学科某一水平问题回答的准确率达到 90% 以后，计算机才会进入到更难的水平。

阿贝塔每周五要到计算机实验室，把每个学生目前正在学习的内容打印出来，然后，她把有相似学习任务的学生集中到一起，并在常规的课堂阅读和数学学习中为他们设计适当的学习任务。

在上述案例中，整合学习系统是一个根据掌握学习与程序教学的理论而开发的一个计算机软件。程序教学理论所强调的小步子、积极反馈等原则以及极具个性化的学习过程决定了该理论不太适合教师在课堂教学中实施，而实际上从普莱西的自动教学机器到后来的 CAI（计算机辅助教学，Computer Assisted Instruction）基本上都是通过实现了该理论的技术制品的

① 原书提供了相应图标，见原书图 2.1，这里省略。

使用来进行教学的，这大概是教学理论通过技术制品来作用于教学的最典型案例。这其中的关键就是程序教学把教学过程明确地细化为多个小的步骤（所谓的小步子原则），这就为技术的自动化提供了条件，这也是技术制品的强项。与程序教学相比，掌握学习的初衷并不是为了使用教学机器，但是这个理论在实施的时候需要分析学习目标，以及把学习目标分解成相应的知识与技能的这种做法，为技术制品固化教学过程提供了便利，同时，该理论本身也是需要不断地对学习者进行强化、反馈与校正，这里的很多工作比较机械，也是技术制品特别是计算机程序起作用的领域。

对整合学习系统来说，它首先把程序教学的原则与模式固化到软件中，同时根据掌握学习理论，明确一系列阅读所必需的技能，然后把这些技能嵌入大量的问题当中并呈现给学生，然后借助于学生对这些问题的反应，确定特定学生的水平，然后为进一步教学提供决策依据。由此可见，整合学习系统并不是一个完整的教学过程，而是整个教学过程的一个环节或一个方面，在上述案例的最后，教师阿贝塔还要根据学生在这个系统中的表现来决定如何进行下一步的教学。如果说整合学习系统是这个案例中教学技术的技术人工物部分，那么教师阿贝塔根据这个系统的数据来开展进一步教学的过程需要的就是她的身体技能部分。这样在把程序教学与掌握学习理论转化到教学实践的过程中，技术人工物与教师的身体技能起到了关键的转化作用，这也是我们前面讲教学作为一种技术是教学理论与教学实践的中介的内涵所在。

我们的上述分析是严格地根据案例描述的内容来进行的，实际上上述教学过程中技术的元素比我们上面讲的要多多得多。如把程序学习与掌握学习的理论描述转换成一个计算机可执行的一系列步骤，这个转化过程中就涉及了软件开发相关人员的身体技能。还有阿贝塔在课堂教学过程中还可以使用一些工具手段来辅助她教学，还有更一般地说，语言与文字实际上是一种我们因司空见惯而忽略的工具手段，对一般的教学来说语言文字是不可缺少的，也就是说即使一般的课堂都是充斥着技术的要素，没有技术就没有教学，教学的过程实质上就是技术的过程。

当然，上述分析只是涉及了教学理论向教学实践的转化，实际上教学实践向教学理论的转化也类似。当我们在教学实践中发现问题之后必然地反馈到教学过程设计与软件程序设计的过程，然后软件程序与教学过程的设计就会做相应的修正来避免这个问题。如果仅仅是修改软件程序与教学过程设计还不能解决这个问题，那么就要修改最初的理论假设，然后根据修改过的理论假设来重新修改软件程序与教学过程设计，整个教学的完善就是通过一遍又一遍的这种迭代来达到的。

第二节　"教学作为技术"的合理性

在上一节我们从教学本身作为教学理论与教学实践的中介出发，分析了教学为什么是技术。接下来再从教学的目的、教学的手段以及教学的过程等方面来分析把教学作为技术的合理性。考虑到技术人工物在整个技术系统中的主导地位，在本节中的技术主要指的就是技术人工物。

一　教学目的的技术起源

在柏拉图的《普罗泰戈拉篇》中，普罗泰戈拉讲了一个故事，可以看作普罗米修斯盗火的前传。故事讲到在神创造万物的某个时候，需要给万物分配本质力量，爱比米修斯与普罗米修斯这对兄弟被派去做这件事，爱比米修斯负责分配本质力量，普罗米修斯负责检查。结果爱比米修斯没有分好，当分到人的时候，所有的本质力量都已经被分完了，人类成了一个没本质力量的物种。普罗米修斯检查的时候发现这个问题，为了弥补爱比米修斯的过失，他从雅典娜与赫淮斯托斯那里偷了火与技艺给人类，以使人类能在自然界生存。法国哲学家斯蒂格勒从这个神话出发提出了他的关于技术起源的解释，认为技术起源于人类本质力量的缺失①。

实际上生物学、进化论的视角同样可以得出类似的结论。盖伦说："技术和人类自身是同样古老，因为在我们研究化石遗迹时，只有当我们遇到使用过制造工具的痕迹时，我们才能肯定我们是在研究人类"②。莫里斯在《裸猿》中提出了一个人类进化的途径，即"食虫动物——丛林猿——旷野猿——狩猎猿——裸猿（人）"这样的一个序列，在这个序列中狩猎猿是一个关键。因为狩猎猿本身在体力上没有任何优势，作为优秀

---

① 贝尔纳·斯蒂格勒：《技术与时间：爱比米修斯的过失》，裴程译，译林出版社 2000 年版。

② 阿诺德·盖伦：《技术时代的人类心灵》，何兆武译，上海科技教育出版社 2008 年版，第 2 页。

的猎手它的强项在于其拥有的智慧，这种智慧的获得源于狩猎猿身上发生了一个有利于其脑力发展的过程——"幼态延续"过程，即把出生前的特征延续到出生后，乃至成年。猴子的脑容量在出生前已经达到成年猴子的 70%，剩下的 30% 在之后的 6 个月里发育，黑猩猩也差不多，大概在出生后的 12 个月中发育完善，而人出生时的脑容量只有 23%，虽然在最初的六年中发育迅速，但是整个发育过程需要二十几年①。人的"幼态延续"过程造成了刚出生的人实际上是早产儿，先天不足，或者说缺乏先天的规定性。由于人缺乏先天的规定性，所以在后天需要不断地获取规定性，这个获取规定性的过程实际上就是学习的过程，向成年的同类学习，随着学习的内容越来越多，当自然条件的学习不能满足群体发展的需要时，教学出现了。

在这里，我们看到技术与教学的起源具有同构性，两者都是起源于人类先天本质的缺失。实际上教育学中也一直在说人具有"可塑性""可教性"，这个可塑性、可教性实际上就是人类先天本质缺失带来的，它也是一切教育教学的必要条件。

技术与教学起源的同构性实际上还揭示了教学目的问题，教学的目的是什么？康德说："在人用来形成他的学问的文化中，一切进步都有一个目标，即把这些得到的知识和技能用于人世间；但在他能够把它们用于其间的那些对象中，最重要的对象是人：因为人是他自己的最终目的。"②虽然这段话可以看作康德对自己在《道德形而上学原理》中"人是目的，不是手段"的注释，但是引申到教学中，教学作为一种人类活动，其最终目的就是人本身——人的本质的完善，人性的建构。这样，从教学的目的以及教学的条件来看，把教学当作一种技术的观点是合理的。

二　教学手段与技术应用

在前文中我们把教学整体作为一种技术来分析，但是要实现教学的目的还需要通过一定的外部手段，下面我们分别从语言、文字、电子媒体等几个方面分析这些技术对教学的作用。

语言是人类早期的一个重要技术，人类在制造并使用工具的时候，应

---

① 德斯蒙德·莫里斯：《裸猿》，刘文荣译，文汇出版社 2003 年版。

② 康德：《实用人类学》，邓晓芒译，上海人民出版社 2005 年版，第 1 页。

该也开始了某种形式的语言，因为"对工具的使用，是以智力行为和至少是一些语言中表达出来的原始概念的存在为先决条件的。"① 语言本身就是教学工具，没有语言的教学是不存在的，石鸥在《教学别论》中把语言作为教学的起点，他认为语言是人类赖以存在的重要基础，"也是教学得以存在的基础"②。

文字是继语言之后对教学影响巨大的技术，它不但影响我们的表述，甚至影响我们的思维方式。"哈弗洛克认为，希腊人分析思维水平的上升是由于希腊字母表首创了元音"③，柏拉图虽然在《斐德罗篇》中排斥文字，认为他有害于记忆力，但是他的成就实际上受益于文字的出现，"他（指柏拉图）喜欢深入分析和解剖这个世界，分析和解剖思想本身，这随着拼音字母表在希腊精神里的内化而成为可能"④。也就是说，柏拉图的主要成就就是分析与反思这个世界以及对这个世界的思考的思考，如果没有文字的出现或者不使用文字这是难以想象的。文字的出现使人类的思想有了固化的途径，从而有了抽象的思维，有了反身的思维，人类可以用文字直接生产知识，而不是仅仅通过复述来保存知识，对教学来说，随之而来的是教学内容的拓展与教学方法的改善。

书籍，特别是印刷术出现后的印刷书，它一方面杜绝了手抄书由于誊写带来的讹误，同时也使知识的保存与传播越来越经济与方便。正是在这个意义上，爱森斯坦把印刷机作为近代欧洲变革的动因之一，15—18 世纪人类文明史上的里程碑事件——文艺复兴、新教改革与科学革命的背后无不活跃着印刷机、印刷书的身影。对教育来说，首先印刷书产生了"公共知识"，因为"手抄书文化不能够使详细的文字记录成为'公共知识'，不能够使之完好无损地保存下来"⑤，公共知识的产生扩大了教学知识的范围，科学知识作为重要的公共知识开始进入教育。其次，印刷改善了大

---

① 查尔斯·辛格、E. J. 霍姆亚德、A. R. 霍尔：《技术史（第 I 卷）》，王前、孙希忠译，上海科技教育出版社 2004 年版，第 51 页。

② 石鸥：《教学别论》，湖南教育出版社 1998 年版，第 31 页。

③ 沃尔特·翁：《口语文化与书面文化：语词的技术化》，何道宽译，北京大学出版社 2008 年版，第 20 页。

④ 同上。

⑤ 伊丽莎白·爱森斯坦：《作为变革动因的印刷机：早期近代欧洲的传播与文化变革》，何道宽译，北京大学出版社 2010 年版，第 478 页。

众的阅读状况。"15 世纪末，整个欧洲普遍流行一种阅读等级制——'作者 > 评论者 > 主教 > 教师 > 学生'"①，也就是说学生要听教师的，教师要听主教的，主教从评论者那里得到信息，而评论者又是从作者那里得到的书的信息，不但信息的获取渠道非常单一，而且在这样一个线性传递的过程中，对内容的解读也是有规定的，即必须与正统学说一致②。印刷术的诞生使大众从听众变成了阅读者，学生的知识面不再局限于教师课堂上所讲的内容，它使教科书流传得更广也更容易被大众获取。要知道在羊皮纸手抄本时代，拥有这些东西是身份的象征，贵族才有资格拥有这些"珍本"，而只有在印刷术出现之后，这些东西才变成真正的知识，让更多的人拥有。

如果说，上面的例子中技术对教学的改变是难以察觉的，那么下面的技术对教学的改变是显而易见的，它们甚至改变了教学的形态。蒸汽机促成了一种新的教育形式——函授教育。19 世纪中叶，由于蒸汽机带来的便利交通，英国人皮特曼发明了一种通过邮件来传送教学资料，并在师生之间形成交互的教育形式，这就是函授教育。这种教育形式突破了传统教育师生必须同时在场的限制。之后在广播电视等电子媒体的影响下，这种教育形式进一步发展成广播电视教育，乃至世纪之交的网络教育，这类被称为远程教育或远距离教育的教学形态，就是在技术支持下成为可能的。技术作为教学手段解放了人类的时空限制，或者说重建了一个新的教学时空，使教学不断走向新的可能。

三　教学时空的技术建构

现代人对时间与空间熟视无睹，因此很少会注意到我们周遭的时空结构如何，以及它们的由来。在教学研究中也一样，教学实践所依赖的时间与空间似乎是不言自明的，大家在研究时都有意无意地忽略了时空的基础。但是我们要看到，时空观对教学研究的影响非常根本，足以改变到教学研究的全部假设。如实证主义的研究范式普遍地遵循着一种关于时空的假设，这就是牛顿经典力学的时空观，在这种时空观中时间与空间本身没

①　斯蒂文·罗杰·费希尔：《阅读的历史》，李瑞林、贺莺、杨晓华译，商务印书馆2009年版，第205页。

②　同上。

有任何内容，并且时间与空间是均匀分布的，这里与那里相同，过去与将来也没有分别。正是在这样的时空观念下，才有科学的普适观念，才有放之四海而皆准的真理。但是这样的时空观也造成了一个无意义的世界，对此做进一步推论我们甚至可以得到，白天上课与晚上上课一样，教师在与不在也没什么区别，对于教学来说这显然是荒谬的。因此，教学时空观不是一个可有可无的观念，它对教学研究的影响是根深蒂固的。那么时空观到底是怎么来的？技术哲学认为是技术建构出来的。

　　首先我们来看教学空间的技术建构。教学活动的开展需要一定的空间，这个空间往往被称作教室，教室在学校中，学校的选址问题就是个技术问题。大家会考虑生源分布情况、土地利用情况、乃至学校的文化因素等一系列问题，最终选定一个学校的地址。校址选定后，校内各种建筑的位置是建筑设计师设计出来的，毫无疑问这是个技术过程。教室建好以后要进行一定的装修，灯光、媒体等物件的放置也需要技术上的处理。一切物理环境具备，学生进入教室，学生的座位问题还是个技术问题。这些都是教学空间中的物理空间部分，实际上除了这种看得见的空间，还存在其它看不见的空间，如师生关系。虽然我们追求一种平等的师生关系，但是教师与学生之间是不可能平等的，因为他们具有不同的社会地位，这种社会地位决定了教师说的与学生说的不一样，教师做的与学生做的也不一样的。师生之间的这种位置关系通过物质技术与社会技术建构出来的。因为历史上看，师生关系不是一成不变的，罗马帝国时代教师往往是奴隶，甚至有"教仆"一说，韩愈的《师说》中提到教师是传道、授业、解惑之人，跟教仆明显有别，随着信息技术进入教学，教师成为帮促者（facilitator）的说法又开始兴起。教师角色的变迁，从而导致师生关系的变化隐约可见社会技术与物质技术的作用。

　　技术对教学时间建构也是显而易见的。对古代人来说，时间并不是时钟上的时针转过了多少圈，也不是撕掉了多少日历，他们的时间观念往往根据身边有意义的事物运动来划分，就像芒福德说的，牧民用母羊生小羊的时间来作为计时周期，而农民则用播种与收成的循环周期来计时①。但是后来这种时间观念被天体运动的周期性描述所打破，人们有意识地通过

① 刘易斯·芒福德：《技术与文明》，陈允明、王克仁、李华山译，中国建筑工业出版社2009年版，第16页。

天体如太阳或月亮的周期性变化来规定时间，直到更为精致的机械钟表的出现。钟表对现代社会来说是个重要的技术，芒福德说："现代工业时代的关键机器不是蒸汽机，而是时钟。"① 钟表建构了社会的秩序，在教学中，大家能够划一地在某个时点开始上课，于是建构了迟到的概念。除了钟表，还有些不可见的技术在影响教学中的时间结构，如作息表，节假日，一堂课的时间结构都是由相应的技术规定的：节假日的设定就是一种社会技术，有些是通过风俗习惯继承的，有些是通过政治斗争取得的；课堂的时间结构则取决于教学方法，采用不同的教学方法就有不同的课堂时间结构；作息表的建构则根据学生的生理规律制定的，这本身就是技术。

总之，思考教学中的时空观念我们会发现处处透露着技术的影响，从而我们也可以说技术是教学的建构力量，今天的教学是什么样子的，实际上是由现在的技术发展状况决定的。

第三节　作为技术的教学的特点

由于教学理论与教学实践之间存在的转化困难，所以需要技术的中介，而这个技术的中介过程实际上又是教学的过程，所以我们认为教学在本质上就是一种技术。同时，在上一节中我们分析了教学目的、教学过程与教学手段与技术的关系，从中来看，把教学看作一种技术也是合理的。但是把教学看作一种技术是我们对教学的一种全新的认识，在这种视野中教学有什么特点需要我们首先要认识的。

一　创造性

当我们把教学看作一种技术，看作教学理论与教学实践的中介的时候，教学的创造性就呼之欲出。正如王策三先生所说的教学理论与教学实践的统一是相对的，对立则是绝对的，当我们要在相互对立的两者之间做一个转换中介的时候，就会不断地面临着变化，需要不断地创造才能成功。因此，教学的创造性体现在教学理论与教学实践相互转化、相互超越的过程。根据这样的理解我们可以分别从教学理论的创新应用与教学实践

---

① 刘易斯·芒福德：《技术与文明》，陈允明、王克仁、李华山译，中国建筑工业出版社2009年版，第15页。

对教学理论的超越两方面对教学的创造性进行分析，但是考虑到教学理论的应用与教学实践实际上是相互缠绕，不分彼此的，所以下面我们仅以教学理论的创造性应用为例来分析教学的创造性。

分析教学理论的创造性应用就是把教学理论当作一种工具，或者说我们是从教学理论的功能来探讨教学的创新性的。在教学中，人们对理论的评价往往倾向于一种极端的结论，或者是完全地抛弃它，或者是完全地接受它，但是很少有人认为，理论本身实际上并不是一种已经定型的，不能改变的东西，它完全可以在实际的情境中进行修正，这也是我们在这里说的创造性应用的原因。

为了理解教学理论应用中的创造性，我们要引入费恩伯格的工具化理论。费恩伯格认为我们对技术的理解不能仅局限于获得一种对它的抽象理解，关于技术的本质之类的思考不能替代它在实际应用中所面临的复杂局面。所以要理解技术我们不但要理解技术所具有的潜能，还要理解这种潜能发挥的行为，他把技术的这两个方面组合成了工具化理论，前者是初级工具化，后者为次级工具化。

所谓技术的初级工具化讲的就是技术手段在本质上是什么，它从何而来。费恩伯格把它分成了四个部分：去情境化（Decontextualization）、简化（Reductionism）、自主化（Autonomization）与定位（Positioning）。

所谓去情境化是指工具的诞生首先就是要把工具的要素从包含它的情境中分离出来，整合到一个新的技术系统中。如我们要做一个车轮就要把轮子的"圆形"这个自然属性与一个具体的物体分离开来，我们要形成一个理论就必须把理论的某些要点与引发我们理论思考的具体事件分离开来。

简化则是把一个作为整体的事物区分出技术方面的属性与其他的如审美的、伦理的属性，并保留那些对工具有用的技术的属性，而抛弃那些审美的、伦理的方面的属性。一个教学理论要应用，我们必然地会考虑它的可操作性，因此在简化的过程中我们会保留教学理论中可操作的，或者那些能导向可操作的部分，去除那些与操作无关的成分。

所谓自主化就是技术主体尽量减少技术对象对其的反作用。按牛顿第三定律，有作用力就有反作用力，但是技术系统中技术主体通过各种手段来消除技术对象对他的反作用，如汽车司机不管把车开得多快，他承受的压力与振动都是很小的。费恩伯格在解释这个概念的时候把资本主义当作一个"技术体系"，里面资本家就是技术主体而劳动者则是技术对象，"资本家的操作自主性提供了将工人置于从属地位的机会，正是因为工人处在这种位置上，他们才需要资本家提供的那种领导权"①。而在教学过程中，教师往往就是技术主体，学生则是技术客体，由于教师是一种职业，所以根据费恩伯格的理论，教师的自主性是不存在的，因为教师这种职业把教师与学生绑定在一起不能分离。但是在《技术批判理论》中费恩伯格也提到了"自动化教育"，在这种模式下教师一方面存在着去技能化的危险，另一方面也享受着操作的自主性。

　　所谓定位就是技术主体利用客体的一些属性来设定自己的战略（定位）。培根说"要命令自然必先服从自然"，在这里，技术主体不是修改客体的属性，而是利用客体的属性来为自己谋取有利的战略地位。在教学中教师就利用自己所了解的学习者特性，尽可能地让自己在与学习者的交往中能够占据一个主动的位置，最终推动教学往好的方向发展。

　　初级工具化理论是从如何描述工具功能的角度来讲的，从上述初级工具化的四个方面来看，每个部分都留下了一些问题，如被移除了情境的工具如何应用到复杂的现实中去，失去了伦理与审美向度的工具如何被社会接受，技术主体自主化的倾向如何克服，被"定位"的技术主体如何创造性地应用工具。费恩伯格把上述问题的解决都放到了次级工具化理论当中，分别以系统化（Systematization）、调解（Mediation）、职业化（Vocation）与主动（Initiative）四个部分来应对。

　　系统化对应的是去情境化。当消除了情境的工具不能在现实中起作用时需要跟其他的工具或自然环境相联系与结合，这个过程就是系统化过程。从教学理论的应用过程来看，这个系统过程就是教学设计过程，由于在教学理论生成过程中移除了该理论生成的各种情景，因此在新的应用情景中需要把该理论与新情境中的各种要素重新组织成一个系统，以使该理论能够更好地发挥作用。

　　调解对应的是简化。由于在简化的过程中，往往剔除了审美的与伦理的属性，只留下与技术相关的属性，所以工具在展现时往往面目可憎。大家可以想象，一片修剪得像把扇子的树叶与一把绘有精美图片、雕刻有精

———————

① 安德鲁·芬伯格：《技术批判理论》，韩连庆、曹观法译，北京大学出版社2005年版，第228页。

美图案的折扇，后者总是更容易被人接受。一个能够增加学生考分但却以损害学生身心健康为代价的教学改革方案，即使能够实施也会阻力很大。我们的一些教学理论虽然从理论上能够获得较好的成绩，甚至在某些地方已经取得了很好的成绩，但是换一个地方来实施却往往并不能得到好的效果，那么根据费恩伯格的理论就很有可能这个理论并不符合当地教师的审美上或伦理上的要求。所以在工具的应用过程中，需要用一些伦理的或审美的元素来调解工具与现实之间的矛盾。

职业对应的是自主化。自主化带来的问题就是技术主体与技术客体之间的疏离，在费恩伯格的设计中，通过职业这个带有一定社会契约性质的东西来重新绑定技术主体与技术客体，以使两者能够有机联系起来，更好地发挥个人才能。在教学理论应用过程中，职业就意味着教师是理论的创制者，或者教师的另一个职业就是教学理论的创造者，这其中的寓意不仅是说"教师作为研究者"——教师每次应用理论都担负着更新理论的责任。

主动对应的是定位。在定位中，技术主体受制于技术客体的属性来为自己寻找一个有利的战略地位，其起作用的方式是被动的。主动的意思就是说在技术的应用阶段，技术主体应该积极主动地探索工具的应用方式，使个人的原创力得到极大的发挥。教学理论由于其抽象性，因而其应用的潜能是无限，所以在实际的应用中教师应该发挥自己的想象力与实践力，探索教学理论的无尽潜力。

总之，虽然工具化理论的提出对费恩伯格来说是他的技术辩证法与整体的技术批判的基础，但是对我们来说则为我们讨论教学理论应用中的创造性提供了理论。从上面的讨论我们看到，教学理论的应用需要再情景化的系统设计，需要补充伦理的或审美的特性来使教学理论与现实和解，需要教师成为"职业"的理论创造者，需要教师主动地开发新的应用方式。这些都说明了，教学理论的应用不是按部就班、因循守旧，需要大量的创新才能用好一个教学理论。

二　具身性

一讲到技术，人们往往不自觉地想到了一些技术工具，而很少想到人们使用工具时所体现出来的身体技能。但是我们在讲到技术时指出了技术的两个关键要素——工具手段与身体技能，其中既有使用工具手段的身体技能，也有外化为工具手段的身体技能，身体技能是技术的重要组成部分。由此带来了作为技术的教学的第二个特点——具身性，教学与身体有关。

自古希腊以来，人的身体与心灵一直被认为是两个不同的东西。柏拉图认为灵魂是人的本质部分，但是由于身体的羁绊使人的心灵不能专心地认识世界，人只有在肉体毁灭之后才能真正地认识世界。柏拉图的这套理论可以说影响了他之后两千多年关于认识的理论——人认识世界是人的心灵的任务，跟人的身体毫无关系，人的身体甚至会影响人的心灵的工作。在这种理论下，人的认知不但独立于人的身体，并且与人的身体是对立的，这就为早期的人工智能提供了一个基础假设，既然认知与身体无关，那么没有身体的计算机也可以拥有如人一样的智能。

20世纪人工智能的发展实际上就把上述无身认知从理论推向了实践，而实践检验的结果就是对无身认知的修正，具身的概念也因此而来。因为基于无身认知的人工智能不管其采用符号法还是逻辑法甚至认知模拟的方法，都存在各种各样难以克服的困难，到20世纪80年代人工智能的研究一度跌入低谷，相关企业面临亏损，许多研究项目被终止。1990年，麻省理工学院人工智能的领军人物明斯基承认人脑的认知与智能活动不是通过数学运算就能统一描述的现象[1]。1991年在瑞士的布鲁塞尔召开了一次以寻求人工智能新范式为目的的会议，在会上瓦雷拉提出了"具身"（embodiedness）这一概念，并认为这一概念将为人工智能提供新的范式[2]。

身体在人工智能中的复活实际上是20世纪现象学在技术领域中的余波，所以我们讨论教学的具身概念就势必要熟悉这一概念的由来。

在具身概念生发的过程中，海德格尔是一个重要的人，他对胡塞尔现象学以及西方传统哲学的批判为具身这一个概念的提出奠定了基础[3]。首先，海德格尔清理了传统哲学的四个假设——明晰性、精神表征、理论整体性、超然和客观性假设。这四个假设都是无身认知的基础，通过对它们

---

① 刘晓力：《认知科学研究纲领的困境与走向》，《中国社会科学》2003年第1期。

② 黄侃：《认知主义之后——从具身认知和延展认知的视角看》，《哲学动态》2012年第7期。

③ 徐献军：《具身认知论——现象学在认知科学研究范式转型中的作用》，浙江大学出版社2009年版，第37—49页。

的批判使认知不再局限为一种精神活动，如海德格尔认为操作也是一种认知[1]；其次，海德格尔通过对胡塞尔意向性概念的批判来批判表征主义思想，这个也是无身认知的一个基础假设；接着，他提出了自己的非表征主义的思想，他认为"背景"是一种基本的意向性，所有的思考等高级活动都要以此为基础，但是这种背景的东西是不能被表征、被形式化的；最后，根据海德格尔的理论，背景与常识是无法形式化的，所以作为无身认知的人工智能，仅有事实与规则来表征这个世界，而这两者是没有意义的，如果想要从中提取意义，最有可能的情况就是需要无限多的事实与规则，然后计算机在巨量的搜索面前无功而返。

海德格尔的思想预言了无身认知的颓败，但是他并没有提出身体的问题，而梅洛-庞蒂等人的身体理论则成了具身的概念直接来源。梅洛-庞蒂把身体作为哲学的中心，认为一切哲学问题都可以从身体问题所生发出来。同时他认为身体是人的知觉基础，它把世界投射到自身的各个部位，从而人就以这样的方式来接触世界、理解世界，"身体是这种奇特的物体，它把自己的各部分当作世界的一般象征来使用，我们就是以这种方式得以'经常接触'这个世界，'理解'这个世界，发现这个世界的一种意义"[2]。梅洛-庞蒂主要是从现象学的角度提出身体对人的认知活动的必要性，而拉考夫（George Lakoff）与约翰逊（Mark Johnson）则从神经科学的角度对此一主题进行认证。他们通过经验研究如颜色概念的具身性[3]与空间关系概念的具身性[4]来证明"任何一个用概念所做的推理都需要大脑的神经结构来完成这个推理。于是，你的大脑的神经网络结构决定了你用什么概念以及因此你能进行的推理种类"[5]。他们这些研究刚好为现象学的身体研究提供经验证据。

总之，身体已经成为了现代哲学的一个重要主题，同时它对技术的研究也非常重要，特别是对技能的研究是无法离开身体的。在我们的设想

---

[1]　海德格尔：《存在与时间》，陈嘉映、王节庆译，生活·读书·新知三联书店1999年版，第79页。

[2]　莫里斯·梅洛-庞蒂：《知觉现象学》，姜志辉译，商务印书馆2005年版，第302页。

[3]　Lakeoff, G. & Johnson, M. Philosophy in the Flesh: the Embodied Mind and its Challenge in Western Thought, New York: Basic Books, 1990: 20.

[4]　Ibid., 30 – 36.

[5]　Ibid., 16.

中，我们讨论教学的合目的性实际上是为了讨论以合规律性的方式开发出来的工具手段如何在教学中起作用，同样，我们讨论教学的具身性则是为了讨论技术视野下教师的身体技能如何形成与起作用。

在无身认知的观点里，人的技能也是一种知识，通过对专家技能的规则化，计算机也可以有专家的表现，曾经喧嚣一时的知识工程就是设计计算机专家系统的研究领域，他们最关键的做法就是把专家的技能还原到一系列相关的规则，然后用一个计算机程序来组织这些规则以对特定的问题做出判断。此类专家系统在疾病诊断、化学建模以及计算机建模等方面都取得了很好的成效，在一定程度上强化了无身认知的观点。费根鲍姆总结此类的专家系统，认为包含了两个方面的内容①，其一就是智能行为背后的策略，如试误法，另一个方面就是大量的专业知识。以这样的知识论为基础的专家系统实际上就剔除了专家身体在专家技能形成与发生作用过程中的作用。在这种技能观中，技能实际上就是一种抽象的知识，我们要掌握技能只要熟练记忆这些知识就行了。

现象学身体理论告诉我们：实际身体的参与最终是任何关于世界的知识的基础，包括抽象的科学知识②。所以在现象学视野里，与无身认知相反的，关于人的身体技能要返回身体去，而不是离开身体谈技能。与知识工程所称道的专家系统不同，德雷福斯认为专家的技能是与他的身体相关的，他认为新手要成为一个专家，必须经历技能接受的七个阶段——初学者阶段、高级初学者阶段、胜任阶段、熟练阶段、专家技能阶段、精通阶段与实践智慧阶段③。

以教师为例，初学者阶段就是一个新教师掌握了一定的规则，这些规则都是脱离了情境要素，能够精确而客观地对其进行表述，没有任何教学经验的人都能够理解它，新教师所要做的就是根据规则来行事。在高级初学者阶段，新手教师已经获得了大量实际的教学经验，而其教学技能也达到了一个差强人意的水平，在这个阶段由于一些情境要素的干扰，原来的一些明确的规则变得模糊化甚至主观化，因为在加入了情境要素的考虑之

①　费根鲍姆、麦科达克：《第五代计算机——人工智能和日本计算机对世界的挑战》，辛华译，新华出版社 1986 年版，第 41—42 页。

②　徐献军：《具身认知论——现象学在认知科学研究范式转型中的作用》，浙江大学出版社 2009 年版，第 71 页。

③　同上书，第 72 页。

后，新手会发现原来的规则会出现失效的情况，所以规则的运用需要结合对情境的判断。在胜任阶段，教师已经会通过事先的谋划来应付复杂的局面，这个时候教师的情感投入出现了变化，在前两个阶段教师由于基本上都是按规则行事，因而对行为结果持超然的态度，因为他们做对了那也只能证明规则对了，但是在胜任阶段由于教师主动地谋划教学过程，结果的成败对他们技能的检验起到了直接的判定作用，因为教师对自己的行为无疑会投入更多的情感。到了熟练阶段，教师心中的规则已经更加模糊了，他们对教学中出现的状况往往是一种直觉反应，他们头脑中很少会考虑"这是什么"的问题，更多的考虑是"这怎么办"，在这个阶段他们的知觉方式也发生了改变，教学情境中的一些要素变得凸显出来，而另一些则隐入背景中，而熟练的教师就会根据那些凸显的要素来组织教学达到教学目的。在专家技能阶段，教师不用做有意识的考虑，他完全投入教学情境中，能够恰如其分地应对各种状况，他比前一阶段更为高明地方就在于他头脑中存储了大量的情景，因而对各种情景能够做出类似于应激的反应，而不用作"怎么办"的考虑。

德雷福斯最初在《超越机器的心灵：计算机时代的人类直觉和专家技能的力量》中提出了上述专家技能接受5阶段模型。但是在2001年出版的《论因特网》中又补充了2个阶段即精通阶段与实践智慧阶段。精通阶段主要是专家个人风格的形成，首先它是通过师父带徒弟的方式来传递的，但是徒弟仅仅继承了师父的风格是不够的，甚至是退步的，它还需要其他风格的杂糅来进行创新，从而形成自己的风格，所谓博采众家之长以形成独特风格。而实践智慧阶段则是文化风格对专家个体的塑造，如何把自身所在文化的精髓融入个体的技能中，这就是实践智慧阶段所要解决的，这个就不是言语所能解决的，必须要从身体到身体。

总之，德雷福斯的技能接受模型对专家技能做了新的阐释。首先，专家的知识基础是"知道怎么做"而非"知道是什么"，后者是通过反思与有意识的行为获得的关于事物的知识，而前者是一种身体技能，它们熟练之后通常会形成一种无意识的反应，执行的时候不用考虑如何做，甚至也很难考虑怎么做，就像你会骑自行车，但是很难表达你是怎么骑的；其次，专家的情感投入与初学者完全不同，要学会一项技能往往都是痛苦的，多次尝试失败令人沮丧，但是对于掌握了以后，特别是到了比较高级阶段，他们在情感上就能够享受，他们情感完全被技能所吸引。总之，德雷福斯的专家技能理论实际上强调了专家形成过程中的各个阶段身体知觉方式的变化，专家的身体能够比新手的身体更加敏锐地捕捉到一些跟目的有关的信息。

教学的具身性不但揭示了教师身体技能与身体有关，而且对学生来说他们对抽象概念的理解也是与身体有关的。Núñez 等人以函数的连续性概念为例，分析了两种定义/描述的方法——一种是 Cauchy – Weierstrass 的严格定义，另一种是通俗的描述。在一般人看来，Cauchy – Weierstrass 的严格定义放之四海而皆准，这种情境独立的定义方法要优于具体的描述，但是从数学教学的角度来看，情境独立的定义方法给数学教学带来了麻烦。实际上看似抽象的数学概念与人们日常生活中的运动、空间关系、物体的操纵等有关，所以数学教学中的社会文化与情境是理解数学概念的很好的工具，当然其前提就是这些所有的理解都是基于身体的，也就是基于具身认知的[①]。Bazzini 也认为数学概念是在类比表征的基础上建构出来的，其建基于人与时间和空间的交互[②]。

不管教师技能的获得还是学生概念的学习都跟当前认知学科中的具身认知有关。叶浩生认为可以从以下三个角度来理解具身认知[③]：首先，人的认知是与身体状况有关的而不是无关的；其次，大脑与身体的特殊感觉——运动通道对认知活动非常重要；再次，具身认知实际上是拓展了传统的认知概念，把认知活动从大脑拓展到人的身体及至周围环境。所以我们讲教学的具身性就是要防止教学唯理论马首是瞻的通行做法，因为理论本身是脱离身体、反对身体的。我们要多使用工具，形成与工具相配合的身体技能，教学的出路在身体技能的出神入化而非理论的尽善尽美。如果有一天我们处理教学过程中的各种状况能够如庖丁解牛一样游刃有余，那么教学就完美了。

三　合目的性

所谓合目的性就是"生物有机体的生存和人类的活动在周围环境的关

---

① Núñez R E, Edwards L D, Matos J F. Embodied Cognition as Grounding for Situatedness and Context in Mathematics Education. Educational Studies in Mathematics, 1999, 39 (1/3)：45 – 65.

② Bazzini L. From Grounding Metaphors to Technological Devices：A Call for Legitimacy in School Mathematics. Educational Studies in Mathematics, 2001, 47 (3)：259 – 271.

③ 叶浩生：《有关具身认知思潮的理论心理学思考》，《心理学报》2011 年第 5 期。

系中所表现出来的一种特性"①。对于生物世界来说，合目的性就是生物有机体对环境的适应性，对人类来说，合目的性就是人通过活动来达到特定目的。由此看来，一切人类活动都具有合目的性，那么教学作为一项人类活动我们强调它的合目的性其主旨在哪里？

关于合目的性最广为人知的应该是康德的合目的性概念。在康德的哲学体系中，判断力是作为连接理论哲学与实践哲学的一个手段，在《判断力批判》中康德提出"自然的形式的合目的性原则"是判断力的一个先验原则，所以合目的性在康德哲学中非常重要。

康德说："既然有关一个客体的概念就其同时包含有该客体的现实性的根据而言，就叫作目的，而一物与诸物的那种只有按照目的才有可能的性状的协和一致，就叫作该物的形式的合目的性：那么，判断力的原则就自然界从属于一般经验性规律的那些物的形式而言，就叫作在自然界的多样性中的自然的合目的性。"② 在康德看来，所谓目的就是一事物的本质中内在地包含其自身可能性的根据，简单地说一事物的发展变化取决于其本身，这是一种内在的目的。与此相对的是外在的目的，它表示两个事物中一个事物对另一个事物的适应性，一个事物的存在是为了另一个事物。此外，康德还把合目的性区分出形式的合目的性与质料的合目的性，所谓纯粹的形式的合目的性主要指几何学上那种单纯数学空间关系或如上面引文所说的"性状"为基础，而质料的合目的性则是以经验的因果关系或如上面所说的"一般经验性规律"为基础。

一般认为，形式的合目的性是主观的合目的性，与它相关的是审美判断力，或者说它与审美表象有关；质料的合目的性是客观的合目的性，与它相关的是目的论判断力，或者说它与逻辑表象有关。形式的合目的性是质料的合目的性的基础，但是由于它是主观的，因而不能成为沟通理论与实践的中介，沟通理论与实践的中介就必然是质料的或者说客观的合目的性。

质料的合目的性中如果此目的来自其他事物，就称其为自然的相对合目的性，如果此目的来自事物内部那么就是自然的内在合目的性，这就是自组织的自然目的存在。康德在《判断力批判》中提出了自然目的的两

①　金炳华：《马克思主义哲学大辞典》，上海辞书出版社 2002 年版，第 84 页。

②　康德：《判断力批判》，邓晓芒译，人民出版社 2002 年版，第 15 页。

条判据①：首先，"各部分（按其存有和形式）只有通过其与整体的关系才是可能的"；其次，"它的各部分是由于相互交替地作为自己形式的原因和结果，而结合为一个整体的统一体的"。根据这样的条件，康德认为只有有机体才能是自然的目的。

值得提出的是，在康德看来自然的合目的性原则是一条只针对反思的判断力的原则，它是调节性的而不是构成性的②，也就是说合目的性的原则不是世界本身固有的原则，而是我们在看待世界的时候主观地加上去，以使多样性的现象能够统一。

我们在讨论技术的定义时就讲到，技术作为理论与实践的中介其关键就是目的论判断力，这里的目的论判断力就是运用自然目的原则进行判断的能力。所以，合目的性是技术与生俱来的特点。实际上，按照自然目的的判据，我们认为人类社会实际上就是具有自然目的的，因为人类社会中的任一个事物都是整个人类社会中的不可或缺的一部分，也只有在人类社会才能的获得规定，同时，它们之间也是互为原因与结果并最后成为一个统一的人类社会整体。所以人类社会也完全是一个合目的性。

当然，在我们讨论作为技术的教学时，其合目的性主要是来自技术的合目的性，或者说当我们从技术的视角来看待教学时，合目的性是教学所固有的。同时，合目的性也是我们解决技术双重属性难题的出路之一。

在技术哲学领域，荷兰的彼得·克洛斯以提出技术人工物的双重属性难题而著名③。所谓技术人工物的双重属性指的是技术人工物的结构属性与功能属性，前者包括技术人工物的几何性质、物理性质和化学性质等，而后者则是技术人工物可以做什么的特性或用途。技术人工物的这两个属性在不同的场合凸显，如在设计阶段，技术人工物的设计者关注的是它的结构属性，而在使用阶段，使用者则关注其功能属性，或者说，在设计阶段功能是黑箱、结构是白箱，在使用阶段结构是黑箱、功能是白箱。虽然这两者相互之间没有逻辑关系，既不能从功能演绎出结构也不能从结构演绎出功能，但是却统一在一个特定的技术人工物上。这就存在一个悖论，

---

① 康德：《判断力批判》，邓晓芒译，人民出版社2002年版，第222页。

② 同上书，第229页。

③ Kroes P. Technological explanations: the relation between structure and function of technological objects. Philosophy and Technology, 1998, 3 (3): 18 – 34.

存在于同一技术人工物上的两种属性无法建立逻辑关联。这看起来就像哲学中的身心问题，在我们看来就像康德哲学中的理论理性与实践理性的问题。

技术人工物的结构属性在我们看来就是它的物理属性，而功能属性就是它的意向属性，我们可以认识物理属性，但是意向属性只有实践意义而不能认识。所以一个技术人工物单纯从结构来看我们是可以认识的，也是相对确定的，但是其功能属性则是模糊的，只有在实践中才确定下来，虽然事先我们也能知道它的一些功能，但是只有实现了的功能才能算这个人工物的功能。

技术人工物的这种结构与功能两分的属性同样也存在于教学中。教学主体的物理身体充满了自然性，它不能违背自然规律，但是教学主体同时又是能动的，充满了无穷的意向。如果这两者各行其是而不相互制约，则会出现问题。如教师布置了很多作业让学生做，按照意向身体，只有这些作业完成才能休息，但是按照物理身体，一感觉疲惫了就得休息，但是人疲倦了并不一定做完了作业，这个时候就会出现矛盾，怎么调解呢？根据目的，如果想完成作业那就不能睡觉，如果想身体好，就睡觉选择不完成作业，当然还会有其他选择。所以在教学里面我们经常会遇到这种难题，这时候起作用的就是目的。教学只有合这些目的才能达到理想水平。

教学的合目的性除了引导我们去追寻教学的目的以外，它对我们教学中的目的与手段的转化问题也有启示。我们前面讲了自然目的是内在目的，我们教学的内在目的就是教学主体——教师的目的是成为更好的教师，学生的目的是成为更完善的人。在这样的目的之下，所有的目的都可能都是手段，所有的手段也有可能是目的，所以教学中的目的与手段是普遍转化的。我们后面会讲到，教学中的工具是会成为教学内容的，而教学内容往往就是我们进一步教学的工具。

总之，教学的合目的性是我们把教学作为教学理论与教学实践的中介一个根据，因而它在作为技术的教学中非常关键。但是，教学的合目的性有可能会带来教学的混乱，这主要是由于合目的性本身是一种主观的东西，因而无度地使用目的就会导致教学的混乱。正如康德说的合目的性只是一个调节性的原则，它只是在自然的机械因果律不能起作用的时候用来调节实践行为的。所以合目的性原则在教学中的使用是要有前提的，也就是说首先要以教学的科学性为首要准则，在科学不能到达的地方我们使用合目的性来解释教学、实施教学。

第四节　作为技术的教学的实现

我们把教学看作技术，那么作为技术的教学其实现过程就是教学理论与教学实践的相互转化。我们认为这种转化是从问题的识别开始，然后以现有的理论为假设，通过个性化的实践过程在解决问题的同时得到一个更好的关于教学的认识与实践。

一　我的教学故事

作为一个年轻教师，我曾经墨守成规，在课堂上向学生传授知识，到期末结束的时候让学生参与书面考试，跟大多数人一样的教学方式，让我稳妥地度过了入职的三年。但是这三年中我也有些纠结，虽然我卖力地备课，但是一个学期下来能够达到我预期目的的只有那么寥寥数人，更多的同学上课敷衍一下，到考试的时候临时抱佛脚，考出来的成绩似乎也不赖，但是作为这门课的教师我心里知道，分数远不能代表真实的能力，因为我上的这门课程——《数据库技术及其应用》的关键是要培养学生开发数据库应用的能力，而即使掌握了课程中那些可言说、可以用考试测试的知识，其与实际的应用能力还有很大一段距离，就像我一直认为的那样，从理论到实践不是一蹴而就的，它们之间需要身体技能的中介，仅有知识没有技能那就只能纸上谈兵。

基于项目的学习就是在那个时候进入我的视野，让学生成立项目组，围绕着一个真实的任务来做开发，同时以开发为目的来学习知识，这样就应该能够解决学生学了很多知识而不会应用的问题。当然在这个过程中我也了解到，基于项目的学习最早是用于科学课程的教学的，科学课中的项目学习关注的是学生的科学探究，而在我的课程中关注的是技能掌握，这是两种不同类型的项目，所以在组织实施的时候需要有所不同。如一般的科学探究的项目学习遵循的操作过程如下[1]：（1）确定研究问题；（2）形成科学假设；（3）设计与实施调查；（4）搜集并分析数据；（5）对问题

---

[1]　Moti Frank, Abigail Barzilai. Project – Based Technology: Instructional Strategy for Developing Technological Literacy. Journal of Technology Education, 18 (1): 39 – 53.

做出解释；（6）得出结论；（7）汇报结果。而技能学习的项目学习就要变成：（1）识别需求；（2）确定系统必要的功能；（3）搜集并分析数据，做一个可行性分析；（4）在各种方案中选择最佳的方案；（5）设计相应的系统；（6）制作或开发一个原型系统或物理模型；（7）展示作品。

所以我的课程就转变成以项目学习的方式来组织，期末也没有书面考试，而是最终的作品评价。我的任务是讲解最基本的知识，更多的时间则花在帮学生解决一些超出范围的问题。学生的作品经过修改完善还能够参加学校与省里的多媒体作品大赛，大家的兴致也很高，自然学习上也就更加愿意花时间。

在一次多媒体作品比赛中，有个学生的作品非常优秀，所以作为一、二等奖的候选作品需要参与答辩。也许是作品太好了，引起了其中一位答辩专家的注意，于是在提问环节他问了很多关于其中的某些较为突出部分的一些技术原理。学生当场蒙住了，因为他们在开发的时候只关心如何做出来，但是对于后面的原理确实没有时间也没心思去弄懂它。答辩的结果是降级，原来进入答辩环节只要不出大的差错就能得到二等奖，但是这个作品虽然从作品上来看大概是最好的作品，由于答辩环节的不理想导致该作品只能得到三等奖。

自此，项目学习的弱点也逐渐暴露出来，主要就是体现在学生能做不能说上，也就是往往知道该怎么做但是不知道为什么这么做。从教学上来看，那就是对原理性知识的掌握不够。实际上从技能学习的角度来看，能做不能说本身也并不是什么大问题，因为这就是技术的特点，我们常常需要在尚未知道事物的原理的时候就要解决相关问题，如我们的先人火药发明的时候肯定还没有系统的化学知识吧，但是他们掌握了火药的安全运用，医生给病人治病的时候又何尝确切知道病人的病因，反正病人治好了就行。但是从技术水平的提高来说，掌握一定的原理性知识还是非常重要的，它往往能够起到事半功倍的效果。

项目学习是以学生为中心的教学模式，知识的获得往往跟他们的项目有关，虽然他们掌握的知识很实用，但是有个显然的缺点就是不系统、也不深入，从教学的角度来说就是教师的教太过弱化。

首要教学原理，又称五星教学法，是当代国际著名教学设计理论家——M. 戴维·梅里尔在大量考察了现有的各种教学设计理论后，从中抽取了一些必需的、共有的要素而提出来的五项教学原理，其主要的思想如下①：（1）需要给学习者一个实际问题，只有当学习者面对实际问题的时候学习才能够发生；（2）在学习新知识的时候必须要先激活学习者头脑中的相关知识，然后才能够促进学习；（3）只有当向学习者讲清楚了新知识的来龙去脉，学习的效果才会好；（4）只有让学习者有机会应用新学的知识的时候，学习才能够有效果；（5）学习者新学的知识只有与他的生活世界密切有关的时候，学习才更容易发生。

当我思考要为项目学习添加更多教的要素的时候，五星教学法，或者首要教学原理进入了我的视野，我要用它来改造项目学习。它们两者都有一个共同的目标——聚焦真实任务，这也是两者能够融为一体的关键。除此之外，为了让师生之间相互了解，也为了项目学习能够更好地进行，我引入了一个网络平台——redmine（一个开源的项目管理平台），结合 subversion 的版本控制功能，学生能够按照项目管理的方式来管理自己学习（开发）的进度，教师则能够时刻监控学生的学习过程，并且为期末作品的评分与小组协作质量的打分提供量化的证明。

把项目学习与五星教学法合起来并不是要两者合为一体，而是让两者相互支持，所以这门课程就有两条线索。第一条是关于学生的。学生在课程的第一天就被告知本门课程最后的考核是一个数据库作品，因此学生的活动围绕着这个最终的作品开始组成团队，形成大致的开发方向，调研相关软件系统，形成自己的功能定位并做好组内的分工，最后按照一定的进度去实现这个作品。另一条是教师的活动。教师在学期开始的时候主要把课程的一些基础知识进行分解，然后以一个通用系统为例（如用户管理，几乎所有的程序都会用到）来讲解这些基础知识的运用。然后在接下去的时间里，教师一方面督促学生开发的进度，另一方面根据学生项目管理平台上提出的问题来组织教学，在这个过程中围绕着学生的问题我们系统地从原理、示例、应用与迁移等几个步骤让学生不但知道怎么做也知道为什么这么做，这个过程内在地包含了五星教学法的激活旧知、示证新知、尝试应用和融会贯通四个阶段。

以项目学习加五星教学法的方式进行这门课的教学，从理论上来看已经较为完善，但是在实际教学的实施过程中还是会碰到各种问题，而且很多问题都具有偶然性。在我看来教学的故事就是不断解决教学问题的过

---

① 盛群力、马兰：《首要教学原理》，《远程教育杂志》2003 年第 4 期。

程，只要教学还在继续，问题就还会出现，教学还要做出改变。

二　从问题出发

教学的改变总是从问题出发，这个问题可以是使教学的利益相关者利益受损，也可以是与教学理论原理的预测相左。总之，有人对现存的教学存疑了。

我们在教学中总会碰到各种各样的问题，有些人敏感点，有些人麻木点，但是不可否认问题总是在那里存在着。在我的教学故事里先后有两个问题引起了我的注意：第一个就是作为一门以传授技能为主的课程最后学生仅记住了一些知识，这个与课程的目标相去甚远，损害了学生的利益；第二个是在我做出调整后出现的，在强调学生技能的获得时，我们疏忽了原理性知识的传授，学生答辩的失败对学生来说损失惨重，也对我们当前推崇备至的以学生为中心的理念提出了挑战。

实际上人类历史上教学的每一个进步都是问题推动的。在《美诺篇》中美诺提出了一个问题，苏格拉底是这样复述的。

> 我知道你这样说是什么意思：你明白你提出的是个两难命题吗？个人既不能试着去发现他知道的东西，也不能试着去发现他不知道的东西。他不会去寻找他知道的东西，因为他既然知道，就没有必要再去探索；他也不会去寻找他不知道的东西，因为在这种情况下，他甚至不知道自己该寻找什么。[①]

美诺的这个两难问题对教学来说是致命的，因为一个人如果生来就什么都知道的话，那他是不用教学的，如果他生下来什么都不知道的话，那也没办法教。或者反过来说，如果一个人能教，那是因为他具备了必要的前提知识，那么他是如何学习到这些前提知识呢？因为学习前提知识还需要它的前提知识，这是一个无限的循环。柏拉图对这个问题的破解就采用了知识是天赋的观点。在《国家篇》的结尾部分军官厄尔（Er）在一次战役中丧生，又神奇地复活，并描述了他死后灵魂所遭遇的一切，他特别讲到了灵魂复生之前都要在勒忒（Lethe，希腊神话中的"遗忘"女神，

---

① 柏拉图：《柏拉图全集》（第一卷），王晓朝译，人民出版社 2002 年版，第 506 页。

勒忒河也意译为"忘川") 河平原的阿米勒斯（Ameleis, 意为"疏忽",文学作品中常常把阿米勒斯河与"忘川"混同) 河上喝水,有些喝多的就会把前世的东西忘光,有些喝得少了就能记起一些事情来。所以,柏拉图的教学方法就是"回忆法",《美诺篇》中苏格拉底通过提问使童奴自行发现毕达哥拉斯定理,在柏拉图看来,童奴原本就懂这个定理,苏格拉底的提问只不过是帮助童奴回忆起这个知识而已。

柏拉图的教学理论在今人的眼里看来可能是荒谬的,但是在当时的社会文化发展情况下这是种进步,他的理论一直到 2000 多年后洛克提出了"白板说"才得到系统的挑战。

总之,问题的识别是我们技术工作的开始,杜威在《我们如何思考》中就提出了只有当人们真正感觉到问题存在的时候,才会开始思考,我们要开始思考教学必须要意识到教学的问题。

三 以理论为假设

当我们意识到教学的问题时,如果没有一个思考解决之道的出发点,那么就会像一个游荡的灵魂无所归依。从技术的思维来看,理论从来都不是目的而是手段,它只是在起始阶段给我们指出方向。

在我的教学故事里我两次使用了理论,第一次是项目学习的理论,第二次是五星教学法。我从来没想过要在这两个理论中找到一劳永逸的方法,它们只是我在碰到问题的时候采取对策的起点,每个已经成为文字的东西实际上存在着大量的歧见。当然,我也会在我的行动过程中不断地验证它、修正它,写下来的理论它是以作者当时的实践作为参照的,但是我的行动则以我们的目的为参照。如项目学习传统是以科学探究作为行动目的的,但是我的教学却以技能学习作为目的,这就导致了操作流程中的修改。项目学习还有可能导致学生原理性知识的缺失,所以我用五星教学法来弥补教师教学上存在的漏洞。但是,五星教学法是否就能解决问题呢?那就有待后续的观察。同时课程的目的与要求也会随着时间的变化而变化,理论随时会参与进来给我们的思考与对策提供帮助。

技术的过程就像人类走迷宫,最没有技术含量的方法就是试着走完每一条路,然后在每一条走不通的路口打上"此路不通",总有一天我们总能走通,前提是我们的寿命足够长。如果有个理论突然告诉我们,所有奇数编号的路都是不通的,我们便大喜过望,因为我们可以少走一半的路。

但是有时候即使我们走完了所有偶数编号的路口还没有找到出路。这个时候又一个新的理论横空出世，100 以内的是偶数编号，100 以外的是 3 的倍数，于是我们又要修正我们走迷宫的计划。也就是说，技术过程中的理论帮助我们抉择行动的方向，但并不能决定方向。

理论不能决定方向，这是因为理论本身并不都是完美的，往往都是在一定条件下才是正确的，而这个限制条件往往又不是事先知道的。在教学理论的探讨中我们常常会讲到行为主义、认知主义与建构主义的不同使用条件，但是这种抽象地谈使用条件决定了其结果只能用来参考的。我们经常会得到行为主义适用于技能训练，但是这是否就否定了认知主义与建构主义不适用于技能训练了呢？答案当然是否定的。以当前学习开车考驾照为例，教练基本上就是使用行为主义的做法，在一些项目中他就给你几个参考点，一到这些点就采取什么样的操作，只要记住了他的口诀并且操作得当，所有的考试项目不在话下，所以所谓的学习开车就是不断对这些参考点进行刺激强化。但是这样的训练对一些有很强的自尊心，同时也自认为知识水平比较高的人来说有点屈辱，如果碰巧教练语气比较粗暴，这样的训练是有问题的。首先，就是这些参考点实际上由于座位高低，驾车姿势的变动，它会出现偏差；其次，在实际开车过程中我们并不能很好地抓住这些参考点，有时候不够点，有时候过了点，这种情况怎么处理教练一般是不讲的。所以汽车驾驶实际上还是有一些原理性的东西需要弄明白的，有了这些原理之后我们再在练习中反复地磨合，达到身心一致，这样的学车才更令人放心。如果说前一种是行为主义的做法的话，那么后一种更多地采用了认知主义与建构主义的理论。所谓的条条大路通罗马，不同的理论都有可能达到目的，只不过途径的地方不一样而已。

学车的这个例子告诉我们，把理论作为起点、作为假设其所参照的正是教学的实际，作为技术的教学正是在理论与实际之间的差异消除过程中不断地改造自己以达到目的。

四　个性化的判断

技术的过程充满了选择，所以一切技术过程都是个性化的过程。在我的教学故事中，我的行为选择体现了我自己的特点。除了我对《数据库技术》这门课程知识掌握以外，我还了解一些教学理论知识，我还掌握了一些网络平台的用法，所以我会用这些相关的教学理论与工具平台来帮助我思考所遇到的问题。

实际上不是所有的教师都会用理论去思考自己碰到的问题，更多时候老师因为没有现成的理论可以依靠，所以总是需要揣测发生了什么，然后试着来回应，就像下面的朱迪斯老师。

> 作为芒特港小学二年级的新教师，朱迪斯发觉，在学生吃过午餐并在运动场上激烈地活动之后再回到教室时，自己无法控制这些孩子。要学生安静下来似乎是不可能的。无论是威胁、叫喊、漠视还是恳求，对维持教室秩序似乎都毫无用处。她甚至以饼干来贿赂学生使其安静下来，然而一旦她把饼干发完，吵闹又再度开始。对她而言，每天下午开始上课时的 15 分钟都是用来维持教室秩序的。
>
> 她自认已作了所有的尝试，不过有一天她有了一次特殊的经历。当学生脱下外套及帽子，高谈阔论着他们在运动场上的刺激经验时，朱迪斯老师放弃了维持秩序的尝试。这时她看见在较远的桌子旁，有一群学生安静地坐着研究一件不寻常的东西。她走过去，大声说，"真高兴找到了一群安静的学生"。当她看到这个东西是一块粗糙且形状酷似青蛙的树皮时，她就说，"让我给你们讲一个有关这木头青蛙的故事"。于是，朱迪斯开始讲述一个有关公主、恶棍、魔术师、国王以及王子变成木头青蛙的神话故事。在她说故事时，一些儿童安静地聆听，另一些儿童也一边挂好外套一边竖起耳朵专心听。几分钟之后（不到 15 分钟），课堂已经安静下来，而下午的课也进行得很顺利。①

教学很多时候就是需要教师在碰到问题的时候做出尝试性的反应，在上文这个案例的后续中，朱迪斯老师第二天从家里带了一块像奇怪动物的石头来引出故事试图让学生安静下来却并不成功。再后来她通过奖励一些安静的小团体，让安静的小团体起到示范作用最终让全班都安静下来。应该说教师在采取行动的时候往往都有偶然性，如上面朱迪斯刚好发现了一个像青蛙的树皮，促使她第二天也带一块奇怪的石头来做道具。等到她发

---

① D. C. 菲利普斯·乔纳斯、F. 索尔蒂斯：《学习的视界》，尤秀译，教育科学出版社 2006 年版，第 20—21 页。

现这没用的时候，她恰巧再一次发现了一个安静的小群体，然后从这个小群体开始让其他的同学都安静下来。在这个演变的过程中，一切都是教师的个性化判断与尝试的结果，这是教师的一种身体技能。

实际上，即使有理论来帮助我们思考，有时候理论也不是那么可靠。用心理学来解释小孩子为什么晚上一关灯睡觉就要哭。有人解释那是因为有一次关灯睡觉的时候，他的父母关门的时候发出的声音太大，吓到了小孩，所以每次一关灯让他睡觉他就想起那件让他不愉快的事情。但是也有人解释那是因为第一次让他一个人睡觉的时候他因为不愿意而哭了，然后就得到了他父母的拥抱，所以他就认为在这个时候哭能够继续得到他父母的拥抱，所以他就哭了。这两个人都采用了行为主义的理论，前者是用的是"刺激—反应"的经典条件反射模式，而后者采用的是"刺激—反应—强化"的操作性条件反射模式，但是对这个现象的解释差别很大。

从技术的角度来看，抽象地讨论这两个解释孰是孰非毫无意义，因为这两种可能都有，所以用行动来解决这个问题，问题解决了到底孰是孰非就一目了然。实际上控制论里面讲负反馈就是这个道理，事情只有动起来了我们才知道应该往哪个方向调节。所以教学中教师的决策是一种个性化的决断，它取决于教师所掌握的理论工具与身体技能。

五　为了更好的教学

在技术领域存在着这样的循环：技术是为了解决问题的，但是在解决老问题的同时往往引出了新问题，于是用新技术解决这个新问题，但是接踵而至的则是更新的问题。如果把这种循环赋予一个更加积极的意义，那就是进化，技术让人更好地适应这个世界。

把教学看作技术其内在地也有这种追求，我们对现实的教学保持敏感与批判，我们不断地修正教学行为就是为了使教学更加完美。教学活动一天不停，这种追求就不会消失。

作为一门学问的教学与日常生活中的行为稍有不同。所谓学问它总是以发展出理论为目的，理论一旦形成就脱离于生成它的现实，并对现实进行钳制，简单地说就是理论与现实的对立。但是这种对立也不是不可调和的，它们最终都受人的意愿的统率，到底是修改理论来适应现实，还是改变现实来适应理论，人有他自己的判据。在本研究中把理论与现实之间这种对立的消解称作技术。

教学理论与教学现实总是存在着各种矛盾，在我们的教学故事中传统的讲授法导致了技能教学的失败，项目学习似乎培养了学生的技能但是在原理性知识方面又造成了缺失，五星教学法看起来那么完美，但是谁知道又会出现什么问题呢。譬如说学生的动机如何激发，每个人的动机水平不可能一致，每个人感兴趣的东西也不可能一致。斯金纳说，一个人成为一个怎样的人，做什么样的事都是由于其成长过程中所受到的奖励和惩罚决定的。这句话也许有点偏颇，但是在经济学中有个词叫"路径依赖"说的就是人的行为依赖于他过去的所有行为，所以，学生特别是到了高等教育阶段的学生，他们已经在自己的生活中经历了太多不一样的事件，每个人很难得到一样的兴趣。我甚至可以说，高等教育中研究怎么让学生有兴趣远比如何让学生听得懂更重要。我们在努力调整自己教学的过程中居然发现具体的教学方法（那种教会别人东西的方法）原来并不重要，重要的是如何让学生来喜欢你所教的，这也许就是作为技术的教学的特点。每一个变化看似出乎意料之外，却又在意料之中，但是变化始终是不变的真理。

在技术领域，变化是永恒的真理。我们不断地发明不同的工具，我们为同一个工具创造出不同的用法，即使使用同样的工具解决同样的问题我们每次使用过程也会有所变化。这种变化的背后体现着人类的追求，向更加美好的方向发展。《吕氏春秋·察今》里说："世易时移，变法宜矣。"告诉我们做事情不能泥古不化，否则就会闹刻舟求剑的笑话。作为技术的教学也需要不断地变化，但是有更高的要求——走向更好的教学。

六　小结

在本节我们讨论了作为技术的教学的实现过程，在我们看来技术过程就是体现创造性的过程，按芬伯格的说法就是次级工具化的过程。

问题是最好的情境，所以教学研究要善于找到问题，围绕着具体问题展开理论的应用，这就是对理论的再情景化，或者说就是芬伯格在次级工具论中的系统化。

理论不是万能的，理论并不能解决所有问题，但是理论是我们教学行动的一个很好的起点。我们更多地需要撮合理论与现实，让理论与现实能够更好地相互服务于对方，这就是芬伯格的调解之意。

教师的个性化判断并不是随意的判断，是以职业所负载的学术与道德双重责任下的判断，是与教师个人职业发展的历程紧密相关。这也是芬伯格借用作为职业的人来对抗作为自动化运行的工具。简单地说，就是要教师这种职业所赋予的权力对看似自动运行的工具（包括教学理论）进行监控甚至干预，以得到更好的教学结果。

更好的教学结果与其说是追求一个结果倒不如说是一个承诺，因为这是一个无尽的过程。但是这个承诺内在地包含了芬伯格所说的主动，只有一个充满了主动性的人才会把更好作为目标，没有最好只有更好，这也是技术本身的追求。

总之，作为技术的教学其实现的过程就是技术的过程，总是以问题作为开始，用各种理论来做各种假设，每个人根据自身的经历做出个性化的判断并执行之，这是一个无尽的过程，因为只要世界还在变，新的问题总在出现，教学也就不能不变。

第三章

使用技术的教学

思想之路本身隐含着神秘莫测的东西，那就是：我们能够向前和向后踏上思想之路，甚至，返回的道路才引我们向前。①

——海德格尔

从生理上说，人在正常使用技术的情况下，总是永远不断受到技术的修改。反过来，人又不断寻找新的方式去修改自己的技术。②

——麦克卢汉

第一节　教学的技术史

教学不是存在于真空中的，只有教学思想与教学史实的教学史是苍白无力的。但是试图在教学史的描写中包罗万象，也是不可能的。对本研究来说，最实在的做法就是用技术来解释教学。

一　教育技术学对历史的探讨

从现存资料来看，对教学技术的历史进行系统探讨的并不多，美国的赛特勒（Paul Saettler）是其中一位较为著名的学者。他于 1968 年出版了《教学技术的历史》（*A history of instructional technology*），1990 年修订后以《美国教育技术的演化》（*The evolution of American educational technology*）为名再版，这是现存的关于教学技术历史的最为系统的著作。《美国教育

---

① 海德格尔：《在通向语言的途中》，孙周兴译，商务印书馆 2004 年版，第 97 页。
② 麦克卢汉：《理解媒介——论人的延伸》，何道宽译，商务印书馆 2000 年版，第 79 页。

技术的演化》一书共有五部分，第一部分是全书的导言，首先定义了教育技术，然后借用库恩的范式理论指出 20 世纪的教育技术发展存在着四种范式，分别具有如下特征①：基于自然科学或媒体观的（the physical science or media view），基于传播与系统观念的（the communications and systems concept），基于行为科学观（behavioral science – based view）与基于认知科学视角的（cognitive science perspective）。第二部分包括第二章到第八章的内容，分别介绍 20 世纪以前的教育技术先行者（第二章），1900—1950 年的教育科学与技术（第三章），20 世纪前 50 年的教育电影的发展（第四章），20 世纪前半个世纪的视觉教育运动（第五章），二战期间的教育技术运用（第六章），1921—1950 年教育广播的问世（第七章），1918—1950 年媒体研究的肇始（第八章）。第三部分介绍 1950—1980 年教育技术的成长过程，这其中包括第九章的传播与教育技术，第十章的行为主义与教育技术，第十一章的认知科学与教育技术，第十二章的教学设计，第十三章的教育广播，第十四章的信息社会的浮现与教育技术，第十五章讲在这 30 年间教育技术研究的情况以及相关政策与研究机构。第四部分讲 20 世纪八九十年代及之后的教育技术，包括第十六章的新信息技术与教育技术，第十七章的教育技术新理论与研究前景，第十八章的教育技术专业组织与从业人员，第十九章讲 20 世纪 90 年代的研究现状与未来前景。第五部分是附录，包括了一个缩略语与一份当时的美国教育技术博士培养单位列表。

　　1988 年张诗亚的《教育的生机——论崛起的教育技术学》中围绕着教育技术学的发展对教育技术理论与实践的历史做了简单介绍②。在第二章"漫长而又简短的历史——教育技术学发展脉络的考察"中，他把教育技术学的历史分成史前期、胎动期、产前期、创立期与发展期等几个阶段。1995 年他与周谊合著的《震荡与变革——20 世纪的教育技术》中，他分五章介绍了教育技术的发展历史③。第二章介绍教育技术的史前史，在该部分主要从教育中的技术与把教育技术作为人类文化的子系统来考

---

　　① Saettler P. The Evolution of American Educational Technology, Denver：Libraries Unlimited Inc.，1990：7.

　　② 张诗亚：《教育的生机——论崛起的教育技术学》，四川教育出版社 1988 年版。

　　③ 张诗亚、周谊：《震荡与变革——20 世纪的教育技术》，山东教育出版社 1995 年版。

察；第三章讲工业革命时期的教育技术，在该部分介绍了夸美纽斯的班级授课制与兰卡斯特的导生制以及裴斯泰洛奇与赫尔巴特的教育技术思想；第四章是关于第二次世界大战前的教育技术发展状况，在该时期教育技术基本上是沿着"视觉教育——听觉教育——视听教育"的途径发展的，同时桑代克、杜威、蒙台梭利等人的思想中出现了教育技术理论化的倾向；第五章讲第二次世界大战期间教育技术在士兵训练中的卓越成效；第六章讲第二次世界大战后大众传播媒体的发展与教育传播、程序教学运动与个别化教学热潮。

1994 年上海外语教育出版社出版了张祖忻的《美国教育技术的理论及其演变》，在该书中作者从美国教育传播与技术协会 1972 年发布的教育技术定义出发，把教育技术看作视听教学、个别化教学与教学系统方法三个分支合流而成的，以此学术思想为基础，该书从上述三个角度论述了美国教育技术的发展历史①。此外，张立新的博士学位论文《美国教育技术发展史研究》② 与宫淑红的博士学位论文《美国教育技术学的历史与范式演变》③ 都是关于美国教育技术发展史的。前者对美国教育技术的发展历史从媒体教育技术、教育电视、计算机辅助教育、教学设计与整体教育技术等几个方面进行了梳理，后者则主要利用库恩的范式理论对美国教育技术历史进行了新的解读，提出了"媒体—传播""教学—设计""学习—绩效"三阶段理论。

以上对教学技术历史的叙述基本上都是以教育技术学为中心的，即以教育技术学科的产生发展为核心来向前、向后展开历史图景，因而难免有教育技术学科的烙印，甚至有以今度古的嫌疑。但是作为对教育领域的技术史的叙述不应该局限于教育学的某一个二级学科，应该放到更为广阔的视野中。

郭文革在《教育的"技术"发展史》一文中以媒介技术史与教育史为基础，提出了一个教育的技术发展史框架。在该文中作者首先把媒介技术定义为"一类支持人类表达、交流与沟通的技术，它包含表达符号、载体种类、复制方式，以及传播特征等四个子属性"④，然后把表达符号、

① 张祖忻：《美国教育技术的理论及其演变》，上海外语教育出版社 1994 年版。

② 张立新：《美国教育技术发展史研究》，博士学位论文，河北大学，2004 年。

③ 宫淑红：《美国教育技术学的历史与范式演变》，博士学位论文，华南师范大学，2004 年。

④ 郭文革：《教育的"技术"发展史》，《北京大学教育评论》2011 年第 3 期。

载体种类、复制方式与传播特征四个子属性作为分析框架建构了媒介技术发展史，把媒介技术发展分成口传、手抄文字、印刷、电子传播与数字传播五个阶段，并从教育目标、教学资源、教学方法与教学组织方式四个方面分析了每个阶段的教育特征，形成了作者的教育的"技术"发展史。

二　媒介环境学派的技术分期

实际上，郭文革的教育的技术史研究采用了媒介环境学派的分析框架。所谓媒介环境学派是指当今传播学中的一个流派，是由北美的多伦多学派与纽约学派合并而成，它们的学术主旨在于研究文化、科技与人类传播之间的互动共生的关系。该学派从 20 世纪开始，诞生了包括刘易斯·芒福德、哈罗德·伊尼斯、米歇尔·麦克卢汉、尼尔·波斯曼、保罗·莱文森等世界著名的学者。何道宽归纳了该学派的四大特点[①]：（1）具有深厚的历史视野，关注技术、环境、媒介、知识、传播、文明的演进，跨度大；（2）主张泛技术论、泛环境论、泛媒介论，关注重点是媒介而不是狭隘的媒体；（3）重视媒介长效而深层的社会、文化和心理影响；（4）怀有深切的人文关怀和现实关怀。总之，这个学派的最大特点就是把媒介作为环境来研究，他们认为媒介一方面构成了人类的生理感知环境，这是人类的物理环境，另一方面构成了人类的符号环境，这是人类的意义环境。这样的双重环境影响着人类的心理与文化。总体来看，这个学派对媒介是持价值非中性的观点的，认为媒介都是与价值判断有关。

既然媒介都是非中性的，它对人类社会总有着各种不同的导向，所以媒介环境学派的人的研究范式就是：研究媒介的变化如何促进人类文化里根本性的、大规模的变化。该学派中的三代代表人物都有根据媒介技术划分人类历史的习惯。该学派的第一代代表人物哈罗德·伊尼斯就根据媒介技术把世界史分成了七个阶段[②]。第一代中的另一位著名学者麦克卢汉把历史上的媒介技术分成三类，第一类是以口语为主导的听觉媒介，第二类是以印刷文字为主导的视觉媒介，第三类是包含了人类各种感知能力的电

---

① 林文刚：《媒介环境学：思想沿革与多维视野》，何道宽译，北京大学出版社 2007 年版，总序。

② 哈罗德·伊尼斯：《传播的偏向》，何道宽译，中国人民大学出版社 2003 年版，第 1—2 页。

力媒介，根据这样的分类他把人类历史描述成部落化——非部落化——重新部落化三个历史分期。第二代中的代表人物尼尔·波斯曼把人类文明分成了工具使用、技术统治与技术垄断三个阶段。而当前广为接受的则是第三代代表人物提出来的媒介技术的分期：口语时代、文字时代、印刷术时代和电子时代[①]。何道宽也在《作为变革动因的印刷机：早期近代欧洲的传播和文化变革》的内容提要中提到人类历史上的 5 次媒介革命，即口语传播、文字传播、印刷术传播、电子传播和网络传播。这其中第一代的伊尼斯与第三代人物提出来的历史分期思路是比较接近的，同时他们的划分对教育技术也很有启发，上文提及的郭文革的论文《教育的"技术"发展史》一文中分析技术影响教育的规律，也用到了类似的技术分期，她的分期为口传时代、手抄文字时代、印刷时代、电子传播时代与数字传播时代[②]，这与上述何道宽提到的分期非常接近，只不过文字表述上略有差异。我们认为教学本身就是一种传播行为，根据媒介技术的不同进行的历史分期也适合教学，所以在我们的教学的技术使用史中分成以下五个阶段：口语阶段、文字阶段、印刷阶段、电子媒介阶段和信息技术阶段。

第二节　媒介与教学

　　一部教学的历史就是一部教学中应用技术创新的历史，遗憾的是至今为止还没有一部从技术的角度来写的教学史。此中的原因可能是复杂的，但是其中有一点肯定是跟技术在历史上被有意无意地忽略有关。虽然本研究希望能够唤起研究教学的人们对技术的重视，但是也无意于写这样的一部教学史，只是通过对技术在教学发展的各个阶段的影响来探讨技术对教学的实实在在的推动作用，而且这种推动作用对教学本身的发展是决定性的。

　　迄今为止，人类历史上发明的技术可谓不计其数，如何从这么多的技术中挑出恰当的技术作为我们分析的对象，这是我们需要率先解决的问题。参照技术史家把技术进行分类分期是一个比较好的方法，但是一般的技术史家关注的是人类历史上所有的技术，这对我们只关心那些与教学有

---

①　林文刚：《媒介环境学：思想沿革与多维视野》，何道宽译，北京大学出版社 2007 年版。

②　郭文革：《教育的"技术"发展史》，《北京大学教育评论》2011 年第 3 期。

关的技术有点小题大做，甚至大而无当。技术哲学里面也有技术分期的做法，如敦德嘉把技术史分成偶然技术时期、工匠技术时期与工程科学的技术时期，汤德尔把技术史分成工具时期、机器时期与自动装置时期。显然，这样的分期带有技术哲学家自身对技术的理论成见，同时也是对全体技术的分类不是很适用于教学的应用。所以我们吸收了媒介环境学派的成果，把教学的技术使用史分成以下五个阶段：口语阶段、文字阶段、印刷阶段、电子媒介阶段和信息技术阶段。最后一个阶段没有采用数字传播这一术语，一方面是为了淡化传播的色彩，同时信息技术在教学中的应用当前已经被广为所知，而"信息技术与数字传播"一词在这里涵盖的内容也较为接近，所以用"信息技术"一词作为第五个阶段的名称。

一　口语与教学

语言是人区别于其他动物的本质特征之一，人类用它来表达与传递思想，如果我们把语言也当作一种技术，那么它将是人类发展史上最重要的发明之一。牛津的《技术史》中讲到人类的语言与其他动物的声音信号存在着巨大的区别，动物的声音信号是整体的，不能像人类的语言能够分解成几个词，同时动物发出声音与对这些声音信号的解释能力是与生俱来的，而人类言语以及对这些言语信号的解释能力是后天习得的。总之，语言是人类所特有的能力。

语言有书面语言与口头语言之分，虽然在当前讲语言很难与文字撇清关系，但是在这部分我们主要想讲的却是口头语言，并且是在文字出现之前的所谓的"原生口语文化"。文字出现之前的原生口语文化是怎样的，这对已经有能力识文断字的现代人来说是既容易想象又不容易想象的。因为一碰到这个问题很多现代人首先会想当然地认为，不就是把现在这种文化减去文字这种工具。当然实际情况远远比这种想当然复杂多了。沃尔特·翁曾经说过，我们现代人想象原生口语文化时代的情形就像给没看到过马的现代人用"无轮汽车"来解释它一样。我们解释马是一种没有轮子的汽车，但是它长着蹄子，它没有大灯但有眼睛，没有后视镜但有耳朵，它外表覆的不是油漆而是一层毛皮，它不用燃料而是吃干草。对一个没有看到过马的人用如此的方法来介绍马，其结果可想而知，这也是我们没有经历过原生口语文化的人去想象它们的时候所存在的困难。

人类对原生口语文化理解的突破口来自对《荷马史诗》的研究。作为西方文化遗产中最具典范意义的世俗诗歌，《荷马史诗》为历代文人所熟悉与研究，但是其中充斥着洞见、误解和偏见。要客观研究《荷马史诗》首先就是要打破书面文化的偏见，要打破纯粹的口语文化不是书面文化的产物的成见，要承认口语文化独立于书面文化，它可以有自己精细的语言艺术形式。实际上除了《荷马史诗》，世界上很多民族都有类似的史诗，如巴比伦的《吉尔伽美什》、印度的《罗摩衍那》和《摩诃婆罗多》。我国也有三大少数民族史诗，蒙古族的《江格尔》有十万多行，柯尔克孜族的《玛纳斯》有二十余万行，藏族的《格萨尔王传》更是超过了一百万行，并且这些史诗依然作为各民族的口头传统，有许多在世的吟诵诗人在演唱这些史诗。这些尚在流传的口头传统就是今天研究《荷马史诗》的活材料。

米尔曼·帕利首先打破了几千年来的成见——长篇史诗需要死记硬背。帕利说，在《荷马史诗》里，语词和词形的选择取决于（口头创作的）六步格诗行的形态[1]。这实际上揭示了《荷马史诗》里存在着一些反复使用的套语，这对那些宁可思想贫乏不愿语词平庸的诗人来说打击巨大。帕利及其后来者的研究表明，《荷马史诗》里面非套语的成分占比非常少，并且，除了语言的俗套之外，在内容上也存在着一些标准化的组件——议事会、调兵遣将、对垒叫阵、对战败者的掠夺、英雄的盾牌[2]。

《荷马史诗》里大量地使用陈词滥调看起来是一个让文人蒙羞的结果，但是从研究的角度就引出了另一个问题，作为诗歌的大敌——陈词滥调如此大面积地出现在一篇著名的优秀史诗中，它存在的理由是什么。这里实际上隐藏着口语文化的一个特点，不像书面文化知识的储存非常方便，口语文化中知识的积累与保存就是通过不断地重复来防止遗忘，书面文化中所鄙弃的陈词正是口语文化中要固化保留下来的东西。有证据表明在书面文化的早期，人们书写下来的东西里面还是保留了很多口语文化中的套语。即使到今天，在阿拉伯文化中还非常倚重套语式的思维和表达，黎巴嫩诗人哈里尔·纪伯伦曾经把大量的口语套语编印成书让美国人读，美国人觉得很新鲜，黎巴嫩人却觉得很平常。

---

[1] 沃尔特·翁：《口语文化与书面文化：语词的技术化》，何道宽译，北京大学出版社2008年版，第14页。

[2] 同上书，第16页。

　　沃尔特·翁①归纳了基于口语的思维与表达的九大特征：（1）附加式的叙事方式。在口语文化中喜欢用"与"（and）来表示一种附加的叙事方式；（2）聚合式的表达方式。在口语文化中人们喜欢给一些事物贴标签，如英勇的士兵、美丽的公主等，而且这种表达方式一经形成便很少有改动成为了套语留存了下来，这种表达方式也是口语文化中文化积累的必然要求；（3）冗余的内容。口语文化特质使内容的冗余成为必需，一方面使听众能够更加明白讲话者的意思，另一方面也让讲话者能够有时间组织下一步的内容；（4）保守的心态。在口语文化中，知识的保存主要是通过对之前保留下来的内容的反复吟诵，因此，他们在内容的处理中倾向于保守，即不太会考虑引入新的表达、新的思考；（5）贴近生活的内容。在口语文化中，人们喜欢用动作来描述各种事情，而不喜欢用高度概括的语言，即使技能的传授，师徒之间的口授也是非常少的，主要是观察与实践；（6）语言具有强烈的对抗色彩。激烈的谩骂、露骨的暴力描述与慷慨的赞扬，这些在口语文化中非常普遍的东西有时候会让来自书面文化的人觉得不真诚、浮华，但这个是口语时代的修辞艺术与辩证法；（7）移情式的表达。在口语文化中，特别是在某些表演中，表演者会经常使用一些第一人称的演绎方式，让人产生身临其境的感觉；（8）衡稳的社会特征。口语文化的社会是一种活在当下的社会，在口语交流中人们总是倾向于把对当前不再有用的记忆抹去，以保持社会的稳定感；（9）情境式而非抽象的概念。口语时代的人们建构概念的方式往往都是放在情境的或可操作的框架中，只具有最低限度的抽象性。

　　上述对口语文化的描述可谓详细，甚至有点啰唆，但是无疑让我们能够从多角度思考口语文化的特点，其中的很多特点与我们的教学是直接相关的，甚至在现代的教学原理里面也还有体现，毕竟，现代的教学实际上是书写时代的口头表达艺术。如附加式的表达方式就是我们教学里面经常使用的，教学中存在大量的冗余信息就是为了让学生能够理解掌握，鲜明的语词与抑扬顿挫的节奏也是教学语言的要求。

　　总之，我们当前已经很少有遗存下来的资料来准确地描述原生口语时代的教学情形了，但是通过对那个时代人们如何来建构知识与记忆知识的

---

① 沃尔特·翁：《口语文化与书面文化：语词的技术化》，何道宽译，北京大学出版社2008年版，第27—43页。

探讨可以了解到当时教学运行的可能情况。

　　一般认为在文字出现之前，人类的演绎逻辑是不存在的，这是字母表出现之后希腊人的创造，那么，原生口语时代的人在没有文字的帮助之下是如何进行复杂的思考的呢？一个人自言自语是不切实际的，所以跟另一些人会话是必不可少的思考条件。通过与其他人的交谈，通过话题来刺激思考，最终点点滴滴的对话汇聚成了一个复杂的思考，这可以从苏格拉底这个西方先哲的大众形象得到些印证。苏格拉底就是一个常常在街头、集市等大庭广众之下与人谈论各种问题的人，他的产婆术就是通过问答的办法来剔除人们头脑中的错误观念，从而达到树立新思想的目的。苏格拉底本人没有著作传世，但是色诺芬与柏拉图写下的若干对话录，无意中透露了口语时代人是如何通过交谈来思考的秘密。口语时代的这种思考方式也成了一种教学方式流传至今。

　　没有文字做记载，如何把这些复杂思考的成果记忆下来是原生口语时代所面临的另一个问题。根据我们在前面讨论的《荷马史诗》的研究，使用一些固定的表达方法，一些标准化的主题环境，一些重复的模式以及对仗工整的具有强烈节奏感的语言是口头记忆的必然要素。但是这些要素也限制了人所能够的思维种类。根据卢利亚的研究，文盲不会分类词语，不会形式逻辑，不会给具体事物下定义，不会自我分析[1]。虽然这是一个在现代情境下对文盲的研究结果，但是它基本上也适合原生口语时代的人，因为卢利亚在该研究中研究了文盲、粗通文字一直到精通文字的各种人，调查显示文盲与识字者之间的反应具有强烈的反差，这意味着文字对人思维的改造作用。

　　原生口语文化时代的这种思考与记忆方式决定了当时的教学材料与教学方法都是围绕着史诗与神话传说来展开的，Havelock 说荷马"既是讲故事的人又是部落的百科全书"[2]，因为从荷马史诗希腊人学会了如何驾船出海，如何披挂上阵以及如何在法庭上唇枪舌剑。围绕这些故事编织着希腊的基本学问和智慧，而史诗的表演传诵过程就是希腊人的基本教学

---

① Luria A R. Cognitive Development：Its Cultural and Social Foundations. Lopez – Morillas M & Solotaroff L, Trans. Cambridge, MA：Harvard University Press, 1976.

② Havelock E A. Origins of Western Literacy. Toronto：Ontario Institute for Studies in Education, 1976：83. 转引自沃尔特·翁《口语文化与书面文化：语词的技术化》，何道宽译，北京大学出版社 2008 年版。

过程。

不管怎样，语言的出现让教学更加有效率。可以想象，前语言时代学习者主要通过观察的方式以及无数次的试误来达到学会的结果，时间的成本肯定高于口语时代的口耳相授。但是口语时代的教学也存在着一些不可避免的问题。口耳相授的特点就是知识的保存通过人的记忆，这让知识在传承的过程中不可避免地产生了某种漂移。同时为了便于记忆而使用的套语也无意中为知识的创造制造了障碍。

二 文字与教学

口语是一种个性化、内在的东西，作为一种交流工具它非常依赖于说话的人，同时由于其是一种无形的东西，稍纵即逝的特点使其往往不能很客观地传播观念。现代的传话游戏中，一句话经过了三五个人的传达往往就面目全非，所以口语对信息的传播天生就有很大弱点。当然，人类早期感觉最困难的是记忆数字，毕竟有情景的人、物、事还是比较容易记忆的，所以人类最早发明的记录方法主要是为了一些数量关系，包括结绳记事、符木记事，都是用一些抽象的符号来记录信息。这套系统随着使用与进化就发展成为今天的文字系统。

文字自诞生以来一直都是一种重要的工具：政治领袖一直在利用文字做宣传，镌刻在黑色玄武岩上的《汉谟拉比法典》是巴比伦王汉谟拉比对其臣民的告诫——如果守法，所有人都会受益；也有希冀不朽的人把文章刻在墓碑上，让后人瞻仰，这在人类历史上屡见不鲜；当然，文字更多的时候是用在世俗的事务上，或用于标记身份而刻的印章，或为了厘清经济来往的记账。总之，人类足迹所至无不活跃着文字的身影。

现代人对文字的感觉我们可以用熟视无睹来评价，除了求学时期有抄写作业——这个时候人们会关注文字，成人以后很少有人会思考我们为什么要书写，文字如何影响了我们的生活。当然，从文盲对能识字的人的崇拜，以及不懂外语的人对懂外语的人的复杂感情，我们还是能够体会到文字对我们的重要性。实际上，文字也被誉为人类历史上最伟大的发明之一，只是在如今的文明社会这种技术太过常见以至于人们忽略了它的存在，就像海德格尔说的上手状态，人们关注的是技术达到的效果而很少注意到技术本身。

确实，文字在人类生活中的俯拾皆是让人忘记了它们在发明之初的革命作用，很少有著作来反思这段历史，而加拿大学者罗伯特·洛根专著——《字母表效应：拼音文字与西方文明》无疑是其中的佼佼者，该著作详细地探讨了字母表从诞生至今对西方文明延绵不断的影响。洛根在1977 年就与麦克卢汉合作写了《字母表乃发明之母》（*Alphabet*，*Mother of Invention*）一文，提出了字母表促进了西方抽象、逻辑、系统的思维方式，最终导致了科学在西方的兴起。在《字母表效应：拼音文字与西方文明》一书中，作为媒介环境学学派的一员大将洛根系统回顾了文字的历史，并比较了欧洲文化与中国文化，研究不同的文字样式如何影响人的思维模式与文化模式，坚持了该学派一以贯之的重要观点——媒介技术是一种重要的社会变革力量。根据洛根的研究，文字促成了两河流域科学的滥觞与典章化的法律；希伯来字母表促成了希伯来民族的一神教，而这是西方一切宗教（犹太教、基督教与伊斯兰教）的基石，而在此之前人类信奉的都是多神教；而希腊字母表的出现，更是让古希腊成为了西方文明的两大源头之一，在希腊字母表诞生的头几百年里，许多西方文明的元素都相继出现，这其中包括抽象科学、形式逻辑、公理几何、理性哲学和具象艺术。而文字对古希腊的社会、文化、政治和经济都产生了影响，如文字首先造成了古希腊人的视觉偏向，这也造成了"自然"的对象化以及知识体系的分门别类。文字把人的思想情感外化，开始出现了个人观念，这是个人主义的滥觞。文字也使希腊思想的抽象层次提高，出现了抽象的美的观念与抽象的真理，基于理性的真理战胜了一切，"哲学王"横空出世。

　　文字是语言的符号，从某种意义上来说文字也是口语的坟墓。通过声音传达出来的语言是一种内在的东西，非常个性化，而用文字记录下来的思想是一种外在的东西。文字使鲜活的教学语言平面化，使生动的语言凝固成干巴巴的符号，文字的出现无疑转换了人们的知觉兴趣，使人们从听觉走向了视觉。文字进入人类生活对人类社会产生了重大的影响，同时，教学也因此发生了变化。

　　首先，文字催生了一种专门用于教授书写的学校，如古埃及的书记学校、古巴比伦的书写学校，这些学校都是以叫人识字、写字为主要教学内容的。由此可见，文字在当前是如此地司空见惯，但在人类早期文字的发明却是一件非常重要的事情，乃至人类历史上最早的学校就是专门来教授识字、写字的。

　　其次，由于识字、写字成为了一种专门的技能，这也使教学成为一项由专人负责的事情。教书从日常生活与生产劳动分离出来，不再是随便谁都能胜任的工作，而文字水平则规定了这项工作的专门性。

最后，由于文字技能在当时社会的崇高地位，所以教学也不是人人都能接受的事。特别是在奴隶社会，奴隶被看作会说话的工具，他们是没有机会接受基于文字的教学，他们的教学还是在日常生活与生产劳动中，只有奴隶主的子女才有条件上学。

当然上述文字对教学的影响还是从宏观上来讲的，从教学活动来看，文字可以对现实进行抽象，因而基于文字的教学效率上肯定高于在日常生活与生产劳动中的教学。文字的发明，也使教科书得以诞生，在此之前，教学的内容只能是长者头脑中的东西。当然，文字对教学的最大影响可能在于文字对人类反思思维的塑造。哈弗洛克就说柏拉图虽然反对文字，但是他实际上受益于文字[1]。因为文字把他的思想外化，而外化的一个结果就是便于反思，人类的这种反思对人类早期的知识积累无疑有很重要的作用，对教学来说，这种反思能力帮助学生拥有了更强的分析能力，教学内容与教学方法才有了更多的拓展空间。

当然，文字在使人类经验和知识迅速传播的同时，也让知识脱离其产生的生产实践情境，教学从此走入了一条依赖文字的不归路，这也给后世的教学带来很多困惑，杜威等人的努力实际上就是对此做的部分修正。

三　印刷术与教学

讲到印刷术对教学的影响，它在本质上与文字对教学的影响没什么区别，但是它反映了文字影响教学的另一个维度。在文字诞生之后的若干个世纪，由于书写技术的落后，口语文化一度得以复兴。在欧洲，罗马帝国衰亡以后，日耳曼部落相互攻伐，建立彼此的王国，并且政权时常更替，这种混乱多变的政治局面，使原先罗马人在欧洲建立的基于书面文化的政权形式难以为继，取而代之的是更古老的基于日耳曼部落口语传统的政权形式。这样的一种政治变迁产生了一个戏剧性的效果，由于读书写字的外部动力失去，一般人的文化水平戏剧性地降低，学术活动停滞不前，史学家称这个时期为黑暗时代。

---

① 沃尔特·翁：《口语文化与书面文化：语词的技术化》，何道宽译，北京大学出版社2008年版，第20页。

口语文化的复辟表明了单有文字这种技术还是不能改变世界的图景，笔与纸创造的文化其影响范围与持续性还是很有限的。古希腊最大的图书馆坐落在尼罗河岸，这是因为尼罗河边的莎草纸取之不尽，可以想象那些纸笔的来源不是很方便的地方文字能够起到的作用就非常有限了。总之，与口语文化相竞争的时候书面文化所赖以生存的笔与纸是其最大的瓶颈，因此，当欧洲人发明了印刷术并结合从中国传入的造纸术一举改变了西方文明的走向。但是与造纸术相比印刷术在其中起到了更为重要的作用，因为没有印刷术，单纯的造纸术是不可能引起如此巨大的改变的，所以这场革命就以印刷术来命名。爱森斯坦用了 15 年的时间回顾了这段历史，并用 70 多万字对印刷术导致的文化变迁做了详细描述，这里仅作简单勾勒[1]：

（1）印刷术导致了书籍产量的显著增加，以及书籍生产的周期变短。书籍生产效率的提高，一方面使出版变得容易，因而就能够把最新的思想以最快的速度发表出去，另一方面则是能够让更多的人更方便地接触各种知识。由于很多读者本身就是作者，所以书籍生产效率的提高也提高了这种借助书籍的交流数量与质量，难怪有人说，16 世纪欧洲经历了一场知识爆炸。

（2）印刷术导致图书的标准化。在手抄书时代，大学的教材实施了"分工抄写"的工作机制，也就是说把范本拆开来分成几个片段分别让人抄写，以此来提高抄写速度以应付教学的需要。但是可以想象的是，手抄书时代完全一致的范本是不存在的，同时，每抄写一次引入的错谬却是随机存在的，这就造成了图书内容的不一致。虽然，机印书时代排印工也会造成图书的错误，但是可以通过统一的勘误表对此进行弥补。与此相比，手抄书时代千奇百怪的错误则让人防不胜防。让分散在不同地方的人同时读到完全相同的书，这在以前手抄书时代是不可想象的事，印刷术做到了。

（3）印刷术也导致了字母表在文献索引中的广泛应用。在 16 世纪印刷术诞生之前，西方还不习惯用字母表来为手头的材料排序。大多数的图书收藏者喜欢自己编制图书索引，即使百科全书的编撰者也还把用字母表

---

[1]　伊丽莎白·爱森斯坦：《作为变革动因的印刷机：早期近代欧洲的传播与文化变革》，何道宽译，北京大学出版社 2010 年版，第 26—95 页。

来为词条做索引看作一项高深的技术活。但是随着印刷术的普及，书商的贸易竞争让按字母表顺序组织起来的售书书目成为书商的牟利的噱头，为了吸引买者，同时为了牵制竞争者，书商用字母表把他们所销售的图书目录整理得让人更为清晰易读。此后的词典、法律书都开始用字母表的方式来整理。当然书目、索引之类的文献工具的广泛使用也与纸张的使用有关，纸张的使用使图书的成本与制作这些非图书内容的成本大为下降，书商们为了他们的销量，便开始为图书增加这些有助于阅读的工具性的东西。

（4）印刷术推动了图书的改进与知识的积累。在印刷术产生的初期，由于片面的逐利也曾导致机印书中的错谬增多，但是由于机印书的标准化，也让这些错误改正的机会更加大了，书商们建立了庞大的通信网络，鼓励读书人对各个图书版本进行批评，以此收集错误信息，以便于在新的版本中改正这些错误。于是在作者与读者之间进行的这种交互不自觉地促进着图书的修订或增补，从某种意义上也促进了知识的进步。因为读者与作者之间的批判互动，其背后还推动了科学调查，所以爱森斯坦说，印刷术是早期近代学术和科学发展的必要前提。

（5）印刷术的固化功能和累积性变化。印刷术最重要的特征就是它的保存力量。在印刷术之前，即使人工抄写多么地细心，但是这个过程中引入的些许错谬，在不断地誊写副本中被持续地放大，经过多次抄写副本，最终书的内容难免出现偏离。但是自从印刷机被发明之后，书本的内容可以原样不动地进行传播，通过这些副本的保存印刷术起到了内容的固化作用。同时，通过大量散发副本使书本的内容被大众所熟悉，这也是印刷术的另一种保存能力。此外，通过印刷文本的传播，一些语言文字偏离的状况得到了抑制，这在欧洲一些主要语言的标准化中印刷术功不可没。欧洲当时的王国使用民族化的语言来替代拉丁语，特别是在语法学校的初级教育中，儿童使用在家自然学会的母语而不是拉丁语，因此他们的母语就能够得到进一步强化，民族语言由此形成，而在这个过程中印刷术主要就是使这些民族语言纯洁化与典范化。

（6）机印书的放大和强化效应。印刷术的发明让图书出版变得更为容易，于是一些完全相同的段落、诗歌和箴言越来越频繁地得到重复，并且这种重复并不是来自原著的再版，而是新作的引用。正如罗伯特·默顿所说的，把巨人的语言变成了侏儒的陈词。新的作者在撰写自己的著作时，不自觉地引用古老著作里的思想的时候，实际上就把这些旧的信息进行了放大与强化。当然，由于这种放大强化是在语言的边界内的——操持不同语言的人不可能受此影响——因此，王朝、城市与教会也在其边界范围内更加稳固了。

（7）社会变化和心理变化。大量的书籍使人们能够有机会自己来阅读，于是社会大众从聆听性公众转变到阅读型公众。正如麦克卢汉在"印刷人的诞生"中所讲到的，由于印刷术的出现，人的思想与社会都受此影响。在印刷术出来前，人们通过周末去教堂做礼拜从而进行相互交流，包括本地新闻、外国事务以及其他一些俗世的事务，但是自从有了印刷术，新闻的采集与流传就交由世俗的机构去处理了，这个最终导致了地方社区纽带的削弱。从这个例子也可以看到，阅读型公众在地理分布上更加分散，并且更具个性化，同时他们在本地社群的团结上面有所减弱，但是对远方事务的间接参与却增多了。

总的来说，印刷术发明的第一个百年主要是思想的发酵期，各种跨文化的交流刺激着各种思想活动。印刷商给读书人提供了更加丰富多样的书籍，这远非过去的抄书人可以比拟。因此，16 世纪经历了一个知识爆炸的时代，"整个世界都充满了有学问的人、很能干的老师、宏大的图书馆……柏拉图、西塞罗的时代都没有这么好的学习机会"[1]。由于印刷术使书面信息传输的效率极大提高了，大学里的工匠靠自学得到了新的学习机会，而大学生们则有机会超越自己的老师，他们不再依赖于教师的传授，他们靠自己就能够掌握知识，并在教师的眼皮底下偷偷写书，据说丹麦的天文学家第谷·布拉赫在成名之前就是这么干的。近代早期的学术和科学领域都取得了大量的创新，印刷所吸引了大量的学者和文人，促成了艺术家和学者、实践者与理论家的交流，这种交流对近代早期的科学成就起到了不可磨灭的作用。

爱森斯坦总结印刷术带来的变化说[2]：我们日益依靠讲规律的书，而不是凭经验办事；我们靠阅读学习，其代价是通过听讲解和实干的学习受到削弱。……印刷术促使我们反对在死抄书的基础上建立起来的死读书，而且促使许多观察者用普遍接受的规律去检验新鲜记录的数据。

---

① 伊丽莎白·爱森斯坦：《作为变革动因的印刷机：早期近代欧洲的传播与文化变革》，何道宽译，北京大学出版社 2010 年版，第 43 页。

② 同上书，第 41 页。

技术在更替的过程中总是会带出一些困难，通过阅读就能获取知识以后，口语文化时代的记忆术地位就下降了，人们不用靠韵律与重复来保存知识了。但是与其带来的利益相比，这还是值得的，芒福德在评价印刷术对人类的作用的时候说："与口头语言的冗长啰唆相比，印刷的快捷性和经济性完全可以弥补因为印刷品导致的某些人类优点的丧失。"① 因为"我们对于不会读写所带来的障碍怎么高估都不为过；因为这限制了人们与世界的联系，是对文化的隔离和囚禁，是人类发展的重大灾难。"② 所以"从活字印刷开始的印刷术的发明，对我们人类文明的影响至关重要，其作用仅次于钟表"③。

印刷术对教育的影响体现在公共教育的兴起，它给公众提供了更多更好的受教育机会。王伦信在《从印刷术的应用看媒介演进对教育的影响——技术向度的中国教育史考察之二》一文中提出印刷术导致了北宋初年书院勃兴，也带来了教育的普及④。这种教育的普及带来的一个重大的社会影响就是神童、才女非常多，著名的《伤仲永》讲的就是北宋的一个神童的故事。这与印刷术进入欧洲后，16 世纪的欧洲群星璀璨惊人的相似。而现代公共教育的起点也大致在此时，以马丁·路德的宗教改革为契机，教育的权力发生了从教会到国家的转移。在博伊德的《西方教育史》中我们看到，马丁·路德、菲利普·梅兰克顿、约翰·喀尔文等为此做出的努力⑤。

四　电子媒介与教学

所谓电子媒介主要是指广播、电视、电影、录像等，出现在印刷术之后，计算机之前，主要依靠电子技术及其产品进行信息传播的媒介。电子媒介的一个最重要的后果就是极大地提高了信息传输的效率。

电报作为电子媒介时代早期的一个代表首先在"运输"与"通信"

---

① 戴维·克劳利、保罗·海尔：《传播的历史：技术、文化和社会》，董璐、何道宽、王树国译，北京大学出版社 2011 年版，第 118 页。

② 同上。

③ 同上书，第 114 页。

④ 王伦信：《从印刷术的应用看媒介演进对教育的影响——技术向度的中国教育史考察之二》，《华东师范大学学报》（教育科学版）2008 年第 12 期。

⑤ 博伊德、金：《西方教育史》，任宝祥、吴元训译，人民教育出版社 1985 年版。

之间划出了界限，而在此前这两者是同一的，因为通信就是信息的传输，而实物信息的传输主要就是通过交通运输来实现。电报的发明使信息可以独立并快于物理实体的移动，于是，信息与运输就分离了。把信息的传送与实物的传送相分离，产生了一个重大的后果就是人们传送信息的效率得到了极大的提升，这无疑是电子媒介时代带来的最重大的后果。

电子媒介诞生以后就有两个发展方向，第一个方向就是其中传输的信息由抽象的符号向具体的形象发展。最初的电报发送的信息主要是基于符号的，这种符号并不能直接被用户所识别，因而需要有专门的解码，但是随着技术的发展，从原来的符号进化成声音，直至最后的声像，信息的传输越来越接近现实的需要。这是电子媒介的第一个进化维度；电子媒介的第二个进化维度则是从信息传输的同步性向异步性进化。电子媒介的发明首先让人摆脱了空间的束缚，各种无线电信号几乎无孔不入，所以不同地域的人能够几乎同时接收到相同的信号，但是这种情况下因为是同时性，大家只能在确定的时间做确定的事，所以时间的限制还是存在的。但是录像机技术改变了时间的限制，它可以通过录像技术来突破信息传输的同步性。总之，在电子媒介时代人们已经实现了突破时空限制的技术，这对于教学来说，为教师与学生的分离提供了条件。

由于电子媒介的不同发展方向，使电子媒介对人类思维的影响也产生了不同的后果。

伊尼斯首先意识到传播媒介对知识在时间上与空间上的传播产生影响[1]，如某些笨重而耐久的传播媒介，存在于其上的知识能够比较好地得到保存，同时又难以搬运，所以它使知识能够在时间上纵向传播而难以在空间上横向传播。而轻便如纸的媒介，虽然能够方便地把知识传向更远的地方，但是不易保存，因而与前面的那种传播媒介产生了不一样的传播偏向，即容易在空间上横向传播而难以在时间上纵向传播。

尼尔·波斯曼认为一切媒介都有思想情绪的偏向、政治的偏向、感知的偏向、社会的偏向和内容的偏向[2]。如电视中吸引人的地方在于它的图像，这也是电视制作时所要强调的地方，这样电视就出现了某种偏向——

---

① 哈罗德·伊尼斯：《传播的偏向》，中国人民大学出版社2003年版，第27页。

② 林文刚：《媒介环境学：思想沿革与多维视野》，何道宽译，北京大学出版社2007年版，第192页。

图像压倒了听觉。无论在新闻节目还是娱乐节目中，语言的重要性被图像取代，但是要知道语言是思想的基础，当语言不再受重视的时候，思想也就被忽略。

电视大概是电子媒介时代最显著的媒介，它具有强大的说服力，从而能够改变人们的行为与观点。埃德蒙德·卡朋特曾经用一个故事来证明这种说服力①。一对波兰夫妇在多伦多定居多年，但仍然保留着他们在祖国的很多的习惯。他们的儿子试着让他父亲穿一些时尚点的衣服，让他母亲在生活方式上与加拿大人接近点，但是都不成功，然后他就送了他们一台电视机。结果几个月过去后，他们家里发生了很大的变化，他父亲穿上了电视上商务人士常穿的西装，他母亲也开始聊电视上的那些八卦。电视轻易地就改变了人，它从提供了我们要看的东西开始，进而改变了我们看东西的方式。布尔迪厄在《关于电视》里面揭露电视是反民主的象征暴力实际上也可以从这里开始理解，由于电视能够让人在不知不觉中改变自己的行为与思想，同时电视的内容又是带有偏见的眼光审视出来的，结果电视节目体现出来的偏见以一种偏见的实施者与承受者都意识不到的方式实现了。布尔迪厄以社会学的方式揭示出人们不曾注意到的问题，实际上媒介研究专家们早就把它当作了常识。

埃德蒙德·卡朋特等人曾经在多伦多大学进行过一个实验用以验证人们对不同媒介的偏好②。他们把 136 名学生根据上一学年的成绩平均分成四组，分别以不同的方式去听同一个语言学讲座（讲座的内容对这些学生来说是不熟悉的），这四种方式分别是：（1）在电视演播室里听和看讲座；（2）在电视上听和看讲座；（3）通过广播听讲座；（4）直接阅读讲座稿。讲座结束后，每个学生要完成一张试卷以测试他们对讲座内容的掌握。实验的结果证明，参与者对各种媒体都有着自己的倾向，或者赞同或者反对。在这次试验中，卡朋特等还发现，在课堂中与在电视上做讲座有很大的不同。首先，在电视上做讲座节奏明显快于课堂上，课堂上教师讲课经常会有重复，同时在课堂里教师也更容易引出一些相关的话题来发挥。而在电视上往往都是直奔主题，很少有时间去谈一些补充性的内容，

① 戴维·克劳利、保罗·海尔：《传播的历史：技术、文化和社会》，董璐、何道宽、王树国译，北京大学出版社 2011 年版，第 336 页。

② 同上书，第 337 页。

电视上半个小时的内容，课堂上往往需要 2 小时才能完成。其次，电视的抽象功能也与其他传播方式不同。文字在转述口语的时候由于去掉了一些手势与语气，因而会让人显得客观、中立。广播如果缺乏了故事的曲折情节与声音的顿挫也会失去魅力。而电视不能采用广播的稿本，因为电视提供的视觉辅助把冗长的对话与旁白消解了。

尼尔·波斯曼与卡米尔·帕格里亚曾经有一次针对电视与印刷术的对话[①]。成长于前电视时代的波斯曼认为印刷书的阅读是一个从左至右的线性过程，在阅读的过程中让我们形成逻辑思维，教会我们推理，但是电视上出现的任意的、不连续的图像则会瓦解我们的逻辑思维，让我们失去深度思考的能力。而帕格里亚则强调电视上无逻辑的内容呈现正是超现实主义的风格，就像我们的生活，"你离开饭店，被从天而降的空调砸死。龙卷风袭击野餐的人"[②]，生活中的事情往往就是没有理性约束的，电视上的东西比任何书本上的东西更接近于人的生活。但是他们两人都认同我们的学校需要强化我们文化中理性的一面，因此，应该让孩子们少看电视。

实际上，电视与印刷术的差异与人脑的偏侧优势有关，侧重理性、逻辑、数学、分析的左脑模式跟书面传播模式，特别是印刷书有关，而侧重感性、直觉、模式识别、整体性的右脑模式则跟口语传播与电子媒介，特别是电视有关。Krugman 曾在通用电气公司进行了一系列实验，对看电视与看书的脑电波模式进行比较[③]。通过让被试看电视广告与阅读文字广告，Krugman 发现，无论电视内容是什么，看电视的脑电波都呈现一个独特的模式，与看书的脑电波截然不同，从而他断定大脑看电视时的反应主要是针对电视这种媒介而不是对电视广告的内容的反应，这可以说是麦克卢汉"媒介即讯息"的一个佐证。同时 Krugman 也发现，在人看电视的时候对电视的回应是被动的，主要是慢速脑电波构成的，而在看书的时候则大脑表现比较积极，主要由快速脑电波构成。也就是说，阅读的人需要

---

① 尼尔·波斯曼、卡米尔·帕格里亚：《两种文化——电视对阵印刷术》，戴维·克劳利、保罗·海尔：《传播的历史：技术、文化和社会》，董璐、何道宽、王树国译，北京大学出版社 2011 年版，第 368—383 页。

② 同上。

③ Krugman. Brain wave measures of media involvement. Journal of Advertising Researh，1971（1）：3 - 9. 转引自罗伯特·洛根《字母表效应：拼音文字与西方文明》，何道宽译，复旦大学出版社 2012 年版，第 174 页。

调动脑力积极参与到文字内容中去，否则与书本的交流就会中断。而看电视的人是被动地接收信息，较少地花费脑力与电视中的形象交流，因而减少了注意力的投入，容易让人的注意力分散。所以长期看电视所形成的注意力不集中对书面阅读是有害的。而且电视媒介由于媒介特性使其对在其中的内容裁剪上也有新的要求，如有人注意到为了激发观众的注意力，电视画面需要经常有一些动作，所以他们经常性地使用一些剪辑手法来给电视画面造成动的效果，同时电视画面变换的节奏也要变快。所以，当儿童习惯了电视上生动而快节奏的内容呈现方式后，对乏味的文字阅读就会自然地缺乏兴趣。

当然，上述对电视的教育批判是基于传统教育的，实际上人类历史上出现的各种不同的媒介，它们相互区别、相互替代、相互排斥，但是对教育来说那就是提供了不同的教学环境，本质上没有多大的区别。正如麦克卢汉父子提出的媒介定律，媒介的演化必然带来了"提升、过时、再现与逆转"的效应[①]。新媒介的诞生总是在某些方面提升了原有媒介的功能，同时使一些媒介过时，但是从功能上它们是过去某些媒介的再现，当新媒介发展到极致的时候总会又有更新的媒介来取代它，从而发生逆转。我们说印刷文化消灭了口语文化，但是电子媒介的应用又催生了所谓的"次生口语文化"。沃尔特·翁认为，由于"次生口语文化"也是一种口语文化，因此它也具有与"原生口语文化"一致的特征，如作为一种口语文化它通过聆听者群体的形成，容易形成强烈的群体感。所不同的是，次生口语文化所产生的群体从规模上比原生口语文化产生的群体大得多，而且从地理上来看分布也广得多，这也是麦克卢汉"地球村"的由来。其次，原生口语文化时代人们的群体心态的形成，主要是他们没有其他选择，因为那时候没有文字，他们也就失去了转向内部世界的机会。但是到了次生口语时代，人们已经经历了文字与印刷文化的洗礼，转向内部世界已是完成时，这个时候他们转向外部世界则是一种自觉行为，他们精心策划将要发生的事，以使这些事情看起来是完完全全自然而然的。

---

① 埃里克·麦克卢汉、弗兰克·秦格龙：《麦克卢汉精粹》，何道宽译，南京大学出版社2000年版，第566—567页。

五　信息技术与教学

严格来说，信息技术也是属于电子媒介的，但是考虑到信息技术对教学的一些特殊意义，我们把它从电子媒介中分离开来单独撰写。

人类早期，凭着先天丰富的感觉器官，人们的传播手段是整合的，人们一边说话，一边做着手势，表情也很丰富。但是文字、印刷术、广播等技术产品开始把作为整体的传播割裂开来了，人们学会了所谓的分析思维，并且在这种思维习惯的影响下，传播也出现分裂，人们的感知系统也不再相互协调。直到电子媒介的后期，整合人们多种感官的传播方式再一次出现，而信息技术则可以说是对电子媒介的一种新的整合。如果说在电子媒介时代，各种传播媒介有趋向整合的意图，那么信息技术则把多种传播方式完全整合起来了。

按照麦克卢汉的说法，媒介是人体的延伸，那么文字与印刷术是视觉的延伸，广播是听觉的延伸，电视则是视听觉的综合，而信息技术则往往被看作人脑的延伸。虽然前面这些媒介通过影响人的知觉方式最终也成功地影响人的思维方式，但是电脑的出现，它能够部分地替代人脑的功能，这是前面的媒介所无法比拟的，因此我们在这里专门讨论信息技术与教学的问题。

信息技术进入教学首先就是以教学工具的角色进入的。1953 年，斯金纳参观他女儿的学校发现很多小学生都愿意回答问题，但是不是谁都有机会回答，而且学生即使回答了教师也不一定及时给予反馈。他认为这种教学方法不符合他的理论，于是就开发了一套有别于传统教学法的程序教学法。这种教学法在 20 世纪五六十年代非常流行，随之而来的是教学机器的流行。20 世纪 60 年代初伊利诺伊大学的 PLATO（Programmed Logic for Automatic Teaching Operation，程序化的自动教学操作）项目就是应用计算机来实施程序教学的项目。与它同时代的还有 TICCIT（Time Shared Interactive Computer Controlled Information Television，分时交互式计算机控制信息电视）项目与斯坦福大学的 CAI 项目。这些项目大概是人类历史上最早把计算机应用于教育的，其初衷无非就是为了实现普莱西、斯金纳等所说的程序教学能够提高学生学习成绩、减少课堂教学时间的效果。20 世纪 70 年代后，程序教学渐渐从学校教育中撤出，但是在军事训练与职业培训中还是发挥着重要作用，同时它们内在的一些思想还是保留了下来，如强调学生的重要地位，小步子、及时反馈等原则也在个人电脑时代的计算机课件中广泛运用。只是随着电脑功能的强大，电脑中的教学软件不再满足于程序教学的那一套模式，走向了更多的可能，如用电脑模拟的方式来展示一些不常见的现象，用微型世界来营造学生探究的环境，用游戏来增加学习过程的乐趣。

信息技术作为教学工具实际上还有作为教师"教"的工具还是学生"学"的工具的区别。当作为教师的工具的时候，这就要求教师掌握信息技术，如上面提到的 PLATO 与 TICCIT 项目中，教师根据程序教学的做法需要编写大量的习题，这就要求他们掌握一门特定的语言以编写出能够让计算机识别的习题，而学生使用过程中则比较少涉及复杂的计算机操作。但是仅仅把计算机当作教师教的工具，这对计算机的教学潜能的挖掘是远远不够的，而且计算机在当作教师教的工具的时候往往遵守的是效率规则，就像程序教学就是希望高效地让学生会做更多的习题，但是也使学生损失了很多进一步学习的机会，普莱西很早就意识到学生学习过程中的错误实际上是有教育价值的，而程序教学让错误尽量少的做法无疑让学生失去了很多从错误中学习的机会。所以在后来的研究中，特别是建构主义理论的引入使人们更多地转向把计算机当作学生学的工具，如 20 世纪 80 年代开始 Scardamalia 与 Bereiter 就根据知识建构的教育学理论设计并开发了一个计算机支持的有意学习环境（Computer Supported Intentional Learning Environments，CSILE），该平台被认为是第一个基于网络的协作学习平台。1995 年该平台重新设计后改名为知识论坛（Knowledge Forum），学生通过该平台可以通过讨论等方式建构新的知识，也就是所谓的协作式知识建构。

就像我们上面说的，当学生需要通过计算机来学习的时候，学生的计算机应用意识与能力就是教育不得不考虑的一个东西了。实际上，大概在 20 世纪 70 年代，个人电脑诞生后不久，计算机素养（Computer Literacy）概念就被提了出来，这是信息技术从教学工具走向教学目的的开始。计算机素养最初被定义为如何使用计算机，但是 Moursund 认为应该关注计算机应用所带来的社会影响①，Bright 则认为计算机素养就是能够对计算机

① Moursund D. What is Computer Literacy? Creative Computing，1976（6）：61. 转引自 SAET-TLER P. The Evolution of American Educational Technology. Denver：Libraries Unlimited Inc，1990：461.

编程并用其来解决一些简单问题①。实际上计算机素养的概念在当时是很难统一的，因为对当时的人来说计算机还是一个很少见的东西，大家很难想象计算机素养里面所涉及的东西。不过关于计算机素养的探讨基本上沿着 Moursund 与 Bright 开辟的道路，前者更多地关注计算机应用的社会影响，而后者更关注计算机能做什么。这也是后来讨论信息素养的流派时分成计算机文化论与计算机工具论两派的源头②。

信息技术不管是作为手段还是目的，在教学中还是产生了深刻的影响。洛根在《字母表效应：拼音文字与西方文明》一书的末尾提出了微电脑对工作与学习所带来的 9 种重要影响③：（1）微电脑战胜电视成为争夺成人和青少年注意力的第一种媒介；（2）微电脑作为一种互动式媒介，具有促进探索和发现的潜力；（3）微电脑推进教育活动尤其是继续教育，因而能解放师生未开发的潜力；（4）微电脑是理想的媒介，能提供并促进个性化学习和个性化的工作效率；（5）微电脑和互联网有助于养成面对学习和工作的积极态度，有助于推进积极的自我观念；（6）微电脑具有深刻改变课堂教学范式的潜力，有可能改变师生的互动；（7）微电脑是学校草根层引进的第一种教育技术；（8）微电脑是整合课程设置的理想媒介；（9）微电脑成为改革的动因，挑战等级森严的控制—指令结构观念。

我们认同洛根的所有观点。确实，信息技术在宏观上对人类社会的民主化具有强大的促进作用，它与生俱来的后现代性是草根挑战权威的利器，同时，在微观上它又能提高人类的认知加工能力，帮助人类把宝贵的脑力运用到更加高级的问题上。此外，它突破教学时间与空间的限制，网络上信息资源的极大丰富都将给教学带来翻天覆地的变化。

六　对媒介的理解

人类历史上的技术进步，从分类上来说经历了物质技术的进步、能源技术的进步以及信息技术的进步。由于教育是关于人的事业，物质技术与

---

① George W. Bright. What is Computer Literacy? Creative Computing, 1976（6）：55. 转引自 SAETTLER P. The Evolution of American Educational Technology. Denver：Libraries Unlimited Inc，1990：461.

② 王吉庆：《信息素养论》，上海教育出版社 1999 年版，第 116—120 页。

③ 罗伯特·洛根：《字母表效应：拼音文字与西方文明》，何道宽译，复旦大学出版社 2012 年版，第 185 页。

能源技术对此并不能直接有所助益，因而前两者的进步对教育影响不大。只有信息技术①的发展，它极大地拓展了人的肢体乃至智力方面的能力，才开始对教育产生了重大的变革。在本节我们挑选了人类历史上迄今为止的5种重要信息技术，探讨了它们对教学的影响，其中一些具体的观点就不在这里重复，下面是我们对媒介的一些理解。

首先，媒介是相互冲突的。在上面我们看到，不同的媒介带来了不同的社会文化，也塑造了不同的思维方式，进而影响到这个社会的教学。譬如，在现在的学校中，我们把学生快速掌握阅读与写作的方法作为其进一步学习与成人生活的准备，这种思路带有明显的书写文化的痕迹。考虑到目前刚刚处在从书写文化进入电子文化的过程中，这也是自然的。但是从口语文化的角度来看，阅读与写作并不重要，因为那时候并没有用作记录的文字，那时候教阅读与写作根本就是匪夷所思。就像我们现在教计算机文化、信息素养，这些概念在它们被提出的早期又何尝有多少人理解与拥抱呢？媒介的相互冲突必然在新媒介诞生的初期使它的普及带来巨大的阻力，但是历史的洪流浩浩荡荡，又岂是个人的意志所能阻挡的。

其次，媒介是相互补充的。媒介的新陈代谢中，新媒介的出现往往都是对原有媒介的某种不满，发明文字是对口语不能保存的缺点的改进，印刷术是对抄写不标准与慢速的改进，电子媒介让信息传播得更快。但是在这种媒介进化过程中，我们即使不能说有矫枉过正，也存在着原有媒介对新媒介起到了互补的作用。伊尼斯在讨论传播的偏向的时候充分地阐述了这个原理，一个社会仅由时间偏向或空间偏向媒介主导，其存在肯定不能长久，或者说一个由时间偏向媒介主导的社会必须要有若干空间偏向的媒介的辅助才能让这个社会稳定长存，反之亦然。麦克卢汉也强调媒介之间存在着互补效应，他认为"一个理想的文化应该是一切人造物促进感知比率平衡的文化"②，也就是说每个社会中的媒介它应该保持人的各种感知方式的平衡，单一媒介肯定不能解决所有问题。对我们今天来说，信息技术似乎是全能的，但是它失去的正是我们作为人的全部，信息技术营造的

---

① 信息技术在如今的社会几乎已经约定俗成了，主要是指以计算机科学与通信技术为基础的庞大的技术系统。但这里的信息技术是指更加广泛意义上的管理信息与处理信息的技术，语言、文字、书籍等都在这广义信息技术之列。

② 林文刚：《媒介环境学：思想沿革与多维视野》，何道宽译，北京大学出版社2007年版，第134页。

虚拟世界必须要有现实的人参与才有意义。

最后，人是媒介的原点。虽然由于技术的介入，我们现代人的生活已经跟原始人的生活大相径庭，不可同日而语，但是人类生活早期的印记还是影响着我们。虽然我们现在有文字，用电信号甚至用光信号来传递信息，但是人类初期的口语交流在当前社会依然不可或缺。所以，哈夫洛克在谈到当前的教育的时候认为对儿童的培养需要让其体验口语文化时代的东西，"儿童的培养在某种意义上应该寄望于重新体验人类的口承天赋及其情境——也就是说，书写教学的实施可以假设为：以歌唱、舞蹈和背诵的课程为先导，而后以这些口头艺术伴随后续的指导"①。我想哈夫洛克的这个观点更重要的是提醒我们，不管技术有多发达，对教育来说人类原初时代的东西是我们在技术时代生存的基础，我们需要洗尽技术这个铅华，回到人类身体原初的那种震颤。

第三节　身体与教学

技术的使用总是以身体为基础的，所以当在教学中使用技术的时候，身体与教学也联系起来了。在上一节我们看到了媒介（技术）通过改造身体而改造了教学，在这里我们继续讨论身体如何承载技术来影响教学。

一　身体理论

身体是什么？身体是灵魂的羁绊，苏格拉底抑或柏拉图如是说。在《斐多篇》中，斐多讲述了苏格拉底的最后时刻，当时苏格拉底虽然已经被判处了死刑，但是他还是有机会逃离这个处罚，但是在死亡面前苏格拉底说："死亡只不过是灵魂从身体中解脱出来，对吗？死亡无非就是肉身与灵魂脱离之后所处的分离状态和灵魂从身体中解脱出来以后所处的分离状态，对吗？除此之外，死亡还能是别的什么吗？"② 因为身体是灵魂的羁绊，所以"当灵魂能够摆脱一切烦扰，比如听觉、视觉、痛苦、各种快乐，亦即漠视身体，尽可能独立，在探讨实在的时候，避免一切与身体的

---

① 埃里克·哈夫洛克：《口承—书写等式：一个现代心智的程式》，巴莫曲布嫫译，《民俗研究》2003 年第 4 期。

② 柏拉图：《柏拉图全集（第一卷）》，王晓朝译，人民出版社 2002 年版，第 61 页。

接触和联系，这种时候灵魂肯定能最好地进行思考。……只要我们还保留着不完善的身体和灵魂，我们就永远没有机会满意地达到我们的目标，亦即被我们肯定为真理的东西。"① "如果我们要想获得关于某事物的纯粹的知识，我们就必须摆脱肉体，由灵魂本身来对事物本身进行沉思。从这个论证的角度来判断，只有在我们死去以后，而非在今生，我们才能获得我们心中想要得到的智慧。如果有身体相伴就不可能有纯粹的知识，那么获得知识要么是完全不可能的，要么只有在死后才有可能，因为仅当灵魂与身体分离，独立于身体，获得知识才是可能的。"②

苏格拉底的慷慨赴死代表了西方思想的源头上心灵对身体的压抑，身体在他们看来不但一文不值还是有害的，所以苏格拉底的死宣告了身体在思想史中被遗忘与践踏。实际上我们也知道，苏格拉底是较早地主张把哲学研究从对自然的关注转向了人自身的研究上的，从上面斐多的复述中我们也看到他区分了灵魂与身体，并把两者对立起来，人类思想史上的身心对立的问题在这里就已经开始。

但是把身心对立、物质与精神二元做到极致应该归功于笛卡儿。作为一名有所建树的数学家与物理学家，他用科学的方法进行哲学研究。他怀疑一切，试图把一切阻碍理性应用的东西排除在外，进而找到其哲学推论的出发点——那个不可以被怀疑的最初前提——"我怀疑"这件事，同时，作为思想者的"我"是一个实在的东西，笛卡儿称之为心灵。是心灵在认识而不是身体在感受，是心灵之"眼"在认识而不是肉体之眼在认识，这是笛卡儿认识的起点：

> 因为，既然事情现在我已经认识了，真正来说，我们只是通过在我们心里的理智功能，而不是通过想象，也不是通过感官来领会物体，而且我们不是由于看见了它，或者我们摸到了它才认识它，而只是由于我们用思维领会它，那么显然我认识了没有什么对我来说比我的精神更容易认识的东西了。③

---

① 柏拉图：《柏拉图全集（第一卷）》，王晓朝译，人民出版社 2002 年版，第 62—63 页。

② 同上书，第 64 页。

③ 笛卡儿：《第一哲学沉思集》，庞景仁译，商务印书馆 1986 年版，第 33 页。

认识是心灵的而非身体的功能，也就是说，在笛卡儿的设想中"我"的存在是一种不依赖于身体的存在，身体的存在是一个可疑的事情，在本体论上只有思考着的"我"存在：

> 我断定，我是一个实体，其整个的本质或本性仅仅是思考，而且为了存在，它不需要空间，也不需要任何物质的材料。故此，这个自我、这个灵魂——是它们使我成其为我——整个地不同于身体，它要比后者更乐于去认识。[1]

总的来说，在笛卡儿看来人的心灵是一个没有形体，也不依赖于身体的存在，而人的身体则是一个没有思想的物体。这样笛卡儿在无限拔高人类心灵的认识能力的同时，把人的身体庸俗化为机械的物体，这种身心对立的二元论为近代以来身体理论的发展奠定了一个发展的坐标。

笛卡儿之后，斯宾诺莎的身心平行论、帕斯卡的实践哲学以及尼采的哲学里都体现了对笛卡儿身体理论的反动，尼采的思想甚至被看作当代身体思想的转折点[2]。但是 20 世纪最重要的身体理论的桂冠却应该归于梅洛–庞蒂的身体现象学，它不但系统呈现了一种身体理论，而且还对之后的一些重要的身体理论产生了直接影响。

梅洛–庞蒂不满笛卡儿身心两分以及需要全能的上帝才能实现两者相互沟通的说法，因为上帝在这里只不过是一种人为的设定，因而不是自然的，所以他提出了他的解决方法，即从现象学的立场，把人看作通过一种前反思的知觉而与世界相连的存在。由此，身体在他这里得到了一种基础性的地位。

在梅洛–庞蒂看来，身体既不可以用生理学来解释，也不可以用心理学来解释的。如果可以用生理学来解释，那就是把身体看作了物体，身体的行为是一个刺激反应的过程，外在物体在身体上起作用，感官把这些作用进行整理从而形成知觉。知觉的过程中身体是被动地感受外界的刺激，

---

① 萨缪尔·托蒂：《古典时代有关人类主体拥有自己身体的方式的观点以及笛卡儿对它的反驳》，汪民安、陈永国：《后身体文化、权利和生命政治学》，吉林人民出版社 2003 年版，第 173—174 页。

② 郑震：《身体图景》，中国大百科全书出版社 2009 年版，第 64 页。

因而人的意识与心灵在这个过程中被排除了。但是如果说外在的刺激能够对应地形成知觉，或者说刺激与知觉之间如果说是一一对应的关系的话，现代生理学的一些现象是没法解释的。梅洛－庞蒂在《知觉现象学》中讲到一个中枢神经遭到破坏的人，不管是哪个部位遭到破坏，产生的感受不是说有一种与其对应的知觉消失了，而是一种感觉的慢慢消失，专业的说法就是"功能的去分化"①。比如，颜色的感受性遭到了破坏，它不会马上导致颜色感受的缺失，而是"首先，所有的颜色都有所改变，其基本色调保持不变，但其饱和度逐渐下降；接着，光谱变得简单，归并为四种颜色：黄色、绿色、蓝色和紫红色，乃至所有的短波颜色都趋向于一种蓝色，所有的长波颜色都趋向于一种黄色，此外，根据疲劳的程度，视觉不时发生变化。最后，变成灰色的全色盲，尽管一些有利的条件（对比度，长时间的感受）能暂时恢复二色性色盲"②。此外，幻肢现象也表明不能把身体当作机械的物体用生理学来解释，所谓幻肢现象就是一些被截肢者依然能够感觉到被截去的肢体，甚至能够感到从其上传来的疼痛。因为肢体实际上已经不存在了，所以肯定不是生物性的因素导致这种疼痛。

那么，心理学能否用来解释这个现象呢？梅洛－庞蒂的答案是单纯的心理学也不能解释。当然，幻肢肯定跟心理学有关，因为它由某些情境与情绪引起，跟个人的经历有关。但是生理实验也发现，当把感觉神经切断后，幻肢现象就会消失，所以幻肢也需要一定的物质基础。那么能不能用心理学加生理学的方式来解释幻肢呢？梅洛－庞蒂的答案是否。"因为这两类条件（指生理条件与心理条件）得以共同引起幻肢现象，就像两个组成部分，一个共同的作用或一个共有的场所，我们不知道什么是在空间的'生理事实'和无所在的'心理事实'共有的场所，……只有当我们找到了连接'心理现象'和'生理现象'、'自为'和'自在'并使它们合并在一起的一段，只有当第三人称过程和个人的活动能整合在他们共有的一个环境中，幻肢才可能是这两类条件的混合。"③

既然生理学与心理学都不能解释这些知觉现象，那么什么才能解释呢？梅洛－庞蒂认为现象学的在世存在可以解释。以幻肢现象为例，幻肢

---

① 梅洛－庞蒂：《知觉现象学》，姜志辉译，商务印书馆2001年版，第106页。
② 同上书，第107页。
③ 同上书，第110—111页。

病人能够描述他的幻肢，甚至会假想用幻肢走路。既然他能够描述幻肢，那就说明他对幻肢有一种前意识的知识，只不过这种知识是模糊的、时隐时现的，因而又会出现试图用幻肢走路的现象。所以，在世存在具有一种含糊性，梅洛－庞蒂把它归结为人的身体的两个层次——习惯身体与当下身体①。所谓习惯身体就是指被以往的经历所规训的身体，人在走向新的情景的时候总是被先前的经历所牵制，这就是一个前反思状态下的存在着的隐匿的身体。幻肢病人对幻肢的意识实际上就是这个原本隐匿着的习惯身体的凸显，但是幻肢毕竟不存在，随着时间的消失，新的习惯身体的形成，幻肢现象就会消失。但是我们还有一个让幻肢消失的方法，那就是切断传输神经。由此看来，梅洛－庞蒂的现象学身体既不是纯粹的物质，也不是纯粹的精神，而是超越了身心对立的在世存在。

在本部分我们只涉及了两位思想家的身体理论，即笛卡儿的身心两分理论与梅洛－庞蒂现象学身体理论。实际上关于身体的研究自从20世纪80年代以来有一种爆炸式增长的态势，按希林的说法就有女性主义视角、消费主义视角、治理术视角与技术进展的视角②，每个视角都有大量的研究者与研究成果。对本研究来说，这不是我们的任务也无暇顾及，我们关心的是身体在技术使用中起作用的方式。对上述两个身体理论，严格来说我们更关心梅洛－庞蒂的身体现象学，笛卡儿的身心两分只不过是我们理解后来身体理论的一个坐标，同时它以消极的方式理解身体也让我们在后续讨论技术使用的一些模式时有所启示，但是用现象学的资源来看待技术使用是我们更为关注的。

二　技术使用中的身体

技术只有在其使用的过程中才称其为技术，所以技术的使用是一个非常重要的环节，我们要讨论技术与身体的关系必然要讨论技术使用中的身体。在海德格尔、庄子这些人的著作里，虽然都不是以分析技术中的身体为主要目的的，但是里面却非常生动地描写出了技术使用中身体的一些特征。

---

① 梅洛－庞蒂：《知觉现象学》，姜志辉译，商务印书馆2001年版，第117页。
② 克里斯·希林：《文化、技术与社会中的身体》，北京大学出版社2011年版，第2—5页。

　　如用锤子来锤，并不把这个存在者当成摆在那里的物进行专题把握，这种使用也根本不晓得用具的结构本身。锤不仅有着对锤子的用具特性的知，而且它还以最恰当的方式占有着这一用具。在这种使用着打交道中，操劳使自己从属于那个对当下的用具起组建作用的"为了作"。对锤子这物越少瞠目凝视，用它用得越起劲，对它的关系也就变得越源始，它也就越发昭然若揭地作为它所是的东西来照面，作为用具来照面。①

　　在海德格尔的这个例子中我们看到，理性思维在纯粹使用锤子的身体上是不存在的，或者说在使用技术的时候，理性对身体的影响越少越好。就像他在上面说的，在使用锤子的过程中，使用者最好不要把注意力放在锤子上面，而且你越是不感觉到锤子的存在，你使用锤子就越起劲，你跟锤子的关系也就越趋向于真实，锤子就会把它所是的最本真的一面显示给你看。总之，我们越少地把这个使用中的工具（如锤子）作为一种对象来观照，我们就越能使用好这个工具。与此相似，在《庄子》中"轮扁斫轮"的故事也说出了技术是与身体密切相关的。

　　桓公读书于堂上，轮扁斫轮于堂下，释椎凿而上，问桓公曰："敢问，公之所读者，何言邪？"
　　公曰："圣人之言也。"
　　曰："圣人在乎？"
　　公曰："已死矣。"
　　曰："然则君之所读者，古人之糟粕已夫！"
　　桓公曰："寡人读书，轮人安得议乎！有说则可，无说则死！"
　　轮扁曰："臣也以臣之事观之。斫轮，徐则甘而不固，疾则苦而不入，不徐不疾，得之于手而应于心，口不能言，有数存乎其间。臣不能以喻臣之子，臣之子亦不能受之于臣，是以行年七十而老斫轮。古之人与其不可传也死矣，然则君之所读者，古人之糟粕已夫！"②

---

　　① 海德格尔：《存在与时间》，陈嘉映、王节庆译，生活·读书·新知三联书店2006年版，第81页。

　　② 庄周：《庄子》，孙通海译注，中华书局2007年版，第219—220页。

　　轮扁大胆地说齐桓公看圣人的书是在看古人的糟粕，其背后的依据就是在于他斫轮的经验。他说斫轮应该不快不慢，但是到底多快算快，多慢是慢，这种火候它是用语言表达不出来的，它就存在于轮扁的身体里，即使他想传给他儿子也不行，他儿子想学也学不到。由于这种技术是与身体密切相关的，或者说是依附于特定的人的身体的，所以古圣人所掌握的知识精华已经随着他们身体的消失而消失，流传下来的文字记录只不过是其中的糟粕而已。庄子借轮扁的故事说出了身体承载着技术使用的关键部分，身体的消失将会导致技术的没落。

　　海德格尔的锤子讲到了人类理性对技术应用的限制，身体的觉知才是最真实的觉知，庄子的轮扁则看到了人类身体对技术的限制，他们都是从消极的角度来看待身体对技术使用的限制。而梅洛－庞蒂的知觉现象学则是从积极的角度来看待技术对身体知觉的建构与修饰。

　　　　如果我有驾驶汽车的习惯，我把汽车开到一条路上，我不需要比较路的宽度与车身的宽度就能知道"我能通过"，就像我通过房门时不用比较房门的宽度与我的身体的宽度。[①]

　　梅洛－庞蒂在这些例子的讨论中实际上揭示了身体在运用技术的时候形成了身体图式，这是一种无意识的调节能力。通过身体图式，人的知觉可以通过技术人工物得到延伸，这在梅洛－庞蒂用盲人的手杖来说明时更为明显。

　　　　盲人的手杖对盲人来说不再是一件物体，手杖不再为手杖本身而被感知，手杖的尖端已转变成有感觉能力的区域，增加了触觉活动的广度和范围，它成了视觉的同功器官。[②]

　　在这里，盲人的手杖比海德格尔的锤子更为进一步体现了身体通过工具对世界的体认，海德格尔的锤子的运用仅仅获得对锤子的认识，而盲人通过对手杖的运用则是感受到了世界的一部分。

---

① 梅洛－庞蒂：《知觉现象学》，姜志辉译，商务印书馆 2001 年版，第 189 页。
② 同上书，第 190 页。

总之，在上述的例子分析中我们看到了在技术使用中，身体一方面限制着技术的使用，工具要发挥作用总是要结合具体的身体技能，如轮扁斫轮的例子中，里面椎子、凿子的用法完全跟轮扁的身体技能结合起来的，换一个人（身体）这两个工具就不一定能够达到同样的效果。另一方面身体也接受着技术的建构，只有能够熟练驾驶汽车的人才能通过汽车感受到路的可通过性，这种对路的认知是通过汽车的使用建构起来的，同样盲人的手杖也是盲人长期使用后才形成了一种新的觉知世界的方式。

三　伊德的技术现象学

在身体理论与技术使用中的身体的讨论中，我们主要使用了现象学的资源来讨论身体，而现象学的最大问题就是假设了一个主体，它关心的是主体单向的认识，而没意识到观察与被观察之间的互动。唐·伊德在认识到现象学的这些问题后，就以"人—技术"关系为分析焦点创立了后现象学，实际上就是一种技术的现象学研究。在《让事物"说话"——后现象学与技术科学》中他提出了"实用主义＋现象学＋经验转向"的后现象学纲领①，也就是说用实用主义哲学家杜威的"有机体—环境"的分析模式来取代现象学的"主体—客体"模式，然后汲取现象学经验分析中的三个要素——变更理论、具身化与生活世界——作为后现象学的分析工具，当然上述对现象学的修正都是以经验分析作为基础的，也就是所谓的技术哲学的经验转向。

伊德的"人—技术"关系现象学的主要内容是关于人与技术的四种关系，它们分别是具身关系（Embodiment Relations）、解释关系（Hermeneutic Relations）、它异关系（Alterity Relations）与背景关系（Background Relations）②。

"具身关系是我们跟环境之间的关系，在这种关系中包含了物质化的技术或人工物，我们将这些技术或人工物融入我们身体的经验中。这种关系直接参与了我们的知觉能力——在视觉上，我们的视野是由眼镜或目镜

---

① 唐·伊德：《让事物"说话"：后现象学与技术科学》，韩连庆译，北京大学出版社2008年版。

② 伊德：《技术现象学》，吴国盛：《技术哲学经典读本》，上海交通大学出版社2008年版，第373—407页。

为中介的；我们的听觉是由移动电话作为中介的；在触觉上，我们用探头的末端来感觉远处所研究的表面的结构。"① 在具身关系中，人与技术合成为一整体来感知这个世界，就像麦克卢汉所说的"媒体是人体的延伸"一样，在这里技术就像人的感觉器官的延伸，如盲人的手杖、近视的人的眼镜等，这里具身的意思就是指技术加诸于人以增强人在某方面的能力，如眼镜使人的视力好，盲人的手杖提高了盲人感知世界的能力，相当于是其触觉的延伸。简单地说，在具身关系中技术是作为拓展人的感知觉能力而存在的东西，因此在具身关系中，人身体的知觉能力得到了拓展，梅洛－庞蒂的知觉现象学中分析的很多例子就是这种"人—技术"关系。

与具身关系相对的是解释关系，此时技术远离人而贴近世界，技术成为了世界向人展示的界面，人通过这个界面来解读世界，如温度计、血压计乃至太空探测器等。但是解释关系的更进一步的特点就在于，无论是温度计还是血压计，它们的示数本身并不是我们知觉的目的，这些示数实际上是一种构造好的直观，我们可以通过这种直观来感知我们要知觉的对象，这里通过示数来感知的过程，伊德把它比作人类的阅读并解释的过程，如读到温度计的示数是零摄氏度，那么人就会马上做出冷的解释。随着我们的世界高度技术化，人类对世界的把握往往都不是通过感知觉直接感知的，而是通过技术的解读来了解的。如我们开车的速度会有仪器显示它，我们身体不舒服，各种检验仪器会把我们的身体状况翻译成数字，如血压多少、心跳多少等，甚至我们能够知道孕妇怀的是男孩还是女孩。我们说现代人很聪明很大一部分是现在的科学技术发达了，能够比以往更方便地了解我们所处的世界以便能够做出正确的决策。处于解释关系时，人的身体处于一种积极认知的状态，他需要把一些抽象的数字、图标翻译成现实的情形为进一步的行动作参考。

解释关系与具身关系都是一种技术在人与世界之间担当中介的关系。与中介关系不一样的还有它异关系与背景关系。

海德格尔曾经认为使用良好的技术是自我隐藏的，只有技术出问题时才会凸显出来成为对象，伊德认为海德格尔在这里太过武断了，伊德提出它异关系部分的就是因为想纠正海德格尔的偏颇。根据伊德的说法，它异

---

① 伊德：《让事物"说话"：后现象学与技术科学》，韩连庆译，北京大学出版社 2008 年版，第 55—56 页。

关系来自列维纳斯（Emmanuel Levinas）的他异性（Alterity），在他的代表作《总体性和无限性》中他异性意味着人与人之间的根本区别，也就是把其他人作为他者，伊德把这种人与人之间的他异性转借到人与技术的关系就变成了它异关系，很多时候技术对于人来说是准它者（quasi - other），如机器人与电子游戏等。"技术的它者性是一种准它者性，比单纯的对象性要强，但是比在动物和人那里找到的它者性要弱；但是现象学的分析必须侧重于勾画这种关系的正确经验。"① 对于它异关系，我们可以不那么严格地用对象关系来指称它，也就是说技术在这个时候成为了人类关注的对象。在这种关系中，技术可能成为了人类的对手，如与电脑对弈，技术也有可能成为了人类的助手，如机器人可以帮人类完成很多不适合人类完成的工作，所以机器人也是一种很著名的它者，这里的它异关系其实表明了存在一种与人相异的它者，它具有某种独立性。当然机器能不能独立，电脑能不能胜过人脑还是一些有争议的问题，但是它们某种程度上确实具有人的一些特征这是不可置疑的。

以上三种关系中人对技术是直接关注的，在第四种关系中，技术退到背景中，人对技术不是直接的聚焦，伊德把这种关系称为背景关系。"在背景关系中，现象学的考察对象从前景中的技术转入背景中的技术，或者考察接近技术环境的东西。"② 背景技术有两种作用方式，第一种是以不易觉察的方式起作用，如电灯一开起来以后，人们很少会再去关注它，这时候灯就成了一种背景技术，它起作用的时候就自我隐藏，或者如海德格尔所说的仿佛"抽身而去"；另一种作用方式是用技术形成一种人与环境隔离开的屏障，伊德把它叫作技术茧（technological cocoon），简单的如衣服，复杂的有核潜艇乃至太空站。背景技术由于其作用的对象是一种场域，因而其失效会引起重大的后果。如电能作为工业社会的一种基础的背景技术，如果发生长时间断电，那就成了一场灾难。如 2011 年 9 月 8 日晚，美国加州南部、亚利桑那州和墨西哥北部地区大面积停电，致使 500 万居民的日常生活陷入混乱③，平时为人们默默奉献的电力，一旦它不高

---

① 伊德：《技术现象学》，吴国盛：《技术哲学经典读本》，上海交通大学出版社 2008 年版，第 373—407 页。

② 同上。

③ 美国和墨西哥部分地区发生大面积停电［EB/OL］，（2011 - 09 - 09），http：//news. xin-huanet. com/world/2011 - 09/09/c_ 122009713. htm。

兴，后果有多严重啊，这就是背景技术的威力所在。

上述四种关系中，人的身体在技术发生作用的过程中渐行渐远，从最初的人与技术的合体（具身关系），到人阅读技术（解释关系），再到人面对技术（它异关系），最后到技术消失在人的日常知觉中（背景关系），形成了一个"人—技术"关系的连续统，是一个较为完备的解释人与技术关系的现象学框架。值得注意的是，这四种"人—技术"关系不是相互排斥的，在不同的应用情景中相同的技术可以跟人形成不同的关系。如对一个能熟练操作电脑的人来说，在正常使用电脑的时候电脑跟他形成了具身关系与解释关系，当电脑出问题的时候就形成了它异关系，在更多的时候电脑甚至是作为一种预设的条件，成为他下意识思考与行动的前提，这个时候电脑与他就形成了一种背景关系。不同的"人—技术"关系在我们看来就是不同的技术使用方式，以及技术与身体结合的不同方式，它对我们思考技术视野的教学具有启发意义。

四　"人—技术"视野的教学

伊德的这四种"人—技术"关系实际上也提供了一条我们思考教学中技术应用途径的思路①，如处于具身关系的技术拓展了人的知觉能力与范围，处于解释关系的技术提供了一种信息解读手段，处于它异关系的技术是一种类客体，而处于背景关系的技术则成为了一种视角的提供者，以一种不易察觉的方式对人的行为产生了限制。

在上一章中我们形而上地探讨了技术视野的教学，在这里我们继续以"人—技术"关系为框架探讨一下教学过程中技术应用的思路。

在教学过程中，主要有两类参与者，即教师与学生。我们把技术与他们的关系作一列表可以得到如表 3 - 1 所示的内容。在这里我们看到，对教师来说技术有如下四种用途：教学内容的传递工具、教学决策的支持工具、教学伙伴与协作工具以及教学模式的背景工具。以信息技术为例，把它作为教学内容的传递工具，那么我们一方面能够把教学内容传得更远，也保存得更久，同时用多媒体的表现能力可以表现原来教师仅凭语言与身体姿态所不能表达的东西，因而可以降低学生理解教学内容的难度；把信

---

①　王良辉：《教育中信息技术用途及限度的伊德技术现象学分析》，《现代远程教育研究》2012 年第 4 期。

息技术作为决策支持工具，也就是利用信息技术搜集学生与教师的各种数据，并用一定的科学模型进行计算，可以给教师的教学提供意见，在当前大数据时代，这是一个需要大力发展的应用方向；把信息技术作为教学伙伴，在一定程度上以前的教学机器就属于这一类应用，这个在如今当作操作与练习型的应用还在广泛应用，把信息技术开发成教育游戏是另一个此类应用的方向；最后，把信息技术当作教学模式的背景工具，其关键就是把信息技术作为教学过程中不可或缺的一个要素，我们教学模式的开发就是以信息技术环境作为基本要求，这就是我们信息技术与课程整合之类提法的一个基础。

表 3 - 1　技术在教学中的可能用途

	教师的视角	学生的视角
具身关系	教学内容的传递工具	获取知识的工具
解释关系	教学决策的支持工具	元认知监控工具
它异关系	教学伙伴与协作工具	学习对象与伙伴
背景关系	教学模式的背景工具	个性塑造的工具

对学生来说，技术的运用又有别样的用途，它可以作为获取知识的工具、作为元认知监控工具、作为学习对象与伙伴以及作为个性塑造的工具。这里我们继续以信息技术为例来作分析：首先，当作为获取知识的工具时，与教师的教学内容传递工具是相对应的，也就是说当教师传递教学内容的时候学生就在获取知识，或者说发挥信息技术的作用时，这两者几乎是同一过程的两个方面，因而具有相同的特点；其次，把信息技术作为元认知监控工具则是一种经常让人忽略的功能，或者说在我们的教学中很少自觉运用，这实际上就是要求把原来只有教师才能查看的关于学生的学习数据同时反馈给学生，让学生在学习过程中随时能够了解到自己的学习情况，通过这样的一个反馈回路来调节自己的学习情况。我们在网络教学的过程中经常要测试学生的学习风格，监控学生的学习进度，这些数据如果能够及时反馈给学生，或者以此为依据给学生提供建议那就非常理想了；最后，把信息技术作为学习对象与伙伴就是让学生把信息技术作为一个学习的助手或者认知工具，实际上上面作为元认知监控工具的时候如果信息技术给学习者提供学习建议的时候，它对学习者来说也是一个它者；信息技术作为学生个性塑造的工具这是从技术对人的建构作用来讲的，曾

有人说过，对于只会使用锤子的人来说，一切都是钉子，当学生习惯了用信息技术来进行学习，自然会对学生的认知、思维方式起到影响，这将成为学生个性的一部分。

至此，我们已经从伊德的四种"人—技术"关系出发，分别从教师与学生两个视角考察了技术在教学中的可能用途。这些用途揭示了技术面前师生平等，关键是在具体应用的时候的倾向。虽然我们这里都是以信息技术为例作的分析，但是考虑到信息技术作为一种基础性的技术，它涉及了技术教学应用的方方面面，因而还是具有一定的普遍性。下面我们继续以信息技术为例，看看在当前如何利用信息技术来创新教学。

目前来说，同样的教学成效可以有两种方式来获得，第一种主要是通过教师的灌输与外在的强制手段来获得，第二种方式则是学生通过一种自觉的行为来获得，我们分别把它们称作外源性成长与内源性生长。虽然是同样的效果，但是从价值上来说，后者要高于前者，因为后者发挥了学生的自主性，因而更加具有可持续性。在我们传统的教学中，显然更加关注的是外源性成长，这是由于：首先，未成年的孩子缺乏对自己、对未来的认识，在求学的早期没办法为自己设立合适的目标，因而内源性的生长没有基础；其次，教师作为学生的引路人，实际上也很难了解学生的个体需求，特别是在班级授课制前提下，要去了解各个不同学生的情况也是不可能完成的任务。在这样的情况下，教师只能根据自己的教学经验，整个班级的学生一视同仁，主要贯彻教师的教学意志来完成教学，因而外源性的成长是我们传统教学的必由之路。教学如何从外源性的成长转变到内源性的生长，或者说随着学生的长大使其逐渐地从外源性地成长转到内源性的生长，这是当前教学创新的主要任务，也是贯彻学生为中心的教学的一个可能途径。

上述转变的关键在于了解学生的真实需求与真实的学生发展状态。这里的难题就在于学生的真实情况实际上连学生本人都不知道，没有这样的知识教师的教与学生的学想要改变就很困难。那么信息技术可以在什么方面来改善这种状况呢？

根据上文的理论分析，信息技术分别从教师与学生的角度得到四种应用的途径，但是从这四类应用途径来看，处于具身关系时它增强了教学中的知识传递功能，使教师能够把教学信息更好地传达到更大的范围，而学生利用它则能够更好地获得教学信息，这是它加强传统教学模式的内在原因。而处于背景关系时，它就成为了教学模式的催化剂，它没有特别倾向于教师或学生，但是对现有的模式起到了强化的作用，它起作用的方式是消极的，因而它对创新是很不利的，教学的相对滞后都是与使用的技术的背景作用有关，如当前教学改革的最大阻碍就在于班级授课制，这样的一种成熟的教学制度对新的教学组织模式来说就起到了阻碍作用。所以，就目前来说，如果想要创新信息技术教学应用，就要从解释关系与它异关系入手。

处于它异关系的信息技术就像一个教学场景中的第三类人，他们忠实地记录教师与学生对它的输入，同时有可能的话向教师与学生做出反应。如果说想要了解学生的真实需求与发展状况，处于它异关系的信息技术是课堂中最好的媒介：首先，它不像教师由于个人的情绪因素与先在的对学生的情感因素，对学生的反应具有一些非客观的认识；其次，教师由于人的认知能力的限制，不可能同时处理全班同学的反应，但是计算机强大的处理能力可以，它能够即时地记录全班学生的反应；最后，信息技术可以通过平时积累起来的数据，在一定数学模型的处理下，为教师与学生的课堂即时判断提供依据。而处于解释关系的信息技术与处于它异关系的信息技术可以说是一体的，如果没有信息技术来记录师生的互动，那么它的解释功能就是无根之木，因为这里所谓的解释就是把抽象而复杂的师生行为数据转换成简单的教学处方来提示。

回过头来看看传统课堂我们就会发现，在传统课堂里黑板没有交互能力，只是作为教师教学内容的二传手，在这种情况下，师生的交互完全是通过言语的方式来进行。因此，这种课堂受人类自身生理上与理智上的限制——教师不可能同时跟多个同学交流，也不可能同时把多个同学的反应记录下来——它必然是一种批量的、标准化的教学。而信息技术的加入，它除了具有黑板的功能外，还有与师生交互的能力，这种交互能力就是信息技术创新应用的源泉。正是这种交互能力，它弥补了人类在理智上面的限制，使短时间内的密集交互成为可能，也使师生错综复杂的行为有迹可循。由此可见，这种教学应用创新的关键就在于把师生交互的场所从原来面对面的交流转移到基于信息技术为主、面对面为辅的交流。

根据把信息技术与师生在它异关系与解释关系上的运用，我们设计了如图 3 - 1 所示的教学流程：首先，教师根据教学内容设计好相应的教学活动，并通过信息技术展示给学生；其次，学生积极参与教师所设计的学

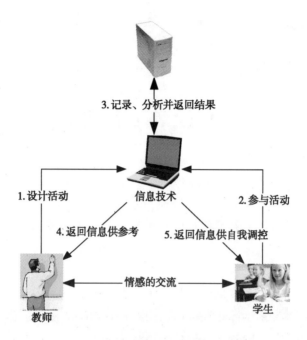

图 3 - 1 信息技术创新应用示意图

习活动，并以信息技术为中介进行师生或生生交互；再次，信息技术把与教师与学生的交互过程及其产生的数据进行记录并分析，在这个过程中有可能要其后的服务器来提供支持；最后，信息技术根据教师与学生的不同身份与要求，返回不同的数据，返回给教师的数据主要是供教师为进一步展开教学活动提供依据，而返回给学生的数据则是指导学生如何学习的建议。应该指出的是，这样的过程在整个课堂教学中是环环相扣，循环不断的。

总之，工具或媒介是教学运行过程中不可或缺的东西，它推动着教学的发展，也影响着参与教学的人。但是人的身体与技能最终决定了技术在教学中所能发挥作用的地步，人与技术的相互建构是教学过程中的最重要特征。本章分别从媒介与人的视角对这个建构过程进行了阐述，希望由此揭示教学过程中的技术性。

第四章

为了技术的教学

　　无论技术是否利用新近的科学研究，它总是道德哲学的分支，而不是科学的分支。

——保罗·古德曼

　　技术与人相互规定的意思是说，你是什么样的人，取决于你采用什么样的技术；你如何理解人，你就如何理解技术；你怎么看待技术，你就会怎么看待人。①

——吴国盛

　　在人们的常识中，技术就是一种工具手段，但是很少有人会意识到技术还是教学的目的。把技术作为教学的目的一方面体现了技术本身属人的特性；另一方面也是教学技术性的落脚点。因为无论是把教学作为技术还是在教学中使用技术都是教学身上技术目的的显现。把教学看作技术，那么教学的过程就是其实现自身的过程，而教学中使用技术本质上也是教学实现自身的手段，区别无非在于后者是把教学作为一个动态的过程，而前者把教学作为静态的分析对象而已。在动态的教学过程中锤炼技术，是技术功能与人的技能的双向建构，这是一条技术进化之路。而静态的教学结构中用技术要素建构起整个教学的框架，这是技术目的在教学中借助形而上的力量的一次展现。有人说，打开一扇窗就拥有一个世界，在这里我们借助技术目的的实现希望展现一个不一样的教学世界。

---

① 吴国盛：《技术哲学讲演录》，中国人民大学出版社 2009 年版，第 40 页。

第一节　美国国家教育技术计划的启示

美国是当今世上教育信息化水平处于领先地位的国度，我们认为其中很大的原因来自其十几年来持续不断地推出国家教育技术计划。从 1996 年至今美国教育部已经颁布了 4 个国家教育技术计划，分别是 1996 年的《使美国学生作好进入 21 世纪的准备：迎接技术素养的挑战》（下文简称为 NETP1996）、2000 年的《e - learning：把世界级的教育放到每个儿童的指尖》（下文简称为 NETP2000）、2004 年的《走向美国教育的新黄金时代：网络、法律和当今的学生如何变革着对教育的期待》（下文简称为 NETP2004）、2010 年的《改革美国教育：技术助力学习》（下文简称为 NETP2010），这些计划及其实施构成了一条美国教育信息化之路。同时，我们也可以看到这个过程实际上也是一个信息技术从手段到目的的渐次演进。

一　NETP1996：信息技术的黎明

NETP1996 出台的背景是美国社会与经济开始步入信息时代，计算机与通信技术已经走进了美国的社会经济生活，人们开始认识到技术素养将成为继读、写、算之后的第四个基本技能，调查显示 80% 的美国人认为教授孩子计算机技能是"绝对必须的"[1]。但是在教育中当时只有 4% 的学校生机比能够达到 5∶1[2]，9% 的教室能够上网[3]。因而，在 1996 年 1 月的国情咨文中，当时的总统克林顿提出，在美国的每个教室都必须要有装备好软件的电脑、经过训练的教师以及能够连到信息高速公路。

从 NETP1996 来看，当时对信息技术在教育中的应用是非常乐观的，

---

① Johnson J. Assignment Incomplete：The Unfinished Business of Education Reform，A Report from Public Agenda. ［R］，Washington，DC：Institute for Educational Leadership；New York，NY：Public Agenda Foundation，1995.

② Glennan T K，Melmed A. Fostering the Use of Educational Technology：Elements of a National Strategy ［R］，National Book Network，1996.

③ Heaviside S，Farris E，Malitz G S，et al. Advanced telecommunications in U. S. public elementary and secondary schools，1995. Washington，DC：U. S. Dept. of Education，Office of Educational Research and Improvement，National Center for Education Statistics，1996.

其中有专门的一章来讲使用信息技术的好处①：首先，它能提高学生的成绩，如能改善学生基本技能与高级技能的教学，完善对学生的评估以及提高学生的学习动机；其次，它能够增加父母对孩子教育的参与，如通过网络使学生减少在家看电视的时间，增加家长同孩子以及孩子的老师的交流；再次，它能够提高教师的技能，如多媒体视频让教师能够观摩优秀教师的上课视频，远程学习技术使教师能够接受在线教师教育课程等；最后，它能提高学校的管理绩效，如通过双向视频会议系统可以节约交通费用与路途上的时间，学校运行情况的数据库系统帮助管理部门监测学校运行情况以及学校跟踪学生的发展情况。

从这些对信息技术优点的描述中我们可以看到，当时对信息技术非常乐观，认为只要有信息技术，教育就会向好处发展。因此他们提出了之后几年美国教育技术发展的四大目标②：（1）经过培训，美国的所有教师都能够帮助学生通过电脑与网络进行学习；（2）所有的教师与学生都能够在教室里使用多媒体电脑；（3）所有的教室都要连到信息高速公路；（4）有效的软件与在线的学习资源都是学校课程不可分割的组成部分。

二　NETP2000：提高教师与学生的信息素养

在 NETP1996 颁布后的四年里，大量的投资花费在学校电脑的装备、网络的接入、教师的培训、内容的建设以及技术支持等方面，并取得了巨大成绩，到 1999 年 95% 的学校与 63% 的教室接入了互联网，生机比也上升到了 9：1③，同时网速也从拨号上网升级到 ISDN 等更高速的技术。公众对此也有很大的热情，调查显示 69% 美国人相信通过使用技术能够提高教学质量，82% 的人认为还要在电脑的教学应用方面增加投资④。但是要让技术能够真正惠及学生的学习还需要更多的努力，有调查显示当时 83% 的中小学教师认为没有足够的时间来学习与实践电脑与网络技术，

---

① Getting America's Students Ready for the 21st Century: Meeting the Technology Literacy Challenge [R], Washington, DC: Department of Education, 1996.

② Ibid.

③ Teachers' Tools for the 21st Century: A Report on Teachers' Use of Technology [EB/OL], [2011 - 08 - 03], http: //nces. ed. gov/pubs2000/2000102. pdf.

④ Rose L C, Gallup A M. The 32nd Annual Phi Delta Kappa/Gallup Poll of the Public's Attitudes toward the Public Schools. Phi Delta Kappan, 2000, 82（1）: 41 –52.

68%的教师认为缺乏足够的支持来帮助他们把技术整合到课程中，66%的教师认为缺乏培训的机会，64%认为缺乏技术支持，43%认为缺乏行政上的支持①。

在这样的背景下 NETP2000 出台了。虽然认识到了上述的成绩与不足，制定 NETP2000 的专家还是对技术改善教育充满信心，他们认为技术能够帮助学生理解难以理解的概念，使学生更加投入学习中，让学生接触更多的信息与资源以及让学生能够更好地满足个性化学习需求。因此又提出了之后几年国家教育技术的建设目标②：（1）使所有的教师与学生不管是在教室、学校、社区还是在家里都能够使用信息技术；（2）使所有的教师都能够有效使用技术帮助学生获取更高的学业成就；（3）使所有的学生都有一定的信息技能与素养；（4）通过研究与评价来推动技术的教学应用；（5）通过应用数字化内容与应用网络来改变教学。

三　NETP2004："不让一个孩子掉队"

经过前两个国家教育技术计划的实施，人们开始意识到投入硬件建设的资金不是问题，问题的关键在于教师缺乏培训以及对于技术如何丰富学习经验的知识缺乏了解。到 2002 年秋季，美国已经实现 99%的学校接入互联网，教室接入互联网也达到了 92%，并且全国平均生机比也达到了4.8：1③，但是他们也就仅仅达到了这些数字，实际上大部分的电脑还是被关进"电脑房"，很少被使用也缺乏维护。因此，一些州与地方政府开始调整投资结构，有些甚至开始重新设计课程与学校组织结构，通过系统变革来提高技术应用的效能。

NETP2004 是布什总统上台后的第一个国家教育技术计划，布什在2002 年签署了"不让一个孩子掉队"（No Child Left Behind，NCLB）法案，因此在 NETP2004 中专家们对技术改进教学的观点很少，但是可以看到很多用教育技术来推动 NCLB 法案的建议，因此可以说 NETP2004 是

---

① Teachers'Tools for the 21st Century：A Report on Teachers' Use of Technology [EB/OL]，［2011 – 08 – 03］，http：//nces. ed. gov/pubs2000/2000102. pdf.

② e – Learning：Putting a World – Class Education at the Fingertips of All Children [R]，Washington，DC：Department of Education，2000.

③ Internet Access in U. S. Public Schools and Classrooms：1994 – 2002 [EB/OL]，［2011 – 08 – 08］，http：//nces. ed. gov/pubs2004/2004011. pdf.

NCLB 法案在教育技术中的延伸。具体来看，整个计划不再以技术应用为出发点而是以当时学生的情况作为出发点，这里一个明确的意图就是为了要在 2014 年实现 NCLB 法案，必须把握住今天学生的情况。

NETP2004 最后提出了七个主要的行动步骤[①]：（1）加强各级各类教育行政机构的领导；（2）创新预算，使技术应用能够获得资助同时又能保证技术应用有利于学生学习；（3）改进教师培训，如提高教师教育的质量、提高新教师使用技术进行教学的能力等；（4）支持 e-learning 与虚拟学校；（5）鼓励使用宽带，只有通过密集地应用才能让教师与学生明白宽带的好处；（6）使用数字内容，鼓励师生使用多媒体的、在线的资源来替代传统的纸质教材；（7）建设一体化的数据系统，用它来收集资源、提高管理效能、通过在线的学生业绩评估给教育者实施个性化教学提供参考。

四 NETP2010：迈向 21 世纪的学习

NETP2010 是奥巴马政府制定的，因此它最关注的是奥巴马政府在教育方面的两个目标：（1）到 2020 年之前，两年或四年制大学毕业生占人口比例从当前的41%提升到60%；（2）减少高中毕业生的学业差距，使他们能够成功地升入大学或者就业。所以与 NETP2004 类似，NETP2010 也是肩负着改变美国教育体系的责任，只是这次它的出发点不再是学生而是学生的学习，即 21 世纪的学习是什么。

NETP2010 认为学习科学的发展使人们了解了更多关于人是如何学习的洞见，而技术的进步则使这些洞见能够得以进一步实施。NETP2010 的最大成果就是提出了一个技术支持的学习模型，并且确定了该模型的 5 个关键领域：学习、评估、教学、基础设施和生产力。5 个关键领域再加上为了实现教育系统变革而实施的研究与开发，共 6 个部分组成了 NETP2010 的主体，每个部分都包含一个目标与若干个为了实现该目标的行动方案。下面是 5 个关键领域的目标：（1）学习的目标是"不管在校内还是校外所有学习者都能够享受有趣而自由的学习经历以使他们在全球化的网络社会中成为积极、创新、渊博与道德的一员"；（2）评估的目标

---

① Toward a New Golden Age in American Education: How the Internet, the Law, and Today's Students are Revolutionizing Expectations [R], Washington, DC: Department of Education, 2004.

是"各级教育系统利用技术来测量一些重要的数据,并使用测量数据来持续改善教育";(3)教学的目标是"专业的教育者通过技术接受个人的或团队的支持以使他们能够更加有效地教学";(4)基础设施的目标是"所有的学生与教育者能够随时随地地使用综合基础设施以促进学习";(5)生产力的目标是"各级教育系统充分利用技术的优势重新设计结构与流程以优化人力、金钱与时间的利用效率并且提升学习效果"。这些目标基本上都是围绕改善教育、促进学习,这也是 NETP2010 的主题。

五 信息化即文化

作为国家层面推出的持续的教育信息化规划——4 次美国国家教育技术计划基本上框定了美国教育信息化发展之路,不但给美国教育信息化指明了道路,也给我们今天探寻信息技术作为教学目的提供了线索。

从美国的国家教育技术计划的发布与实施来看,教育信息化建设可以分成如表 4-1 所示的"装备、培训、应用、文化"四个阶段。在装备阶段主要关注软硬件的装备,如 NETP1996 的内容基本上就是围绕着如何装备、装备什么的问题展开的。在培训阶段主要关注师生的计算机操作培训,这在 NETP2000 中提到最多。不管是装备阶段还是培训阶段,这个时期教育信息化建设总体上来说是"装备推动应用"的,因为建设初期就是购买设备,买了设备要把它用起来,在此推动下就会有各种培训与简单的应用。从应用阶段开始计算机进入教育中较为深层的地方,NETP2004 至今基本处于应用阶段,信息技术开始在教育中成规模地应用。从这个阶段开始,建设的思路就发生了逆转,即从"装备推动应用"变成了"应用推动建设",也就是说建设的起点变成了应用,根据应用的实际需要来规划设计装备,应用走在了装备的前头,教育信息化的效益观开始发生作用。但是应用阶段还不是教育信息化的终结,我们认为在教育信息化的完成阶段中计算机就像当前的文字一样成了教育的必需品,它将对整个教育组织与流程进行再造,我们把它称作文化阶段。文化阶段虽然有点可望不可即,但是我们也在 NETP2010 中看到了端倪,如 NETP2010 中提出了教育生产力的概念①,它讲到要使信息技术变成生产力就潜藏着这样的

---

① Transforming American Education: Learning Powered by Technology [R], Washington, DC: Department of Education, 2010.

台词。

表 4-1　美国教育信息化的阶段模型①

建 设 阶 段		关 键 特 征
装备推动应用	装备	软硬件装备
	培训	信息技术操作培训
应用促进建设	应用	信息技术教学应用
	文化	信息技术改革组织结构与流程

在"装备、培训、应用、文化"这四个阶段中，我们稍作分析便可以知道，信息技术在其中总是呈现出从手段到目的的现象。在装备推动应用阶段，首先是信息技术作为手段被装备起来，然后信息技术作为培训内容与目的出现了。在应用促进建设阶段，信息技术首先也是作为手段进入教学场景，但是渐渐地信息技术作为弥漫于教学组织的工具手段，形成了一种特定的使用信息技术的文化，教学机构为了配合信息化对教学组织与教学流程进行更改，信息技术通过信息化从手段又变成了目的。

在我们看来信息化就是一种文化，这种文化一开始是把信息技术看作一种需要广泛存在的手段，但是在信息技术广泛应用的过程中，或者说在实现信息化的过程中，信息技术成为了一种必不可少的东西，作为手段的信息技术不知不觉中翻转成为目的。这是一条规律性的东西，即广泛使用的工具总是存在从手段到目的的转变。

第二节　从教学手段到教学目的

在上面我们简要回顾了一下美国四个国家教育技术计划及其执行过程，发现信息技术在其中经历了从目的到手段的演变。为了更深入地探讨技术在教学中如何从手段走向目的，接下去我们讨论一下目的与手段以及教学中的目的与手段的关系。

---

①　王良辉：《教育信息化的美国之路——基于四次国家教育技术计划的考察》，《广州广播电视大学学报》2012 年第 4 期。

一 目的与手段

目的与手段是人们经常提及的一对哲学范畴，它们在一定程度上反映了人们在认识世界、改造世界时的主客体关系。虽然我们也把自然界的一些自组织现象看作合目的性行为，但是这归根结底是一种表述上的类比，并不是说自然物真的能够自觉有意识地行动，目的与手段都是属人的范畴。

所谓目的就是人对行为活动的期望结果。这种结果一方面符合了人的期望，因而它是根据人的需要而建构；另一方面这个结果也要受现实的制约，它的实现并非一帆风顺。由于这个结果并不是自动实现的，所以还需要一定的工具、方法、策略等统称为手段的东西来中介。所以目的与手段是相互联系、相互依存的，没有无目的的手段，也没不依靠手段的目的，片面地强调目或手段都是有问题的。

与目的相联系，手段就是从目的导向结果的中介。人为自己的行动预设了一个目的，其必然需要采取行动，行动过程中所涉及的一切工具、方法、策略都为实现该目的的手段。这里的手段包括个人性的技能，社会性的组织技术以及物质性的工具，它们在目的的统率下导向结果。在确定的目的下，手段的选择是受目的制约的，但是在手段确定的情况下，目的在导向结果的过程中则受制于手段。如人类一直都有飞天的希望，古希腊有代达罗斯飞离克里特岛的神话，我国有嫦娥奔月的故事，而第一个真实生活中尝试着飞天的人据说是我国明朝的一个士大夫——万户，他把 47 支火箭绑在椅子上用来做上升的动力，又拿着一个大风筝试图作为着陆的工具，不幸的是火箭爆炸，他因此丧生。为了纪念他，月球上就有一座环形山以他的名字命名。万户的故事实际上就是手段制约目的的一个典型例子，在当时的科学技术发展水平下，飞天梦何其难。

结果是目的导向下的手段的实现，它可能与目的相符，也可能与目的不符。目的是人头脑中的预期，而结果则是现实的结局，从目的到结果经历了手段的干预。我们经常把目的与手段并举，但是实际上目的与结果也是并列的，就像我们以前讲过的本质与存在，前者是理想的，后者是现实的，它们可能相符也可能不符。结果的意义就在于检验目的与手段的匹配性，在本章我们讨论原来作为教学手段的技术转变成了教学目的，这种转变也具有手段的特点，其目的是人，所以从结果的角度来看就是人在这种转变中获得了什么。

从上面我们可以看到，目的与手段是相互联系、相互制约的，而结果则是评判这两者是否匹配的标准。我们注意到平时我们经常讲目的与手段，但很少把结果也跟它们放在一起讨论，但是我们认为正是由于这个结果而不是目的最后起到评价手段的作用，所以导致了目的与手段在人类某些阶段的脱节。如在近代之初，在培根"知识就是力量"的召唤下，人们不再关心事物为什么这样而转向了事物如何能够这样，也就是摒弃了对事物背后原因的追寻而直接走向对手段的探求，目的让位于手段，这也是近代目的论的退场的开始。当然这也造成了现代性的问题，如韦伯所说的形式合理性或工具理性超越了实质合理性或价值理性，于是资本主义发展的最后阶段成了一个"专家没有灵魂，纵欲者没有心肝"[①] 的世界。

目的与手段之间不但相互联系、相互制约，同时还是相互转化的。在我们这个普遍联系的世界里，目的与手段从来都不是一成不变的。对汽车制造商来说，制造汽车是目的，但是对用户来说汽车只不过是代步或宣示身份的工具，对车手来说能把汽车开得更快更好是目的，但是对于赞助商来说更快更好只不过是他们宣传的方式而已。即使是人，虽然 2 个多世纪前康德说"人是目的、不是手段"得到了资产阶级的热烈拥抱，但是"人是目的"只是在很有限的意义上是对的，在现实中人是工具的现象比比皆是。资产阶级批判封建贵族把自己当目的，而把老百姓与农奴当作手段，但是在资本主义社会里面工人也仅仅是资本家谋取超额剩余价值的工具而已。

目的与手段的转化一方面是目的向手段转化，如短期目的是长远目的的手段，局部目的是整体目的的手段，只有这些短期的、局部的目的的实现才能实现长远的、整体的目的。但是反过来说，长远的目的也是短期目的的手段，在实现短期目的的时候，长远目的就像短期目的的指路明灯，使短期目的不会太偏离长期目的，整体目的与局部目的的关系也类似。除此之外，人类历史上的各种手段与目的相互转化，形成了入的世代相连。一代人从他们的上一代继承了各种发明，并把它们重组成自己的工具，而他们自己发明的东西往往就成了后一代人的手段。从横向来看，一个人把自己的发明贡献出来，帮助别人实现目的，同时也会利用别人的发明创造

---

① 韦伯:《新教伦理与资本主义精神》，于晓、陈维纲译，生活·读书·新知三联书店 1987 年版，第 142 页。

实现自己的目的，通过相互利用，结成了人与人的社会关系。所以目的与手段作为一对范畴，其相互依存、相互转化促进了整个人类社会的发展。

二 教学的目的与手段

目标与手段之间的普遍转化的关系似乎消解了在教学中区分目的与手段的必要，因为所有的目的都是手段，所有的手段都是目的。但是我们认为，虽然目的与手段是相互转化的，但是在特定的情形下目的与手段则是有区别的。正如在前一章我们探讨了作为手段的技术，在本章我们要讨论作为目的的技术。

作为手段的技术它不是自然而然地产生的，也不是自然而然地起作用的，人在工具的制作与使用中具有不可替代的作用，因而在人类社会只要还需要使用技术，那么会制造工具与使用工具的人是必需的。对教学来说，只要一种工具需要在社会上流行起来那么教学总是最有效的途径。

回望历史我们看到，每次有技术对我们这个社会起到了重要影响的时候，教育总是被赋予推进这种技术的责任。20 世纪末，信息社会曙光初露。1993 年美国克林顿政府启动了"国家信息技术基础设施"规划，信息高速公路（Information Superhighway）概念成为美国振兴经济的一条重要举措。为此，克林顿政府把技术素养作为教育的重要挑战，在随后的美国国家教育技术计划中专门对此做了回应①。英国的产业革命带来的工业发展，机器大生产要求工人必须掌握一定的知识，于是带来了基础教育在英国的普及。法国资产阶级看到科学技术对经济发展的重要作用，于1794 年创办公共工程中心学校，为法国培养了大量当时急需的工程技术人才，1795 年还创办了巴黎师范学校，其目的就是为了培养能够传播科学知识、扫除封建愚昧所需要的教师与教育工作者。再往前回溯，我们也看到在文字诞生的初期，传承文字这种技术的主要就是学校，如古埃及的书记学校与古巴比伦的书写学校。总之，教育作为一种人类文化传承的社会活动，每当有新技术引起社会变革的时候，教育便有责任把这些技术引入课程成为教学目的，并最终促进这种变革的发生。

由此我们可以看到，技术进入教学首先就是这种技术已经发展得比较

① Getting America's Students Ready for the 21st Century: Meeting the Technology Literacy Challenge [R], Washington, DC: Department of Education, 1996.

成熟，已经能够稳定地在人类生产生活中发生作用，甚至有些时候对教学也直接发生作用。在这个时候我们需要推广这种技术，而教学就成了最好的手段。

在这里我们似乎进入了歧路，我们探讨的是教学的目的，现在教学却成了手段，并且教学的目的是人，现在我们却把教学的目的导向了技术。如果说这里没问题的话，那么技术与人之间存在着一种紧密的关系。

三　技术性即人性

在前面关于理解技术的章节中我们搜集了许多关于技术的定义，由于每位理论提出者理论的基点不一样，所以关于技术的定义也各不相同。对我们来说，技术就是属人世界的矛盾运动。当本质与存在、理论与实践、目的与现实不一致的时候，我们需要用技术手段来对其中的一些方面进行干预以使两者尽可能地相一致。从这个意义上来说，技术活动无疑是一种创造活动，但是这种创造活动更为深刻的含义在于创造了人本身。恩格斯说劳动创造了人本身，我国学者李伯聪说"我造物故我在"[1]，吴国盛说技术是人的存在方式[2]，从这些论断中我们可以看到技术与人存在密切的联系。

敖德嘉认为技术就是人类追求幸福的行为，所以在他看来技术与人类的福祉有关的。诚然，由于生物本能的贫乏，人活在这个世上要面临众多挑战，我们怕冷怕热，怕疾病饥饿，还有遇到一些不能理解的现象会恐惧。所以杜威说，为了寻求安全我们一方面向自然求和，于是我们求神拜佛献祭牲畜，另一方面我们要发明各种工具手段，于是我们制衣造屋驯养动物。实际上，杜威所说的所有方法都是人的技术，都是人为了更好地在这个世上生存下去而发明的。

当然在我们这个时代，技术在继续给人带来便利之外还对人类的生存带来威胁。农药带来了农作物的增产，但是无节制地使用则是一场生态灾难，《寂静的春天》就是拜 DDT 所赐。核能源给我们带来可观的清洁能源，但是切尔诺贝利事件、福岛核泄漏事件让人对核能又爱又恨。即使用来娱乐的电视技术，也会给人类带来灾难。尼尔·波斯曼的《娱乐至死》

---

① 李伯聪：《工程哲学引论》，大象出版社 2002 年版。

② 吴国盛：《技术哲学讲演录》，中国人民大学出版社 2009 年版。

封面就描绘了一幅恐怖的画面，图中一家四口坐沙发上看电视，项上的脑袋却不翼而飞，用这样的画面波斯曼就是想告诉我们，电视这种我们都热爱的娱乐形式最终将使我们丧失思考的能力，我们的文化没有被我们所憎恨的东西所毁灭，反而被我们所热爱的东西毁灭了。总之，在一些人的眼里技术已经不是给人们带来福祉的东西，而是一种可怕的异己力量。

实际上，一直以来人类对技术的感情都是复杂的，一方面人类享受着技术进步带来的福祉，一方面又担心技术对人类的反制。辩证地看，技术给人类带来福祉的同时也带来了潜在的危险，就像波斯曼所揭示的，电视带给了我们感官的快乐，但是却让人步入了理性丧失的危险，而那些给人类带来危险的技术同时也是技术进步的动力，技术与人类这种剪不断、理还乱的关系实际上透露了这两者在深层次上的密切关系。

吴国盛就是用人来定义技术的，他说技术就是人的存在方式。因为从生物学上来说，人类是"早产儿"，根据生物学研究，人类大脑的脑量大概需要21个月的怀孕时间才能达到，但是人类直立行走的特征导致了女性的骨盆没办法分娩出这么大的孩子，所以都是9个月就要生出来。这就导致了人刚生下来之后的很长一段时间里都没法跟其他动物的新生儿一样可以做很多事情来让自己存活下来。斯蒂格勒、吴国盛等就把人类的这种状况称作人的先天本质的缺失，为了弥补这个缺陷，斯蒂格勒发展出了"代具"，而吴国盛则认为正是因为如此人需要一种存在方式，而技术就是建构这个存在方式的东西。

鸟会飞，老虎有利齿，动物们可以用它们的本能生存，但是人由于先天本质的缺失，所以需要一个外在的东西让他存活下来，这就是工具。富兰克林说人是制造并使用工具的动物，恩格斯在《劳动在从猿到人转变过程中的作用》中也说劳动是从制造工具开始的。工具与人的诞生基本是同时的，盖伦也说："技术和人类自身是同样古老，因为在我们研究化石遗迹时，只有当我们遇到使用过制造工具的痕迹时，我们才能肯定我们是在研究人类。"[1]

工具与人类同时产生这不是一个偶然事件，因为工具实际上还担负着建构人及其生活世界的任务。前面我们说人一生下来就是一个非常脆弱的

---

① 阿诺德·盖伦：《技术时代的人类心灵》，何兆武译，上海科技教育出版社2008年版，第2页。

生命，没有先天赋予的本能，所以人的生存过程就是人不断地建构与获得本质的过程。

根据吴国盛的观点，人的建构首先是身体的自我塑造。人的眼睛一生下来是看不清东西的，这是因为新生儿的眼睛不会对焦，他必须在观察运动物体的过程中慢慢学会对焦这个功能，从而眼睛才具有视力。所以人是为了能够看清楚这个世界才发展出眼睛这种器官的功能，这种强烈的意向性也是人身体各器官所共有的，所以作为人体延伸的工具也带有了强烈的意向性，我们对工具简单的中性论认识至少是不全面的。恩格斯也在《劳动在从猿到人转变过程中的作用》中讲道，虽然猿与人的手部肌肉与骨头的结构与组成相当，但是即使是野蛮人的手也比猿灵活，他们能做几百种猿不能做的动作。人的器官是后天的活动规训出来的，所以人的身体往往透露着很多信息，虽然我们也有说人不可貌相，但是一个人的气质与风度是这个人在长期的生活中训练出来的，因而必然地携带着大量的生活世界的信息，由野兽抚养长大的孩童与正常生长的小孩在身体上存在巨大的差异，这也是人体自我塑造的差异造成的。

人在塑造身体的同时也塑造了他自身的知觉方式。我们人类是直立行走的，这种行走方式使我们的头部在高处、脚在低处，所以就引申出了上下的概念，上头、上级、上流社会，这里的"上"就是我们的"头脑"在人体直立行走时所处的位置，头脑很重要，所以"上"也是重要的。人的知觉方式的建构更多是技术参与的，海德格尔就区分了对工具的认识与对工具的使用两种情况，前者是实际上人与工具之间的一种认识关系，而后者则是一种实践关系，并且认为后者实际上是一种更为基础的认识关系，"我们已经表明了，最切近的交往方式并非一味地进行觉知的认识，而是操作着的、使用着的操劳——操劳有它自己的'认识'"[1]。在梅洛－庞蒂那里，技术影响觉知的分析就更多了，如开汽车的人对道路宽度的知觉，盲人的手杖带给盲人的知觉，这些人通过汽车或者手杖等工具对世界进行觉知，盲人没有手杖去走路是很困难的，如果假设有一个人他从一出生都没有用腿走过路，而一直都是在汽车上待的话，相信他没有汽车也会寸步难行。在这些例子里，他们使用的工具实际上就建构了他们的直觉。

---

① 海德格尔：《存在与时间》，陈嘉映、王节庆译，生活·读书·新知三联书店 2006 年版，第 79 页。

人的本质的建构最重要的就是人的心灵的建构。亚里士多德说，人是理性的动物，但是这个理性对不同的人来说是不同的，如在有些文化中，家里有人去世需要表现得高兴点，而在有些文化中，如果家里有人过世则要表现得很悲痛，所谓的如丧考妣，这些不同的行为背后就体现了不同的理性。但是决定这个理性或者说行为逻辑的东西其实就是每个人所使用的技术。曾有人说过一句话，当你的手中拿着一把锤子的时候，世界在你眼中就是一个钉子，也就是说人们使用的工具决定了他的行为逻辑。在我们小时候，遇到问题一般就是找大人、问老师，但是现在信息时代了，粗懂电脑知识的小学生就开始通过网络来寻找自己所需要的信息，所以对前辈的敬畏感也就慢慢地消失，这也是人们觉得现在的小孩越来越叛逆的原因之一。

以上我们分析了技术在人的本质的建构过程中的种种作用，可以看到技术在其中的基础性地位，但是反过来看，技术从何而来呢？技术当然是人的产物。所以技术与人实际上就是一个双向建构的关系，人为了自己的生存与发展发明了技术，而技术的使用则改造了人，而人的实践活动又推动技术的发展，就这样技术与人在相互推动中共同进步。技术与人存在着同一性，技术性中体现了人性，而人性中蕴含着技术性。这是技术作为教学目的的一个理论基础。

第三节　技术作为教学的目的

技术往往只是被看作手段而不是目的，除了人们没有意识到技术性与人性的同一以外，最主要是技术作为手段而被认同具有滞后性。一种新技术进入教学常常遇到莫名的抵制，然后常识中广泛应用的技术又会被人认为不是技术，这就让人很少会意识到技术不但是教学的手段，它还是教学的目的。

曾经有人搜集了美国教育史上的许多引言，这些引言体现了一些学校的保守力量对新技术的抵制[①]。

1815 年，一位校长说："今天的学生过于依靠纸张。他们不知道

---

① 阿兰·科林斯、理查德·哈尔弗森：《技术时代重新思考教育》，华东师范大学出版社 2013 年版，第 41—42 页。

如何在石板上写字而不让粉笔灰洒满全身，他们不知道如何正确清洗石板。如果他们把纸张都用完了，该怎么办呢？"

1907 年，一位教师说："今天的学生过于依靠墨水。他们不知道如何用铅笔刀削铅笔，钢笔和墨水永远不会替代铅笔。"

1928 年《美国乡村教师》中："今天的孩子依靠商店购买的墨水。他们不知道如何去自己做。当用完墨水后，他们就不能写字或做算术，除非他们下一次到那个地方去买。这是一则关于现代教育的让人感到悲哀的评论。"

1941 年《PTA 公报》："今天的学生依靠这些昂贵的自来水笔，他们再也不会用笔和笔尖写字了。我们做父母的不应该让他们沉迷于这种奢侈，因为这会妨碍他们学习如何在并不奢侈的商业世界里应对各种事情。"

1950 年的《联邦教师》："圆珠笔会毁掉我们国家的教育，学生们使用这些工具，然后扔掉。美国人注重节俭和简朴的价值观会被抛弃。商业界和银行业永远不会允许这种昂贵的奢侈。"

1987 年"明日苹果教室记事"中一位四年级的老师写道："如果学生交上来的论文是在电脑上写的，我会让他们用笔重写一遍，因为我不相信他们是自己在电脑上完成作业的。"

1988 年"明日苹果教室记事"中一个科学展裁判说："计算机给了学生们不公正的优势。所以，凡是应用计算机分析数据和进行展示的学生将从科学展上淘汰掉。"

在这些引言中我们看到，技术进入教学并非一帆风顺，会受到种种的抵制。虽然在如今看来这些当时的义正词严已经变成了笑料，但是它毕竟阻碍了技术进入教学。如今，技术按自己的兴替规律不断地在教学中扮演着越来越重要的角色，技术成为教学的目的已经成为了不争的事实。同时，技术成为教学的目的的两个理论前提，即教学的目的是人、技术与人存在同一，前者是教学理论中的常识，而后者我们也在前面做了论证，所以，技术成为教学目的在理论上也是成立的。为此，在这里我们已经无须去证明技术为何是教学的目的，需要我们关注的是技术是如何成为教学的目的的。

我们认为技术成为教学的目的有两个方面，即技术分别成为教学内容与教学形式的目的。技术成为教学内容的目的简单说就是技术成为了教学内容，而技术成为教学形式的目的，从另一个角度来说就是技术成为了教学外在表现的手段，但是在这里的外在表现与教学内容是成对出现的，它是与教学本身有关的，是教学内在规定的东西，而不是我们讲教学手段的时候把它作为一个外在于教学的东西。把技术看作教学内容，也就是说把教学看作技术传承的手段，把技术看作教学形式，那么教学的发展就是技术的发展，所以这里讨论技术作为教学的目的就是讨论教学如何传承技术与发展技术。

一　传承技术的教学

在前面我们讲了把技术看作教学内容就是把教学看作技术传承的手段，因而需要从教学的功能来理解这个东西。从教学的功能来理解技术作为教学内容这体现了教学的文化传承功能。任何社会的文化必然包含着技术文化，而技术文化的传承通过教学来实现这也是理所当然的。同时，从脑科学的角度来讲，教育是人类最大的发明，这也是人类超越动物界的一个方面，因此把技术以教学的方式来传播与传承也是人类自身福利的保证。

有教学就有教学内容，教学内容是教学要素中不可或缺的部分。从对技术宽泛的理解来说，知识由于具有一定的使用价值因而它们都是广义的技术（杜威的技术观里就包含了这样的意思），所以我们学校教育的主流——知识教学——其教学内容就是一种技术。

即使抛开这种对技术的广义理解，技术成为教学内容也是很容易理解的。在教育领域里，一切在社会生活中起作用的技术都有可能成为教学的内容。在高等教育里面普遍存在的组织形式——专业，从字面意思来看就是专门针对于某种学业或职业的，如通信与控制技术、冶金技术、植物的栽培技术、医学技术等等，都有可能是大学里的某一门课甚至是一个专业。在职业中学中更是如此，其本意就是培养能够直接从事社会劳动的人，因而他们的教学中技术的倾向会更重点。在这些专门的技术学习形式中，每种技术对应了社会中存在的某一类问题。

如果我们抛开这些较为专门的技术不谈，近半个世纪以来，信息技术作为一种比肩读、写、算之类的通用技术进入教学成为教学内容也是不争的事实。在 20 世纪 70 年代，个人电脑诞生后不久，计算机文化① （Computer Literacy） 概念就被提了出来。到了 80 年代末期，美国图书馆协会出版了信息素养（Information Literacy） 问题的报告，指出了信息素养的重要性与信息时代的学校该做什么，这也是信息素养进入教学的一个重要标志②。近年来，数字公民（Digital Citizenship） 概念异军突起，从数字公民的 9 个要素来看，它包含了前述信息素养与计算机文化的内容，但是更加重视信息技术环境下的伦理维度③。虽然这种变迁显示了把信息技术作为教学内容的着重点有所变化，但是这种作为当今社会奠基的基础技术成为教学内容已经毋庸置疑了。

总之，把技术看作教学的内容就是把教学看作技术传承的手段，虽然这反映了两个不同的视角，但是其背后都是有一个共同的背景，那就是技术与人的同一性。正是由于技术的发展反映了人的需求，同时又改造了人，所以人对技术具有无限依赖，因而一切人类活动，或者为人的活动都带上了技术的痕迹，技术在这里既是手段也是目的。

二   发展技术的教学

教学中离不开技术手段的运用，从而教学本身也是技术作用的结果，但是教学由于与技术的交互，它的发展也带动技术的发展。

教学促进技术的发展首先是教学研究者推动的。斯金纳的程序化教学导致了教学机器的诞生④，斯凯德玛利亚与贝雷特的知识建构理论导致了计算机支持的有目的的学习环境与知识论坛的诞生⑤。在这里，一些教学理论起作用的方式就是要借助特定工具来支持教学。在当前，教育信息化已经深入人心，同时，随着软硬件技术的集成化、开源化，各种软硬件技术门槛的降低，各种教育产品公司遍地开花，产业化将会导

---

① 如果按下面信息素养的翻译方法，这里的 Literacy 也应该翻译成"素养"，所以"Computer Literacy"也应该翻译成"计算机素养"，但是鉴于国内大学课程中都翻译成"计算机文化"，这里就沿用这一翻译。

② 孙平、曾晓牧：《认识信息素养》，《大学图书馆学报》2004 年第 4 期。

③ Nine Elements［EB/OL］，digitalcitizenship. /2015 - 01 - 07，http：//digitalcitizenship. net/Nine_ Elements. html.

④ Programmed instruction, Wikipedia, the free encyclopedia, 2014.

⑤ Knowledge Forum, Wikipedia, the free encyclopedia, 2015.

致教学技术产品的大量涌现。这里面就有大量的教学研究者在背后推动。

教学带动技术的发展最重要的是通过教师来实现的。在教学中使用的工具有两种类型，一种是通用的，如语言、文字、信息技术，另一种是专用于教学的，如教学机器以及当前一些专门为教学目的开发的教学软件。但是这两种类型的技术的区别就在于，通用工具需要更多的教师技能参与才能达到专用工具的效果，或者说专用工具里面包含了一些教师技能。从另一个角度来看，这类专用工具是教师技能外化的结果，它们把教师身上一些可以明晰化的技能照搬到了工具上，使工具能够承担教师的一些工作。

北宋御医王惟一制作的针灸铜人就是一个教学的工具①。他用青铜根据真人的大小制作了一个人的模型，铜人的体表镂有穴位，旁边还有文字注有穴位的名字，这样就便于学医的人来辨认人体的各个穴位。同时它还可以是用来考查认穴的准确：首先用黄蜡把所有的穴位封住，然后在铜人内部注满水，被考查的人根据自己对穴位的辨认来用针刺穴位，如果刺中了就会流出水来，否则就刺不进去。这样，王惟一就通过把他自身所具有的如何判断刺穴准确不准确这一能力转化成了这个针灸铜人的功能，由此针灸铜人就成了一种新的教学技术。

近年来，教学推动技术发展的一个最显著的后果就是整合技术的学科教学知识（Technological Pedagogical Content Knowledge，TPCK，后约定为TPACK②）的提出。这是对舒尔曼的学科教学知识的拓展③，把原来教师教育中学科内容与教学法的两分变成了学科内容、教学法与技术的三分，并且在互动中产生了如图 4－1 所示的 TPCK 框架，而这三者的交集处就是整合技术的学科教学知识。

TPCK 的提出，使技术能力凸显为教师本身所必不可少的一项能力。

---

① 针灸铜人＿百度百科［EB/OL］，/2015－01－08. http：//baike. baidu. com/view/46955. htm。

② 全美教师教育学院协会创新与技术委员会：《整合技术的学科教学知识：教育者手册》，任友群、詹艺译，教育科学出版社 2011 年版，中文版序第 2 页。

③ Shulman, L. S. Those who understand：Knowledge Growth in Teaching［J］，Educational Researcher, 1986（2）：4 －14.

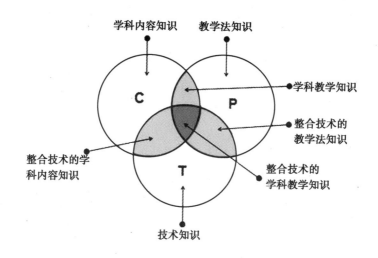

图4-1　TPCK框架及其知识要素①

根据图4-1，教师不但需要掌握单独的学科内容知识、教学法知识或技术知识，而且教师还要求能够把这三种知识整合起来在同一个教学事件中熟练地运用。技术与教学的高度整合就要求技术工具本身能够更多地整合教师的教学技能，这也将成为今后教学软件的一个发展方向。

　　总之，把技术看作教学的目的，这是教学的目的与手段的倒转，也是目的与手段相互转化的一个例证，当然，其背后的原因就是技术与人的同一性。因而，不管是美国教育信息化进程中信息技术的运用还是我们一般教学中应用的技术，它们都是教学本身发展的产物，从技术的角度来看，这就是教学的技术性。

第五章

教学的技术性与教学革新

无所不在的信息技术诱导着我们的思想，使我们认为能够从信息的维度看待一切事物，并且最终把信息作为这个世界的建构基础来分析。①

——约斯·德·穆尔

没有一个强大的教育基础，技术（对工具和技艺的探究）就不可能发展，而一个强大的教育基础反过来依赖于态度而不是制度。②

——拉里·希克曼

在本研究中讲教学的技术性实际上引入了一种新的考察教学的思路，这就必然地对原有的教学范畴进行了解构，下面以教学研究方法的变革、课程概念的转变、教学方法的创新以及新技术的应用为例对此进行说明。

第一节　教学技术性与研究方法变革

教学的技术性告诉我们，作为技术的教学不再是一个完全按照科学理论实施的东西，也不是一个完全艺术化的表现，因而严格的科学研究模型与思辨的研究方法都不是理想的研究方法。对教学来说，如何保证理论与实践的顺理转化是判断当前教学知识合理性的最佳依据，因此对生产教学

---

① 约斯·德·穆尔：《赛博空间的奥德赛——走向虚拟本体论与人类学》，麦永雄译，广西师范大学出版社 2007 年版，第 107 页。

② 拉里·希克曼：《杜威的实用主义技术》，北京大学出版社 2010 年版，中文版序言第 9 页。

知识的教学研究方法进行变革也是顺理成章的事。在教学研究历经了思辨的与科学的方法之后，基于设计的研究（Design – based Research，DBR）正在成为教学研究的新方法。

一　基于设计的研究

基于设计的研究可以把它追溯到皮亚杰的"临床访谈法"、维果茨基"发生历史法"和杜威"实用主义方法"①，这些研究方法的特点就是把教学看作不确定的、复杂的、有条件的事物，因而需要随时随地地调节教学过程以达到特定的教学目的。

在基于设计的研究的形成过程中，不同的学科都起到了推动作用，并诞生了具有学科特色的不同名词，如"design experiment""design research""development research""developmental research""formative intervention"，在中文大致对应着"设计实验""设计研究""发展研究"（教育技术领域也有把它翻译成"开发研究"）"发展性研究""形成性干预"等。

但是不管如何，在基于设计的研究方法的形成过程中，两位心理学家布朗（Ann Brown）与科林斯（Allan Collins）分别起到了重要的作用。

布朗是接受过严格科学训练的发展与教育心理学家，其早期的研究主要是实验室情境的学习研究。但是在意识到实验室情境下的研究成果对改变现实教学的无力感后，即试图彻底改造发展心理学的研究方法——实验法。从 20 世纪 80 年代开始，她就探索新的研究方法，经过十多年的探索于 1992 年在《学习科学杂志》上发表了《设计实验：在课堂环境中创建复杂性干预措施的理论与方法论挑战》，这是布朗被认为是基于设计的研究的创始人的代表作，也是基于设计的研究的奠基之作。在文中她提出了她发展新的研究方法的两大目标②：创建学习理论、推动学习实践。这实际上也是基于设计的研究的基本目标。

布朗主要是从教育研究的角度为基于设计的研究确立了基本的研究框架，而科林斯则以其《迈向一门教育的设计科学》的技术报告宣告了

---

① 刘志波、许惠芳：《基于设计的研究综述》，北京师范大学首都基础教育研究院内部文档。

② Brow N, A. Design experiments：Theoretical and methodological challenges in creating complex interventions in classroom settings. The Journal of the Learning Sciences，1992（2）：141 – 178.

"基于设计的研究"的正式诞生。1990 年 1 月，科林斯受著名的教育与学习技术创新公司 Bolt Beranek & Newman 的委托起草了一份题为《迈向一门教育的设计科学》的技术报告，在该报告中科林斯借用 Simon① 在《人工科学》中提出的区别于自然科学的人工科学或设计科学的想法，把教育学看作一门设计科学，并建议从一些经典的工程科学如航空工程与人工智能中汲取营养，把"设计"的概念引入教育学的研究方法中，他也采用"设计实验"一词作为教学研究的方法论②。

总之，到了世纪之交基于设计的研究得到了广泛的认同，1999 年斯宾塞基金会发起了基于设计的研究团体（Design – Based Research Collective），吸引了来自心理学、认知科学、人类学等多个领域的专家与学者进行相关的研究，以推动这一研究方法的发展。2001 年与 2004 年的《学习科学杂志》专门开展了方法论讨论的专辑，大量的关于基于设计的研究的文章被发表。此外，《Educational Researcher》《Educational Psychologist》《Educational Technology》等杂志在 2003—2006 年先后开辟了基于设计的研究的专题讨论。与此相应地，一些相关课程也开始在高校里出现③：1998 年，华盛顿大学教育学院开设了一门讲授设计实验的课程，课程名称为《为革新技术和教学开发一种认知设计科学》。2001 年，该课程更名为《教育中的设计研究》；2004 年威斯康星大学麦迪逊分校传播与技术学院的 Kurt Squire 开设了《设计实验》课程；2005 年印第安纳大学开设了《学习科学中的理论和方法》课程，重点讲授基于设计的研究；作为基于设计的研究的先锋人物，美国西北大学教育与社会政策学院的科林斯教授也在 2006 年开设了《设计研究》课程。

二　基于设计的研究的技术本性

前面我们看到，基于设计的研究是一些优秀的研究人员对原有研究方法的批判改造，主要是在科学研究的基础上，根据教学研究的实际需要自发地形成的，在目前也已经得到了较为广泛的认同。分析基于设计的研究

---

① 中文名司马贺，《人工科学》一书由武夷山翻译，上海科技教育出版社出版。

② Collins, A. Toward a design science of education [A], Scanlon E. & O. Shea T. New Directions in Educational Technology. New York：Springer – Verlag, 1992：15 – 22.

③ 刘志波、许惠芳：《基于设计的研究综述》，北京师范大学首都基础教育研究院内部文档。

的特点与操作程序，我们发现其非常符合我们对技术性的理解。

关于设计研究的特点，斯坦福大学的 Shavelson 等人的归纳比较经典，也得到了大量的引用。他们认为设计性研究具有"迭代的、关注过程的、干预主义的、合作的、多层次的、实用导向的以及理论驱动的"①（iterative, process focused, interventionist, collaborative, multileveled, utility oriented, and theory Driven）的特征。Akker 等人对基于设计的研究特点的归纳也得到了众多的关注，他们认为基于设计的研究的特点有②：干预主义、迭代、参与导向的、过程导向、应用导向、理论导向。我国学者杨南昌提出的基于设计的研究的六大特征分别是干预主义与设计导向、迭代循环与过程导向、实用主义与效用导向、贯一性与理论导向、整合性、境脉性③。

关于基于设计的研究的研究过程，佐治亚大学教育技术博士生维护的网站——基于设计的研究电子绩效支持系统——上有详细的解释，他们把这个过程分成了 9 个部分④：（1）从一个有意义的问题开始；（2）与实践者合作；（3）整合现有的关于教与学的稳定理论；（4）做文献综述、需求分析来等以产生一个研究对象；（5）设计教学干预；（6）开发、实施与修改教学干预；（7）评估教学干预的影响；（8）迭代上述过程；（9）报告基于设计的研究过程。

从上述对基于设计的研究的特征与实施过程的讨论，我们发现它非常符合我们对技术性的三个特点的概括：创造性，具身性与合目的性。

首先，基于设计的研究是为创造而生的。设计的目的就是为了创造，只不过在教学研究中这种创造的东西范围非常广，大到学习环境，小到一个教学环节，所有能够影响到教学运行的因素都需要设计需要改造。正如布朗在《设计实验：在课堂环境中创建复杂性干预措施的理论与方法论挑

---

① Shavelson R J, Phillips D C, Towne L, et. al. On the Science of Education Design Studies. Educational Researcher, 2003, 32（1）：25－28.

② Akker J V den, Gravemeijer K, McKenney S, et. al. Educational Design Research. London；New York：Routledge, 2006：5.

③ 杨南昌：《基于设计的研究：正在兴起的学习研究新范式》，《中国电化教育》2007 年第 5 期。

④ How do I get started with Design－Based Research（DBR）？ ［EB/OL］./2014－12－18. http：//dbr. coe. uga. edu/enact01. htm.

战》中所说的，设计研究是为了创建学习理论，推动学习实践。可想而知，如果仅仅是为了创建学习理论，实验室的环境可能更加容易，但是不容易的是推动学习实践，因为实验室的研究成果在对真实教学的改变上效果差强人意，布朗才转向了设计实验，所以说设计实验的最根本目的就在于推动学习实践，对实践做出改变。

其次，基于设计的研究需要身体的参与。我们注意到前面对基于设计的研究特点的描述中提到参与导向、合作的、境脉性、与实践者合作，这些词充分表明了研究过程就是研究者身体参与设计研究的过程，没有身体的参与就很难称其为基于设计的研究。实验室教学研究的失败原因之一就在于科学家的身体不参与现实的教学活动，他们不能完全掌握真实环境中的教学情况，因而他们提出的教学干预也很难令人满意。

最后，基于设计的研究也是一个合目的性的过程。基于设计的研究往往都是从一个真实问题开始的，以该问题的解决为目的，在这个过程围绕着目的不断地迭代以接近这个目的，按控制论的话来说就是通过负反馈来实现目的。实际上控制论中对合目的性的理解就是指一切趋达目标的负反馈调节，而负反馈调节过程就是个迭代的过程。此外，基于设计的研究的效用导向特点也是合目的性的另一种表达。

由此可以看出，基于设计的研究具有技术的本性，它符合作为技术的教学对研究方法的预期。

三　基于设计的研究的教学研究创新

拉格曼在《一门捉摸不定的科学：困扰不断的教育研究的历史》的第二章描述了杜威与桑代克两者对教学研究的不同观点及其对抗。杜威强调 "实验性的教育研究必须在自然环境里、在学校里进行"[1]，桑代克则 "呼吁重视把教育研究建立在进行控制性实验和精确的定量测量的基础上"[2]。在两者的角力中，看起来桑代克 "赢了"，杜威 "输了"，但是很明显桑代克赢得并不彻底，至少今天我们提出的基于设计的研究很明显就存在着杜威的元素，当然更准确地说基于设计的研究实际上是两者的合

---

① 拉格曼：《一门捉摸不定的科学：困扰不断的教育研究的历史》，花海燕等译，教育科学出版社 2006 年版，第 48 页。

② 同上书，第 58 页。

流。基于设计的研究采纳了杜威提出的教学研究必须要在真实环境中进行，这也是布朗采用设计实验的初衷，而基于设计的研究中的理论导向又会导致它服膺于桑代克的科学原则。可以这么说，基于设计的研究本身所具有的实用主义倾向决定了它不可能绝对地与某种东西决裂，即使在这里看起来与其格格不入的实验室研究。

实际上，基于设计的研究已经被看作一种很有希望的教学研究方法新范式，《基于设计的研究：一个正在浮现的教育探究范式》①《基于设计的研究：正在兴起的学习研究新范式》②《基于设计的研究——教育技术学研究的一种新范式》③《基于设计的研究：教育技术学研究的新取向》④《基于设计的研究：教育研究范式的创新》⑤ 这一系列的论文都在争相宣告这种研究方法的合宜之处。

我们同意上述论文作者的观点，也不准备做锦上添花式的论证，只是强调"设计"作为技术活动的起始点，以此作为研究方法论的核心是我们从技术视角审视教学所愿意看到的。

第二节　教学技术性与课程理念的转变

2014 年 5 月，由新华社新媒体中心、新华社北京分社和北京电视台联合打造的《真相》节目播出了《MOOC，当传统遇到新媒体》，里面讲到河北赞皇德裕学校的中学生刻苦学习的结果——高考依然是不理想。但是通过网络，把人大附中的教师上课的过程实时或通过录像传给赞皇德裕学校，该学校教师在课堂上通过播放上课录像的方式来讲授新课，同时其

---

①　The Design – Based Research Collective. Design – Based Research：An Emerging Paradigm for Educational Inquiry. Educational Researcher，2003，32（1）：5 – 8.

②　杨南昌：《基于设计的研究：正在兴起的学习研究新范式》，《中国电化教育》2007 年第 5 期。

③　张文兰、刘俊生：《基于设计的研究——教育技术学研究的一种新范式》，《电化教育研究》2007 年第 10 期。

④　焦建利：《基于设计的研究：教育技术学研究的新取向》，《现代教育技术》2008 年第 5 期。

⑤　王文静：《基于设计的研究：教育研究范式的创新》，《教育理论与实践》2010 年第 22 期。

自己则专门做答疑。通过一学期的教学，该校通过网络教育的实验班比普通班的成绩平均分高出近 20 分①。而实际上这项由人大附中发起的被称作"双师教学"的教学改革在全国至少有 13 所试点学校，除了上述赞皇德裕学校外，广西阳朔朝板山中学的年级平均分仅 56.6 分，而试点班的平均分却高达 92.7 分，高出了 36 分；内蒙古和林二中的年级平均分 39.5 分，试点班则为 59.7 分②。这些数据在肯定了这种模式的有效性之余，也给我们带来了新的思考，当教育遭遇新技术，究竟会产生怎样的碰撞呢？MOOC 的大行其道对课程理念会带来怎样的变化呢？

一　MOOC 概述

所谓 MOOC 就是大规模开放在线课程（Massive Open Online Course）的简称，也是国际开放教育资源（Open Educational Resources，OER）运动的最新发展，一般认为 2008 年 9 月，由 George Siemens 和 Stephen Downes 合作开设的《Connectivism and Connective Knowledge》（简称 CCK08）在线课程是第一门真正的 MOOC③④⑤⑥⑦。虽然其发展历史不长，但是一批世界顶级高校包括哈佛大学、耶鲁大学、麻省理工学院、普林斯顿大学、加利福尼亚大学伯克利分校等都纷纷加入了这场运动，帕帕诺（Laura Pappano）在《纽约时报》中发表文章称 2012 年为"MOOC 之年"⑧，斯坦福大学校长轩尼诗

---

① http://p.t.qq.com/longweibo/page.php? lid = 6949464584914323783.

② 人大附中"慕课"计划把名师资源送进偏远山区［EB/OL］，［2014 - 5 - 13］，http://www.rdfz.cn/mxwgg/mtbd/201404/t20140417_26397.html。

③ 李青、王涛：《MOOC：一种基于连通主义的巨型开放课程模式》，《中国远程教育》2012 年第 3 期。

④ 王文礼：《MOOC 的发展及其对高等教育的影响》，《江苏高教》2013 年第 2 期。

⑤ 樊文强：《基于关联主义的大规模网络开放课程（MOOC）及其学习支持》，《远程教育杂志》2012 年第 3 期。

⑥ Thompson K. 7 Things You Should Know About Moocs［EB/OL］，（2011 - 11 - 09）［2013 - 05 - 07］，http://www.educause.edu/ir/library/pdf/eli7078.pdf.

⑦ FLYNN J T. Moocs：Disruptive Innovation and the Future of Higher Education，Christian Education Journal，2013，10（1）：149 - 162.

⑧ Pappano L. Massive Open Online Courses Are Multiplying at a Rapid Pace［EB/OL］，The New York Times，（2012 - 11 - 02）［2013 - 05 - 07］，http://www.nytimes.com/2012/11/04/education/edlife/massive - open - online - courses - are - multiplying - at - a - rapid - pace.html.

（John LeRoy Hennessy）更是把 MOOC 比作一场"数字海啸"（Digital Tsu-nami），称其有可能把传统大学全部冲走①。

　　MOOC 在短时间内引起高等教育界的关注一方面跟开放教育资源运动在前期的铺垫有关；另一方面它在学习理念、社会影响等方面带来了一些新的东西。

　　开放教育资源运动是 21 世纪以来世界高等教育领域的一个热门议题。2001 年 4 月 4 日，麻省理工学院院长宣布启动开放课件（Open Courseware，OCW）工程，准备用 10 年的时间把麻省理工学院开设的所有课程材料都放到网上共享。根据 OCW 官方网站（http：//ocw. mit. edu）提供的最新报告，直到 2012 年 9 月，OCW 上已经开放了 2151 门课，共有 696 名终身教职人员（占总数的 78% 左右）参与了 OCW，并且其中有 1018 门课程被翻译成其他语言②，麻省理工学院作为世界名校，它的 OCW 项目引领了全球开放教育资源运动的风潮。2002 年，"开放课件对发展中国家高等教育的影响"专题论坛在巴黎召开了，首次提出"开放教育资源"的概念用来替代早先麻省理工学院的"开放课件"概念，并给出开放教育资源的第一个定义：通过信息技术公开提供教育资源，以满足社区用户非商业用途的咨询、利用和改编③。2003 年 4 月，我国开始启动国家级精品课程建设项目，计划用 5 年时间建设 1500 门课程，并把它们放到网上向公众免费开放，以实现优质教学资源的共享，这也是我国参与世界开放教育资源运动的开始，其后 2007 年又规划了 3000 门国家级精品课程，2012 年在原有的国家级精品课程的基础上开始国家精品资源共享课建设项目，计划在"十二五"期间支持建设 5000 门国家级精品资源

---

　　① Boxall M. MOOCs：a massive opportunity for higher education，or digital hype？［EB/OL］，The Guardian. （2012 – 08 – 08）［2013 – 05 – 07］，http：//www. guardian. co. uk/higher – education – network/blog/2012/aug/08/mooc – coursera – higher – education – investment.

　　② Monthly Reports［EB/OL］，（2012 – 09 – 10）［2013 – 05 – 07］，http：//ocw. mit. edu/a-bout/site – statistics/monthly – reports/MITOCW_ DB_ 2012_ 09. pdf.

　　③ UNESCO. Forum on the Impact of Open Courseware for Higher Education in Developing Countries ［EB/OL］，（2002 – 07 – 01）［2013 – 05 – 25］. http：//unesdoc. unesco. org/images/0012/001285/ 128515e. pdf.

共享课①。2005 年国际经合组织（OECD）下属的教育研究与创新中心（Centre for Educational Research and Innovation，CERI）启动了一项为期 20 个月的研究，旨在通过对开放教育资源的目的、内容与资助情况的分析来了解它的规模与范围，2007 年 5 月发表了其主要成果《免费的知识供给：开放教育资源的兴起》，在里面给出了他们对开放教育资源的定义：提供给教育者、学习者、自学者的数字化材料，以帮助他们的教学、学习与研究。包括学习内容，以及分发内容的软件工具以及使用资源的开放许可协议②。2006 年，英国开放大学启动了"开放学习"（Open Learn）项目，该项目在英国开放大学原有的教学资源的基础上，不但免费提供了学习材料还有一些软件平台来支持学习者进行协作学习，项目同时运营两个网站，即 Learning Space 与 Lab Space，顾名思义前者主要负责学习材料的提供，后者则主要提供在线的协作与实践场所，英国开放大学作为专业的远程高等教育提供者，在开放教育资源运动中提供了比 OCW 更多种类的资源供学习者使用，从另一方面来看也是弥补了 OCW 的不足，此后荷兰开放大学、欧洲远程教学大学协会等纷纷发起了类似的开放教育资源项目。

开放教育资源运动在全球高等教育领域的风行为当前 MOOC 的诞生提供了良好的理论与实践基础，甚至我们可以把 MOOC 看作开放教育资源的升级版。如 2007 年秋季，犹他州立大学教学技术与学习科学系的 David Wiley 利用 Wiki 平台发起了一门开放课程《Introduction to Open Education》，允许世界各地的用户来参与课程，该课程现在被认为是奠定 MOOC 思想基础和技术准备的两门课程之一③，同时也是犹他州立大学 OCW 项目众多课程中的一门。奠定 MOOC 思想基础和技术准备的另一门课程是《Social Media & Open Education》，由加拿大里贾纳大学教育学院的 Alec Couros 教授主持，同时该课程邀请了全球的众多专家远程参与教学。该课程第一次开设是在 2008 年年初，当时至少另外请了 9 位专家通过远程的

---

① 教育部办公厅关于印发《精品资源共享课建设工作实施办法》的通知［EB/OL］，/ 2014 - 12 - 18，http：//news. jingpinke. com/details？ uuid = f11c87e6 - 137c - 1000 - bad4 - 9bd9a94f2948。

② OECD，Giving Knowledge for Free：The Emergence of Open Educational Resources. Paris：Organisation for Economic Co - operation and Development，2007.

③ 李青、王涛：《MOOC：一种基于连通主义的巨型开放课程模式》，《中国远程教育》2012 年第 3 期。

方式来参与课程教学,如 2008 年 2 月 5 日请 George Siemens 讲授《Connectivism》,2008 年 3 月 11 日请 Stephen Downes 讲授《Personal Learning》,这两位是当前 MOOC 潮流的引领者。

但是我们要知道,MOOC 除了是开放教育资源运动的一种新近形式外,它还有另一个特点,即连接主义理论在网络教育中的实践。实际上当前被叫作 MOOC 的东西,实际上代表了两类网络课程开发与运行模式——cMOOC 与 xMOOC。xMOOC 主要延续了开放教育资源运动的主流模式,主要以提供精心制作的教学材料为主,当前较为热门的 xMOOC 基本上都跟美国的一些名校有关:如 edX 是一个由麻省理工学院和哈佛大学合作推出的 MOOC 平台,到 2013 年 5 月吸引了全世界 11 个国家与地区的 27 所大学在平台上开课,其中包括了中国的清华大学与北京大学①;Coursera 是由吴恩达和达芙妮·科勒联合创建的在线教育公司,其创建的初衷在于在同世界顶尖大学合作,提供免费的在线课程,至今已经吸引了全世界 8 个国家与地区的 35 所大学在该平台上开设课程;Udacity 是前斯坦福大学教授,如今的 Google x 实验室研究人员 Sebastian Thrun 创建的在线大学网站,其主要目的就是将顶尖的大学课程免费共享给全世界所有的人。

xMOOC 主要还是以知识的传播为主的,相对来说 cMOOC 则侧重在知识的创造。cMOOC 是基于连接主义理论的 MOOC,以 George Siemens,Stephen Downes,Jim Groom,Dave Cormier 等人的实践为代表,典型的课程有《Connectivism and Connective Knowledge》《Personal Learning Environments Networks and Knowledge》《Learning Analytics and Knowledge》《Educational Technology MOOC》《Open Learning Design Studio MOOC》等。这两种 MOOC 实际上把当前大学人才培养、科学研究与社会服务三者都融合进自己的运作过程中了。但是在当前,这种类型的 MOOC 也存在曲高和寡的问题。

二 cMooc 与 xMooc

MOOC 的迅速发展,带来的问题就是很多被称作 MOOC 的东西,在其实际运行表现很不一样,现在有一个比较通用的分类法,即 cMOOC 与

---

① edX [EB/OL],[2013 - 05 - 31],http://zh. wikipedia. org/w/index. php? title = EdX&oldid = 26688554.

xMOOC 的两分。早期一批基于连接主义（Connectivist）理论开设的 MOOC 被称作 cMOOC，如《Connectivism and Connective Knowledge》《Personal Learning Environments Networks and Knowledge》与《Learning Analytics and Knowledge》等，这些课程带有比较浓郁的理想主义色彩。它以连接主义教育原理为基础的，强调了独立的、创造性的、基于社交网络的学习方式。这一类课程的运行模式如下：（1）课程的发起人在某个中心网站建立课程，发布以周为单位的教学日程表以及其他一些必要的教学材料，如课程介绍、教学大纲等；（2）学习者根据发布的课程信息选择是否注册到课程；（3）每一周教师根据教学日程表发布相关的课程材料与学习任务，这些材料无须刻意地放到课程网站上，往往提供网络链接就可以；（4）学习者每周访问课程网站，根据提供的资源，完成作业。在这个过程中，学习者往往通过论坛、博客、微博等平台参与课程内容的讨论，而教师则负责把这些讨论的内容进行整理与精编并通过每日通信等方式分发到各个学员手上；（5）为了帮助学习者更好地学习，课程组织者有时也会组织专家讲座、实时研讨等活动。

在 cMOOC 的整个运行过程中，学习者的学习与教师对学习者学习结果的整理与分发是其精髓。在《连接主义：数字时代的学习理论》中连接主义理论创始人 George Siemens 提出了连接主义的八条原理 [1]：（1）学习和知识存在于观点的多样性中；（2）学习是连接特殊节点或信息源的过程；（3）学习可能存在于非人的器具中；（4）学习更多知识的这种能力比我们现在了解了什么更为关键；（5）需要培养和维护连接来促进连续学习；（6）看到不同领域、想法和概念之间连接的能力乃是核心技能；（7）所有连接主义者的学习目的就是持续更新知识以保证其正确性；（8）决策就是学习过程。由此可见，在连接主义理路看来学习的过程就是把多样化的观点、不同的信息进行相互连接，或者简单地说学习就是连接，因此所谓的学习能力就是在不同领域、想法与概念之间建立连接的能力。所以，cMOOC 在课程的开设中除了把大量存放在网络上各个地方的资源链接到课程网站外，还积极引导学习者对这些材料进行一定的连接（学习），同时把学习的结果进一步整理发还给学生以作进一步学习之用。

---

[1]　Siemens G. Connectivism: A Learning Theory for the Digital Age. International Journal of Instructional Technology & Distance Learning, 2005, 2 (1): 3 - 10.

在这样的循环往复中，确保学习者对课程的内容进行多方位、多角度的思考与连接，这也是 cMOOC 的特点所在。Stephen Downes 在《连接主义与连接的知识》一文中总结了 cMOOC 教学的四种主要活动[①]：

（1）集聚（Aggregation）。cMOOC 的主要观点就是提供一个起始点以进入大量的、存放在不同地方的学习材料。这些材料以新闻组或网页链接的方式发给课程参与者。在传统的课程里这些材料是事先准备好的。

（2）再组合（remixing）。课程中的材料或其他任何地方的材料可以重新联系组织起来。

（3）每个课程参与者可以根据自己的目的重新组织课程材料。

（4）与其他课程参与者分享自己重组后的材料与思想。

而由一些美国的精英院校所发起的网站，如 Udacity、edX 与 Coursera 等，发布了一些免费的公开课程就叫作 xMOOC。这些课程与先前流行的视频公开课不同：从视频样式来看，视频公开课往往都是课堂实录，而 xMOOC 则是专门为了 MOOC 平台设计课程视频，视频长度往往也比较短小（少于 15 分钟），而且视频中会嵌入一些测验；从课程组织方式来看，视频公开课仅仅提供课堂视频，其他的学习过程与资料都由学习者自己掌握，而 xMOOC 则尽量模仿校园课程，如在开课前要求学生了解课表与上课安排并注册到该课程，在课程中要求在特定的时间里完成一定量的作业，并且往往都需要通过期中考与期末考，通过考试的学生还会获得由这些网站提供的证书。

xMOOC 最为吸引人眼球的就是其开放大规模的特性。Coursera 联合创始人、机器学习领域的泰斗吴恩达（Andrew Ng）在 Coursera 上开设的《机器学习》课程有 10 万人选修，他在接受环球企业家网站采访的时候说："你想，我在斯坦福大学一年教 400 个学生。也就是说那么多学生，我要教 250 年才能教完。"[②] xMOOC 在引来大规模学习者的时候也引来非议，如加拿大阿萨巴斯卡的约翰·巴格利就说："MOOC 要比以前的在线教育形式更简单、更缺人情味：没有教师，没有指导，没有学费，也没有

---

① Downes S. 《Connectivism》and Connective Knowledge ［EB/OL］，Huffington Post，2011 - 05 - 25/2013 - 05 - 30，http：//www. huffingtonpost. com/stephen - downes/connectivism - and - connecti_ b_ 804653. html.

② Coursera 创始人吴恩达：翻转课堂 ［EB/OL］．/2014 - 12 - 20. http：//tech. 163. com/13/ 0830/21/97I9HEAP000915BF. html？f = jsearch。

入学要求……它是迄今为止最易于实施的教育形式。"① 美国圣何塞州立大学哲学系教师也集体反对 MOOC，在给桑德尔的公开信中，他们认为 MOOC 由于减少了教师与学生的互动将会损害高等教育的质量，同时拉大了精英大学与普通院校之间教育服务的差距，最终会破坏高等教育多元化发展的秩序②。

在我们看来连接主义学习理论作为一种仓促推出的学习理论要得到广泛的承认还需要大量的经验证据来支持，但是 cMOOC 实践对信息时代的学习带来了很多值得关注的亮点，如非线性的内容组织，以创造为目的的课程学习等。而 xMOOC 虽然非议不断，甚至在 2013 年 9 月哈佛大学提出小规模限制性在线课程（Small Private Online Course，SPOC），公然对抗 MOOC 的大规模、公开原则，一度使 xMOOC 前景暗淡。但是，在我们看来 xMOOC 在打破知识的控制方面还是卓有成效，因而有可能继续为政治服务，从而也吸引资本力量的进入，最终推动 MOOC 的继续前行。

三　现代与后现代的课程理念

在课程理念中，现代与后现代的对峙是一个显而易见的话题。现代的理念根植于科学的力量化。古希腊的科学是一种纯粹的出于理性认识兴趣的东西，但是培根最终把科学导向了功用，而工业革命更是把科学跟效率画上了等号。多尔在《后现代课程观》中对美国课程的现代范式描画得入木三分③。首先，工业中对生产效率的追求诞生了对取得特定结果的数量与所花费时间的测量，这种特定化与量化的手段使教学目的变得琐碎化。同时，移植工业中装配线上的效率技术，把完整的课堂分割成几个彼此独立的班级与年级，并把一个完整的学习日分割成几个 35—45 分钟的时间单元以使各种教学资源能够更加高效地利用起来。二战中美国的成功展示了这种效率观念的威力，社会对人才的需求日趋专业化。而专业人员的培养又是遵从线性的、简化的模式：先学习理论知识，再是应用知识，最后是专业实习。这种专业人员的培养模式印刻着学科知识的等级观，而

① 约翰·巴格利、陈丽、年智英：《反思 MOOC 热潮》，《开放教育研究》2014 年第 1 期。

② 美国：圣何塞州立大学教师集体反对在线课程［EB/OL］./2014 - 12 - 20. http：// www. cdgdc. edu. cn/xwyyjsjyxx/zxns/zxzx/mg/zxzx/277612. shtml。

③ 多尔：《后现代课程观》，王红宇译，教育科学出版社 2003 年版，第 30—85 页。

这种知识的等级观可以一直追溯到亚里士多德对知识的整理。在多尔看来，这一切都是现代范式的封闭性所带来的遗祸。

现代范式的课程观在泰勒原理中得到了集中的体现，这个原理由四个问题组成，即学校教育的目标是什么，为了达成这些目标需要给学生提供什么样的经验，如何组织好这些经验，如何确定这些经验正在实现①。在这里预定的目标成了整个课程组织的核心，所有的工作包括内容的选择，方法的使用以及评价的指向都服从于这个目标，这就为现代课程范式的标准化与效率观提供了方便，或者说它本身就是现代性的产物。实际上xMOOC 中奉行的就是这一套，而且在技术的帮助下效率观得到了极大的张扬，因而不是我们这里讨论课程理念的主角，相比于它我们更加关注cMOOC 中所体现的课程新理念。

虽然说现代与后现代并非一对绝对对立的概念，但是人类思维追求确定性、清晰性的要求使我们往往倾向于用非此即彼的方法来对其定位。如果非得套用这样的思路来区分现代性与后现代性的话，我们认为现代性就是通过简单化来获取效率，而后现代性则是通过复杂化来得到创新，两者的手段可能有对立之处，但目的却可以并行不悖。当然我们也看到，当前课程领域现代性思维的流行实际上存在着对创新的压抑，因而为了实现课程的创新我们需要后现代的思想来观照。

后现代的复杂性与丰富性决定了它不能是一个"主义"，或者说它不能是一家之言，因而后现代的课程观不是一种而是多种，张文军在《后现代课程观初探》中就提出以课程观所关心的问题与理论取向为依据把后现代课程观分成 3 类，即以注重相互依存和维持生态为主题的课程观、以平等民主等乌托邦思想为主题的课程观、以混沌学和无限宇宙观为基础的课程观②。在我们看来，既然后现代是强调丰富性的东西，那么在其内部怎么就不能容纳现代的课程观呢？所以现代的课程观应该也是广义的后现代课程理论中的一员。不过，我们今天讨论的主角是所谓"真正的"后现代课程观——多尔等人的以混沌学和无限宇宙观为基础的课程观。

在《后现代课程观》中，多尔提出了一个不同于泰勒原理的 4R 后现

---

① 泰勒：《课程与教学的基本原理：英汉对照版》，罗康、张阅译，中国轻工业出版社 2008年版，第 1 页。

② 张文军：《后现代课程观初探》，《华东师范大学学报》（教育科学版）1997 年第 4 期。

代课程标准，即丰富性、回归性、关联性和严密性①。所谓丰富性"是指课程的深度、意义的层次、多种可能性或多重解释"②，也就是说课程中允许存在适量的"不确定性、异常性、模糊性、不平衡性、耗散性和生动的经验"③。回归性不是简单重复，而是一种带有反思色彩的思考的循环，它没有固定起点与终点，它以终点为起点。关联性要求在教育中课程不是固定不变的，而是随着学生在教学过程中个人思考的不同而不同，甚至是思考的结果。多尔认为，最后的严密性是四个标准中最重要的一个，它有助于后现代在反现代的过程中的矫枉过正，不使课程落入相对主义或唯我论。但是后现代的严密性不是指学术逻辑、科学观察和数学精确性，因为这些都是现代性的严密，后现代的严密更多的是解释的合理性和选择的不确定性。

多尔的 4R 标准作为一种建设性的后现代课程原理自从 20 世纪 90 年代提出来后，虽然关注的人非常多，但是赞誉多于挑战，派纳等人甚至认为它已经取代了泰勒原理④。如果说多尔的 4R 标准已经揭示了后现代课程的真理的话，那么 cMOOC 则已经在手握后现代课程的真谛了。4R 的原则似乎从来没有如此和谐聚集在一种课程中，除了 cMOOC。

四　走向后现代的课程理念

桑新民教授对传统的课程教学有一个独特的理解，他认为传统的教学以教师个体劳动为基础，再加上机械化灌输与标准化考试，是典型的小农经济加工业化生产的结合，在信息时代必须有所改变，而 MOOC 在世界范围内的流行正是改变当前课程教学模式的一个契机⑤。对我们来说，MOOC 与其说是一种教学创新，不如说是课程理念的一次变革。

从前述两种 MOOC 来看，xMOOC 基本上就是把传统教学的那一套搬到了网上，并用现代的技术手段助长课程的传播，实际上是现代范式的效率观念在作祟。所以，圣何塞州立大学哲学系教师给桑德尔的公开信中所

① 多尔：《后现代课程观》，王红宇译，教育科学出版社 2003 年版，第 250 页。

② 同上。

③ 同上。

④ 威廉·F. 派纳、威廉·M. 雷诺兹、帕特里克·斯莱特里等：《理解课程》，张华等译，教育科学出版社 2003 年版，第 519 页。

⑤ 桑新民：《MOOCs 热潮中的冷思考》，《中国高教研究》2014 年第 6 期。

宣泄的不满情绪就有讨伐现代性的意味。桑德尔《正义论》所代表的精英大学教学在 xMOOC 的推动下压迫了普通院校的教学，并有可能使大学教学一元化现象的出现，哈佛大学 SPOC 的提出实际上也是对此的一个无声回应。与 xMOOC 相反的是 cMOOC 的曲高和寡，可以说虽然 MOOC 因 cMOOC 而起，但是 MOOC 的大行其道中几乎已经不见了它的影子。而 MOOC 早期的推动者在某种意义上已经在可以疏离这个概念，Siemens 就说 MOOC 不过是一个平台而已，它可以承载不同的理念而实现不同的效果①。由此可见，xMOOC 与 cMOOC 虽然都被称作 MOOC，但是它们内在的课程理念是截然不同甚至对立的。xMOOC 背后的现代课程理念已经被我们熟悉了，所以我们来讨论 cMOOC 所体现出来的后现代课程意蕴。

首先，网络的开放性以及内容共建共享的原则给 cMOOC 带来了大量的来自不同地域及不同文化背景的阅读者、注释者与创造者，这无疑使课程内容能够在丰富的前提下趋向深入，同时众多的注释者与创造者也给课程内容的诠释带来深入与多样化，这就是丰富性原则的达成。

其次，cMOOC 中学习者可以根据自己的需要重新组织教学材料，同时，上一阶段学习的成果可能作为下一阶段的学习材料，这就体现了课程的回归性与关联性。因为 cMOOC 的课程负责人往往以提供网络连接的方式来提供课程材料，这就意味着每个人根据自己的不同情况有不同的材料阅读顺序，这也就产生了不同的阅读后果，课程的实施过程跟学习者的个人学习经历密切相关，同时不同地域文化的学习者对这些网络链接的关注点也不一样，课程内容是经过了文化背景的过滤因而也可以实现文化的关联性。同时，把上一阶段每位学习者的学习成果作为下一阶段学习的材料本身这一做法就是回归与迭代的做法，促使学习者不断地反思自己与他人的学习成果。

最后，4R 中的严密性也蕴含于 cMOOC 的运行过程中。cMOOC 中的学习者往往不会把课程提供的所有材料阅读完，因为随着参与人数的增多，大家提供的材料会非常多，甚至材料之间相互抵牾，所以更多时候学习者只是在合理的范围内来选择阅读部分材料，只要他认为已经理解了所要求理解的内容就行。在后续的讨论区讨论中，或者如多尔说的"批判性

---

① MOOCs are really a platform［EB/OL］./2014 - 12 - 21. http：//www. elearnspace. org/blog/2012/07/25/moocs - are - really - a - platform/.

的但又是支持性的社区"① 中，大家只要各抒己见，同时认真地反思、调整，最终就能达到后现代所认同的严密性——不确定性和解释性的组合。

正如桑新民教授所说的，当前的课程教学需要超越小农经济与工业化大生产的做法，我想后现代课程观作为对现代与前现代课程观的挑战值得我们在信息时代守望，cMOOC 不经意间流露的后现代课程理念使我们看到了这种希望。虽然主张后现代的人有非常多忌讳"技术"一词，在我看来这里存在着误解，但是我还是不得不说，教学的技术性孕育着后现代。cMOOC 中体现出来的后现代课程理念，从根本上来说与技术有关，技术参与教学使这些理念得到生发、可见，这也是教学的技术性对课程理念的贡献。

第三节　教学技术性与教学模式的创新

当传统的讲授法不能因材施教，当项目学习不能系统传授知识，教学要走向何方？这是每一个热心教育事业的人们都愿意探讨的问题。如今正风靡于美国的翻转式学习（Flipped Learning）似乎给出了一种探索的结果，各大媒体争相追捧：2011 年 11 月 28 日，加拿大的《环球邮报》刊登了一篇题为《课堂技术发展简史》的文章，其中把"翻转式课堂"定为 2011 年的课堂技术变革②；2011 年 12 月 15 日，美国著名的在线教育媒体——电子校园新闻网（www. eschoolnews. com）在 2011 年年末盘点年度教育技术的十大要事，翻转式课堂名列其中③；2012 年 1 月 5 日，《匹兹堡邮报》称翻转式课堂为教育的新转机（New Twist in Education）④。

---

① 多尔：《后现代课程观》，王红宇译，教育科学出版社 2003 年版，第 261 页。

② Timeline：Classroom technology from papyrus to iPads［EB/OL］. The Globe and Mail, 2011 – 11 – 28. ［2012 – 01 – 31］. http：//www. theglobeandmail. com/news/national/education/timeline – classroom – technology – from – papyrus – to – ipads/article640942/.

③ The 10 biggest ed – tech stories of 2011［EB/OL］. （2011 – 12 – 15）［2012 – 01 – 03］. http：//www. eschoolnews. com/2011/12/15/the – 10 – biggest – ed – tech – stories – of – 2011/print/.

④ New twist in education："Flipped classroom" makes homework an in – school effort, puts lectures online – Pittsburgh Post – Gazette［EB/OL］. （2012 – 01 – 05）［2012 – 04 – 27］. http：//www. post – gazette. com/stories/local/neighborhoods – west/new – twist – in – education – flipped – class- room – makes – homework – an – in – school – effort – puts – lectures – online – 216213/.

2012 年 6 月 27 日，以了解教师想法、改善美国教学工具与教学材料为己任的教室之窗（ClassroomWindow. com）网站发布了一个正在进行中的调查①的数据，在近 500 名参与调查的教师中，88% 的教师认为翻转式课堂提高了他们工作满意度，67% 认为提高了学生的学业成绩，80% 认为提升了学生的学习积极性，99% 的教师希望在下一年度继续实践翻转式课堂②。国内《中小学信息技术教育》杂志也在 2012 年第 3 期开辟专栏来介绍美国的翻转式教学实践，其中台湾地区知名的 e-learning 专家邹景平撰文称其为"破坏式创新"，并断言"传统教育体制可能在十年内逐步走向崩塌"③。

笔者认为，翻转式课堂的一夜爆红并非偶然，其后面有着深刻的教育学与技术学的原因。在这里我们先介绍翻转式课堂的由来，它对教学的创新以及它在实际中的应用模式，最后谈谈从翻转式课堂中所体现的技术对课程与教学的重大影响。

一　翻转课堂概述

所谓翻转课堂，简单地说就是将传统课堂中的教学事件移到课堂外，而原来课堂外的工作进入课堂中。典型的就是把原来课堂中的讲授，通过录音、录像等技术手段把这个过程转移到课堂外，而原来的课外作业与辅导则搬进课堂，成了课堂的主角，这样把传统学校教育中课堂内外的教学事件进行了颠倒（国内因此也有人把它翻译成颠倒式课堂），翻转式课堂一词也因此而来。

虽然翻转式课堂在 2011 年的走红得益于中学化学教师伯格曼（Jonathan Bergmann）与萨姆斯（Aaron Sams）的传播，但是其最初的尝试却在高校。早在 20 世纪 90 年代，哈佛大学的马祖尔（Eric Mazur）教授就发

---

① TeacherView Survey：Flipped Classrooms［EB/OL］，［2013 – 5 – 13］，https：//classroom-window. wufoo. com/forms/teacherview – survey – flipped – classrooms/［］Flipped Classrooms：Improved Test Scores and Teacher Satisfaction［EB/OL］. ［2012 – 06 – 30］. http：//classroomwindow. com/flipped – classrooms – improved – test – scores – and – teacher – satisfaction/.

② Flipped Classrooms：Improved Test Scores and Teacher Satisfaction［EB/OL］. ［2012 – 06 – 30］. http：//classroomwindow. com/flipped – classrooms – improved – test – scores – and – teacher – satisfaction/.

③ 邹景平：《教育的"破坏式创新"上场了》，《中小学信息技术教育》2012 年第 3 期。

现通过计算机的帮助让他可以省下大量的讲授时间，他和他的助教用这些时间来指导学生学习①。2000 年，迈阿密大学的拉赫（Maureen J. Lage）等人提出传统的课堂讲授不能适合学生多样的学习风格，提出翻转课堂（Inverted Classroom）的概念②。同年，威斯康星—麦迪逊分校开始尝试在《计算机科学》课程中用电子教学软件来替代课堂讲授，他们也使用了"翻转'讲授/作业'范式"的提法③。

高校拥有制度上的灵活性以及技术力量上的优势因而成了翻转式课堂的先行者，随着技术的发展，相关技术门槛的进一步降低，翻转式学习开始在民间与中小学出现了。2004 年，可汗学院（Khan Academy）的创始人萨尔曼·可汗（Salman Khan）开始通过录制视频的方式给外地的表亲做课外辅导。这些放在公共视频发布平台上的教学视频出乎意料地大受中小学生追捧，受此启发萨尔曼·可汗把这些视频配合额外的教学软件创办了可汗学院。根据 2012 年 4 月 15 日的数据，目前可汗学院里有包括数学、物理、化学、生物学等学科的视频总计 3200 段，在美国甚至有学校规定学生放学不做作业而是去可汗学院观看相应的视频以代替上课④。可汗学院创建了一个免费的翻转课堂环境，里面的教学视频每个月有超过200 万人次的点击数，Google 为该项目投入了 200 万美元，比尔·盖茨夫妇创办的基金会也捐赠了 150 万美元，目前最大的一笔资助则来自O'Sullivan 基金会，达 500 万美元之巨。比尔·盖茨本人也在不同场合对可汗学院大加赞赏，并说"我一直在寻找类似的东西，它太重要了"。

与萨尔曼·可汗无心插柳式的成功不同，伯格曼与萨姆斯则是一所山区中学——林地公园高中的教师，他们致力于解决学生不能保证正常听课的情况下如何提高学生的成绩。2007 年这对搭档把 PowerPoint 讲稿与讲课过程录制成一个视频传到网上供学生——特别是那些由于种种原因不能正

---

① Eric Mazur, Can We Teach Computers to Teach? Computers in Physics, 1991 (5)：31 - 38.

② Lage M J, Platt G J, Treglia M. Inverting the Classroom：A Gateway to Creating an Inclusive Learning Environment. Journal of Economic Education, 2000, 31 (1)：30 - 43.

③ Foertsch J, Moses G, Strikwerda J, et al. Reversing the lecture/homework paradigm using eTEACH ⓒ Web - based streaming video software. JOURNAL OF ENGINEERING EDUCATION, 2002, 91 (3)：267 - 274.

④ How 12 Schools Are Using Khan Academy Right Now [EB/OL], (2012 - 04 - 23), http：// edudemic.com/2012/04/how - 12 - schools - are - using - khan - academy - right - now/.

常听课以及独立完成作业有困难的学生——学习，结果发现越来越多的学生接受了这种视频教学的方式。他们的教学实践也引起了越来越多人的关注，很多学校邀请他们去介绍这种模式，他们的教学模式在北美也得到了广泛的传播，终于在 2011 年导致了翻转式学习的爆红。

二　翻转课堂的教学理念

不同实践者会带来不一样的翻转课堂，在《十大"翻转课堂"精彩案例》中我们就看到了翻转式课堂的各色形态，不同的学校、不同的学科在实践翻转式课堂时不尽相同，在这些五光十色的表象背后我们也可以看到翻转式课堂的一系列不那么刻意的创新。

首先，翻转式课堂创新了课堂教学的流程。千百年来我们的课堂教学形成了这样的流程：第一步，教师讲解教学内容；第二步，教师通过组织各种活动来促进知识的内化与迁移。在这样的两个教学步骤中，传统的教学更加注重前者，即教师对教学内容的讲解，课堂教学的时间大部分都花费在这里，而对学习成效有更直接关系的第二个步骤则更多的是以课外作业的方式放到了课堂外。而实际的情况则是传统教学强调的教学内容的讲解与传递对学习成效的影响实际上并没有我们预期的那么重要，重要的是知识的迁移与内化环节，但这在传统教学中却被不自觉地弱化，这可以说是传统课堂教学的症结所在。因为强调教师课堂的教学导致了教师在备课的时候重视讲解的清晰，而在教师们清晰的教导下，学生往往变得没有疑问，但是这种没有疑问并不代表他们在独立完成课外作业的时候没疑问，甚至在课外的时候会碰到更多的问题。这就形成了一个悖论，教师最注重的教学环节并不是学生学习的最重要环节。正是在这样的背景下，翻转式课堂把第一个环节与第二个环节发生的地方颠倒了一下，即原来发生在课堂上的第一环节放到了课外，而原来在课外的第二环节回到了课堂上，这样学生与教师在一起的时候更多的是师生的交互而不是教师的灌输，教师更加注重课堂上与学生的交互而这对学生的学习是最有助益的。

其次，学习流程不经意间的改变也导致了教学理念上的改变。在课外原来学生要完成教师布置的作业，现在学生只要根据自己的需要自学相应的教学内容。学生在学习时间与学习进度上有很大的自由，同时也可以自由选择自己欠缺的知识来学习，而不是像在课堂一样，不管你愿不愿听、是不是已经懂了，教师讲的你都得听。在课堂里，原来被迫听讲的时间，现在成了学生的答疑时间，或者是学生的主动探究时间，学生不再是被动的听讲者，而是主动的学习者。总之，在翻转式课堂模式下，不管在课堂里还是课堂外，学生真正成了自己学习的主人，在学习中成了主动者，这样，课堂教学的理念就自然地从"以教师为中心"转向了"以学生为中心"。

最后，这种教学理念的变化也导致了教师与学生的角色发生变化，从而创建了新型的师生关系。在翻转式课堂中，教师在课堂中的形象不再是讲课人，而是学生学习的帮促者，而学生在课堂中也不再是被动的听讲者，而是主动的建构者与探究者。师生之间原来控制与被控制的关系转化成更为和谐的同伴关系，学生获得了更大的成长空间，而教师则成为学生成长路上的领路人。

三　翻转课堂的典型案例

虽然翻转课堂不乏精彩案例①，但是我们更加愿意介绍可汗学院的做法，这是一个无心插柳的故事，但是暗合了康德的无目的的合目的性之美。

2004 年，萨尔曼·可汗作为一个金融业从业人员还担负着给家族中年幼的小孩辅导作业的任务，因为不是面对面地辅导，所以为了方便他就自制了一些视频来帮助讲解知识，结果他发现有很多其他的学生与家长看了他的视频后非常喜欢他做的视频，于是他萌生了创建"可汗学院"网站的念头。2007 年网站上线，里面有大量的视频讲解各科知识，并有人来解答网友提出的各种问题。该网站上的视频都是他用触控板配合特定的电脑软件录制成功的，他一边讲解，一边用笔在触控板上写板书，软件就自动把这个过程录制下来，每个视频的长度一般都控制在 10 分钟内。除了视频，网站还有一个学习分析系统，也就是说学生除了在上面看视频，还可以做练习，网站自动地把学生在上面的学习过程记录下来并进行一些分析，譬如能够分析出学习者在哪些知识点上学得很快，哪些知识点学得很慢，甚至通过自学通不过，这些记录既可以让学生知道自己的学习进度，也可以提供给教师，让教师了解每个学生的学习情况。

---

① 杨刚、杨文正、陈立:《十大"翻转课堂"精彩案例》，《中小学信息技术教育》2012 年第 3 期。

　　2009 年，萨尔曼·可汗从基金公司辞职，全职投入"可汗学院"的维护与管理上来。也在这一年，"可汗学院"被授予"微软技术奖"中的教育奖。次年，比尔·盖茨夫妇的慈善基金捐助了 150 万美元，还获得了谷歌"十的一百次方计划"教育项目的 200 万美元资助。2011 年 3 月，萨尔曼·可汗在"TED"大会上介绍"可汗学院"的故事，作为主持人，比尔·盖茨在演讲结束的时候对萨尔曼·可汗及其为教育所做的事情大加褒扬，认为他预见了教育的未来。

　　虽然可汗自己并没有标榜翻转课堂，但是翻转课堂实践经验介绍中经常把它作为一个经典案例。在我们看来，可汗学院提供的教学视频，以及他们围绕着教学视频开发的相关功能，确实有助于翻转课堂。从可汗学院网站的设计来看，一个完整的学习流程包含如下步骤：

　　（1）选择要学习的知识点。网站根据学科与年级把教学知识点做了组织，并以知识图谱的方式可视化地呈现知识之间的关系（2014 年新的系统已经去掉了知识图谱，知识点以列表的方式呈现）；

　　（2）观看视频。选择了相应的知识点之后就进入知识学习的过程，每个知识点都配备了讲解视频，每个视频长度大概为 10 分钟，视频画面类似于黑板，上面随着内容的演讲，不断有字符与图示画出来或者擦掉，讲解人不出现在画面；

　　（3）做练习。每看完一个视频就进入做练习环节，每个视频都会配备十来个题目，基本上覆盖了视频所涉及的知识点，在做练习的时候遇到有困难的地方还可以看提示，所有的题目必须做对了才能观看下一个知识点的视频；

　　（4）问问题。当有些知识点确实有难度通过的时候可以寻找在线的教练进行一对一的辅导，这些教练一般都是志愿者，有些是家长，有些是教师；

　　（5）看进度。教师与学生可以查看学习的进度，查看哪些是已经通过的，哪些是正在学习的，哪些是学习了很久也没通过的。学生可以了解自己的学习情况以调整自己的学习进度，教师可以查看不同学生的学习情况，以便因材施教。

　　可汗学院的成功仅就技术的角度而言，大概有三个方面的因素：首先就是教学视频。这个视频一方面很朴素，跟传统的黑板板书模式非常接近，对学生而言有亲和力。另一方面这个视频也足够短，在学生单次注意力用完之前能够把它看完，也正因为短，所以所针对的知识点也很具体，这对后面的练习系统来说，开发对应的习题难度就降下来了；其次是练习系统。在可汗学院上每观看一个视频就需要完成十来个练习题目，这些题目不一定难，但是都是针对相应视频里面的基本概念与知识。系统详细记录了学生解答每道题的情况，包括正确与否，花了多少时间，有没有使用提示等。练习系统里面的提示也非常精细，能够针对学生做练习的每一个步骤给出相应的提示。学生做完练习后，教师与学生能够很详细地看到答题的情况。某个视频下的所有题目必须做完了才能观看下一个视频；再次，进度跟踪系统。可汗学院基本上实现了学生自主学习与教师的精准分层辅导的效果，这一切都归功于进度跟踪系统。通过进度跟踪系统的浏览，学生一方面可以看到自己已经掌握的知识，享受成功的快乐；另一方面也可以为自己的前进设定目标，学生的感觉是自由与轻松的，这与普通课堂中不自觉地显露出来的人与人之间的差别相比，能让学生更有安全感。由于是学生自主掌控进度，所以也就不用担心有学生进度太慢而造成的揠苗助长，也不用担心那些优秀的学生削足适履。对教师来讲，通过学生进度表的浏览，可以发现学生存在的共同问题，以及一些特殊情况。这样教师在辅导的时候就更加有针对性。

　　作为一个免费的优秀平台，可汗学院得到了美国本土大量学校的拥护。根据 2012 年的报道，美国的很多学校都鼓励学生把可汗学院上的视频作为教材来使用①。加利福尼亚州的 Los Altos 学区从 2010 年开始就在 2 所小学的 5 个班级里使用可汗学院来教学，从 2011 年秋季开始，整个学区的所有 7 所小学的五、六年级以及部分初中的七、八年级数学课开始使用可汗学院来替代教师上课②。康涅狄格州的富兰克林小学从 2012 年开始在六、七、八三个年级的数学课中使用可汗学院。纽约州的 Minola 使用可汗学院在 iPad 上的应用来学习数学。

四　翻转课堂与信息技术

　　翻转课堂可以说是一种因技术而生的教学模式，那么技术的支持到底

---

　　①　How 12 Schools Are Using Khan Academy Right Now［DB/OL］，（2012 - 4 - 23），http：//www. edudemic. com/how - 12 - schools - are - using - khan - academy - right - now/.

　　②　School District Expands Khan Academy to All Schools［DB/OL］，（2011 - 8 - 30），http：//patch. com/california/losaltos/school - district - expands - khan - academy - to - all - schools #. U9i33GPmeSo.

苦

如何在翻转课堂发生作用，这种作用是因缘际会还是无可替代的。

从最表面的东西来看，信息技术在翻转课堂模式中的使用降低了学生学习的难度，拓展了教学资源，促进了教学交互，这三方面加起来实际上都是帮助学生在没有教师的情况下能够更好地学习。

翻转课堂有一个非常突出的特点就是学生课前的学习普遍使用视频，这甚至导致了国内微课的热潮。由于视频整合了文字、图片、动画、声音等信息传播的元素，因而比单纯的课堂讲解更容易为学生理解与接受。同时，通过网络教学平台，教师可以提供更多的教学资源给学有余力的学生做进一步的了解，使传统课堂中那些"吃不饱"的优秀学生不再觉得学习是无聊的，同时这些拓展资源也提供了视频之外的别的讲授知识的方式。实际上，翻转课堂并不一定要用视频来讲解知识点，组织良好的文字资料对有些人可能更为适宜，所以教师可以在网络平台中提供多种学习新知识的方式与途径，以供不同学习风格的学生选用。最后，通过网络平台教师与学生可以实现在课堂之外的交互，这一方面也是帮助一些水平较差的同学在独立学习有困难的时候能够及时得到支持，同时也帮助教师了解学生，从额外的渠道得到学生的学习情况。

以上对信息技术在翻转课堂中应用的分析是就事论事的，很直观，也是很多人能够体会到的。但是，进一步地我们可以发现正是由于信息技术带来的对教学的便利，时空限制的突破，教学过程发生变化的可能性就增加了。

通过引入技术，哈佛大学的马祖尔教授的同侪教学变得与我们现在讲的翻转课堂非常类似①②。他在一次翻转课堂的研讨会里分享了同侪教学由于技术的引入出现了与翻转课堂非常接近的一种实施步骤③：学生在家里通过看视频、听录音、读文章或者思考与先前的知识有关的问题进行课前学习；通过学习这些材料，学生被要求反思他们所学的知识，并整理他们的问题与困惑；学生登录一些类似 Facebook 的社交工具，在那里提问

① Mazur E. Peer Instruction: A User's Manual. Upper Saddle River, NJ: Prentice Hall, 1997.

② Crouch C H, Mazur E. Peer Instruction: Ten years of experience and results. American Journal of Physics, 2001, 69 (9): 970.

③ Flipped learning: A response to five common criticisms [EB/OL], [2012 - 04 - 16], http://www.eschoolnews.com/2012/03/26/flipped - learning - a - response - to - five - common - criticisms/print/.

题；教师课前整理这些问题，并进行组织，然后针对学生的各种困惑开发课堂材料，教师不再讲那些学生已经理解的内容；在课堂上，教师使用苏格拉底法来提出各种问题，学生可以一起讨论来回答或解决问题。教师的角色就是倾听学生的交谈，只要学生或小组有需要就参与到讨论中。

在另一次会议上，马祖尔更加详细地展示了他在哈佛大学的物理课中如何整合同侪教学法与翻转课堂的成功经验①：首先，马祖尔教授快速地展示学生将要学习的课程中的主要概念。然后他向学生提问以让学生进入对刚才讲解的信息的思考。学生思考之后，用一个反应系统把他们的个人答案提交上去。然后，马祖尔叫学生跟坐在附近的同学一起讨论他们的答案及其理由。然后他再次呈现问题，并叫学生再次回答，结果他发现学生正答率提高了。最后他作为教师最后也跟学生们分享了正确的答案及其解释。马祖尔认为，同学之间的讨论是他这个教学方法的关键，它提供了一个通道让班级里程度比较好的学生帮助其他的同学，但是所有的同学都可以在这个过程中获益。

当然这个学习流程还是有一定的灵活性，如果第一次的正答率超过70%，他将直接给出他的答案与解释，而不是组织讨论，只有正答率在30%—70%时，他才会组织讨论。所以，他的这个教学模式的难度就在于如何设计出恰当的问题，以使学生的正答率在30%—70%。同时，优化讨论与管理课堂时间也很关键。为此，他跟另两位同事开发了 Learning Catalytics 系统（http：//www.learningcatalytics.com/），这个系统通过智能化算法与数据分析来提高问题的质量，同时它也能帮助教师来配对讨论的学生，帮助教师决定什么时候终止讨论进入下一个阶段。

在这个例子中，我们看到在信息技术的支持下，马祖尔能够以不一样的方式开展同侪教学。但是如果信息技术仅仅起到了辅助教学的作用，那么它是很容易被替代的，因而它也就没那么重要。实际上，从整个翻转课堂来看，信息技术的作用是颠覆性的，只是这种方式以一种间接的、不那么明显的方式起作用。

一个完整的教学过程可以分成两个阶段，一个是知识的传授阶段，一个是知识的内化阶段。第一阶段学习者接收新的知识，第二阶段学习者把

————————

① Ending the "tyranny of the lecture" [EB/OL]，[2012 – 04 – 16]，http：//www.eschoolnews.com/2011/07/27/ending – the – tyranny – of – the – lecture/print/.

新获得的知识转化成个人的信念与行动力。在传统的教学中，前一个阶段主要是在课堂中由教师讲授完成，而后一个阶段往往是学生在课后做练习应用中完成。但是在翻转课堂中，这两个阶段刚好相反，学习者接受新知识是在课堂之外，在课堂里面则主要是通过讨论、探究等方式来内化知识。但是这种翻转并不仅仅是由于我们上述所分析的信息技术给教学带来了便利，从更深层次的原因来讲，是信息技术导致了社会对知识态度的改变。

一直以来，知识都是一种重要的社会资源，在社会中占有知识的人总是处于有利地位。原始社会里作为知识占有人的长者在整个社会里占有着优势地位，文字出现后，能够到学校学习的也是社会的中上层阶级，到现代社会"知识就是力量""科学技术是第一生产力"等口号都展现了知识在社会中的强势。但是，随着信息技术（这里是广义的含义，指任何有助于信息传播的技术）的发展，印刷术让大众能够更方便地接触到知识，大众从原来的听众成为了读者，新教的教徒可以自己阅读《圣经》而不必依赖于神职人员的解说，科技知识的快速传播极大地提高了欧洲的生产力，印刷术成为了近代欧洲社会变革的原动力。虽然印刷术极大地拓展了知识传播的时间与空间，但是毕竟需要有实体的书本来传播，这个就会对知识的传播产生限制。而到了网络时代，网络上信息的传播速度与广度是印刷书所不能比拟的，因而导致了知识的爆炸，从某种意义上知识出现了贬值。从前令人尊敬的知识分子有可能沦落为知道分子，对知识的占有不再那么令人羡慕与尊重，重要的是对知识的掌握与创造。也就是说，随着信息技术的发展，知识在社会中的地位有下降的趋势，随着知识在社会中地位的下降，社会对能力的要求越来越高，社会对"高分低能"的鄙弃就是一个例子。当然，高分并不一定低能，知识与能力实际上有一定的关联，外在的、没有内化为学习者信念与行动力的知识跟一个人的能力可能是不相关的，但是内化的科学知识经过实践的锻炼就能够成为一个人的能力，所以，现在看来只有内化的知识才最重要。

根据以上分析，在如今的这个网络时代，当知识的获取不再是难题的时候，知识的内化才是我们教育的重点。翻转课堂虽然表面来看只是利用了信息技术带来的便利，因为先学后教的模式并不新颖，我国在世纪之交就有先学后教的教学实践①②③，洋思中学、杜郎口中学、东庐中学的实践基本都体现了"先学后教"的思想④⑤。但是翻转课堂从深层的原因来看是应和了网络时代对知识与能力的不同要求所致。在班级授课制创生的年代，知识还是很重要的一种社会资源，知识的获取还是一个很难的事，因此快速地把知识传播开来是重要的，而且也不是件容易的事。所以，在那个年代强调知识的传授，教师工作的中心放在这里无可厚非。但是在如今这个时代，知识的获取已经越来越容易，由于知识爆炸，人们不断地追逐新知识，由于对知识的这种浮躁态度导致了对知识的内化的缺乏，因而知识的内化在这个时代变得更为重要。同时，对学习者来说知识的内化从难度上来说也比获取知识更加难。所以，把教师从知识传授的过程中解放出来，投入对学习者来说更难的知识内化过程，是这个时代教学的正确选择，翻转课堂无疑顺应了这一潮流，这也是它被广泛接受的社会原因，当然其始作俑者却是信息技术对知识重要性的改变。

五　走向一种"场线整合"的教学

从翻转课堂中我们可以看到很多东西在这里交汇，教与学顺序的翻转，教师与学生角色的转换以及广播式讲授与个性化学习的转变，但是从教学方式创新的角度，我们更加乐意强调这种方式背后所潜藏的继承与创新观念——对面对面教学方式的优点继承与融合网络在线方式优点基础上的创新。

刘力等在 2004 年就通过比较在场教学（师生面对面的教学）与在线教学的优缺点，提出了一个"场线整合"的基于信息技术的教学创新理

---

① 孙环元、肖秉林、高满生：《"先学后教"五步教学模式略谈》，《学校管理》1998 年第 5 期。

② 雷阳春：《"先学后教，当堂训练"的数学课堂教学》，《安庆师范学院学报》（自然科学版）1999 年第 2 期。

③ 杨启亮：《以自主学习为根本的教学改革——评洋思初级中学"先学后教　当堂训练"的课堂教学模式》，《江苏教育》2001 年第 Z1 期。

④ 洪明、余文森：《"先学后教"教学模式的理念与实施条件——基于杜郎口中学、洋思中学和东庐中学教学改革的思考》，《中国教育学刊》2011 年第 3 期。

⑤ 屠锦红、李如密：《"先学后教"教学模式：学理分析、价值透视及实践反思》，《课程教材教法》2013 年第 3 期。

论构想与实施策略①。在该文中，作者把教学分成备课、上课与练习三个环节，结合每个环节都可以采用的"在线"或"在场"的手段，所以形成了 8 种广义的"场线结合"的教学模型（包括传统课程教学与在线教学这两种单一在场或在线的模式），并主要讨论了"线—场—线""线—场—场""场—场—线"三种模式的操作流程与适用范围。但对"场—线—场"与"线—线—场"这两种模式当时以"理论上也是存在"一笔带过，没有展开讨论。但是从今天我们分析翻转课堂的教学过程就会发现，翻转课堂按这种划分实际上采用的就是"场—线—场"与"线—线—场"这两种模式，两者的区别就是备课是否在线。由此可见，用这种"场线整合"的模式来分析教学模式在理论上具有相当的完备性。

翻转课堂除了验证了这种"场线整合"理论的完备性之外，实际上还强调了信息时代的教学的重点不在于知识传授而在于知识的内化。我们传统的教学方式对教师的讲授要求非常高，但是对于知识内化的要求却相对就很低。如果按照布卢姆的教学目标分类系统来划分，我们实际上大部分的教学目标都是处于比较低层次的识记、理解与运用这三者上，这也造成了我们教学的内化环节总是以练习为主，而这与高层次的知识目标是不太有助益的。所以，采用"场—线—场"或"线—线—场"这两种模式的时候，我们就可以采用在知识学习的基础上，在有教师引导的环境中开展项目学习、合作学习，帮助学习者更好地内化知识。

翻转课堂是信息时代技术环境下的"先学后教"，在知识传授方面它用机器做代理实现了个性化的知识传授，并能利用网络的开放性无限拓展学习内容，开阔学生的视野；在知识内化方面，它比以往任何一个时代的教学更重视知识内化，并把这种想法转变成实践，虽然这也是当前信息爆炸时代的必然选择，但是这更符合教学目标的真正需求。

第四节　教学技术性与新科技的应用

作为技术的教学必然离不开对新科技的接纳，技术的实用本性不会放弃任何可以凭借的资源以实现自己的目的，新科技在教学中的应用就是教

---

① 刘力、吴国平、薛小棉：《现代信息技术融入教学的理论构想与实施策略》，《教育研究》2004 年第 9 期。

学创新的一个重要方面。由于现代社会科学技术发展日新月异，新科技层出不穷数量众多，在新技术教学应用方面地平线报告每年都要报告 6 种新技术在教学中的应用趋势①②③④，在这里我们不能一一提及，仅以脑科学与大数据技术的应用为例谈谈新科技对教学的改变。选择这两者主要是因为前者代表了新兴的科学领域，它是我们讲教学原理的基础，而后者则是如今这个信息时代与应用关系密切同时又较为基础的技术。

一　脑科学与教学

人脑作为最重要的人体器官，它的研究对我们理解自己无疑是非常重要的。20 世纪 70 年代以来，关于脑的研究就迅速发展。到了八九十年代，美国首先提出了"脑的十年"国家科技发展计划，国会通过一项决议把 1990 年 1 月 1 日起的十年命名为"脑的十年"，与此相应，欧共体成立了"欧洲脑的十年"委员会，日本则推出了"脑科学时代"研究计划，准备在 20 年内每年用 1000 亿日元作为经费来推动脑的研究。近几年，随着前期研究的铺垫，脑科学的研究更加活跃，2009 年欧盟启动两个高风险的"未来新兴旗舰技术项目"，其中的人脑工程于 2013 年立项，计划用 10 年的时间与 10 亿欧元的资助来研究计算机模拟脑方面的研究。2013 年 2 月 12 日奥巴马在美国总统国情咨文中提出开展脑活动图谱计划，4 月 2 日启动了"基于创新型神经技术的脑研究"计划，准备花 10 年的时间，投入 30 亿美元来研究"大脑如何记录、处理、使用、存储和检索海量信息……揭示大脑功能和行为的复杂联系"⑤。

关于人脑的研究一直都在影响着教学，在历史上出现过各种关于脑机

---

① Johnson, L., Adams Becker, S., Estrada, V., and Freeman, A. NMC Horizon Report: 2014 K – 12 Edition. Austin, Texas: The New Media Consortium, 2014.

② Johnson, L., Adams Becker, S., Estrada V., and Freeman, A. NMC Horizon Report: 2014 Higher Education Edition. Austin, Texas: The New Media Consortium, 2014.

③ Johnson, L., Adams Becker, S., Cummins, M., Estrada, V., Freeman, A., and Ludgate, H. NMC Horizon Report: 2013 Higher Education Edition. Austin, Texas: The New Media Consortium, 2013.

④ Ibid.

⑤ 朱丽君、朱元贵、曹河圻等：《全球脑研究计划与展望》，《中国科学基金》2013 年第 6 期。

能的理论，都对当时的教学发生过影响，如颅相学、巴甫洛夫的高级神经学说与左右脑分工学说①。随着脑科学的发展，近年来这种趋势更为加强，甚至出现了一个较为统一的术语——教育神经科学——来指代这个领域②③④。

关于脑科学与教育方面的课题不是研究如何增进大脑知识储备、提高记忆力这些世俗意义上的教育问题，而是要综合地研究人类经过漫长的进化之后现在的状况以及大脑为了生存所必须具备的最基本构造，形成怎样的神经回路才能使人一生幸福⑤。所以在关于脑科学与教学方面，有如下几个话题经常被提及：大脑发育的敏感期、神经发育的可塑性、多元智能结构的神经模块假说、观察学习的镜像神经机制等⑥⑦⑧。这些概念为我们解释一些教学现象提供了脑科学的依据，如敏感期指出了特定年龄段学习特定的知识能达到事半功倍的效果，神经发育的可塑性告诉我们后天的教育对人的发展很重要。

从教育神经科学的角度来看，学习就是神经网络建立的过程，所以学习有三个方式，即通过具体经验的学习、通过表征或符号学习以及抽象的学习。让学生参与现实问题的解决、通过课题来提高意义与动机以及模仿与角色扮演等教学方式就是教育神经科学所推荐的学习方法。

教育神经科学也揭示了视觉与听觉形成的神经回路总是非常容易回忆起来的，所以建议用图像与音乐的方式来帮助教学。如一个二年级的教师

---

① 周加仙：《教育神经科学引论》，华东师范大学出版社 2009 年版。

② 周加仙：《教育神经科学的领域建构》，《华东师范大学学报》（教育科学版）2009 年第 3 期。

③ 胡谊、桑标：《教育神经科学：探究人类认知与学习的一条整合式途径》，《心理科学》2010 年第 3 期。

④ 周加仙：《教育神经科学：创建心智、脑与教育的联结》，《华东师范大学学报》（教育科学版）2013 年第 2 期。

⑤ 小泉英明：《脑科学与教育入门》，高等教育出版社 2009 年版，前言第 7 页。

⑥ 刘力：《脑科学与教育：值得关注和拓展的研究领域》，《教育研究》1999 年第 8 期。

⑦ 王亚鹏、董奇：《基于脑的教育：神经科学研究对教育的启示》，《教育研究》2010 年第 11 期。

⑧ 陈巍、张静、陈喜丹等：《教育神经科学：检验与超越教学争论的科学途径》，《教育学报》2010 年第 5 期。

为了让学生理解每一个单词里都有一个元音在里面，他就搭建了 6 个纸板房子，学生推门进去后就可以看到每个房子里面住着 5 个元音或 "Y" 中的一个，通过这种方法让学生记住这 6 个可以作为元音的字母。音乐与教学的关系最著名的莫过于 "莫扎特效应"，虽然莫扎特效应存在着普遍的曲解，但是从莫扎特效应引发出来的一些音乐与教学相关的研究还是得到了众多支持，如音乐与学前儿童的空间推理能力培养，这是一个较为受关注的一个课题①。

此外，教育神经科学也有一些与脑的运用有关的学习策略，如通过书写来增强理解、记忆术、主动复述策略等。总之，可以预见脑科学的发展将会极大地改观教学的面貌，下面这则《顺着大脑学习的规律教学》就体现了脑科学在在线教学中应用的例子。

今天秋天，为了一探高等教育的未来，我到一些实体大学里听了课，还注册了半打的 MOOC。网上的课大部分我都中途退出了，因为它们不是很好。或者说，这些课若是让我安安稳稳地坐在普林斯顿大学 19 世纪修的大厅里听还好；但在网上，它们没法儿比得上我电脑上的其他干扰。

我唯一感兴趣的课——Udacity 的物理——难住了我。我并不喜欢物理，这也是我在过去的 38 年中一直避开它不学的原因。让我感到吃惊的是这门课的教授方法：它是按照大脑实际学习的方式来设计的。换句话说，它几乎与我曾经上过的课没有任何的共同点。

……

第 4 分钟：布朗教授问了我一个问题："希腊人知道些什么？"视频停了，耐心地等着我从答案中选择一个，这确实是个需要花时间想想的任务。每 3 分钟左右就这样来一次，让我很难去看邮件或者分心做别的事情——连一分钟都不会。

人类喜欢即时的反馈，这是我们喜欢游戏的原因之一。研究者们知道许多关于大脑运作的事情，但令人震惊的是这些知识罕有被用于

———————————

① 刘沛：《脑科学：21 世纪音乐教育理论与实践的新基石——围绕"莫扎特效应"的科学研究和展望》，《中国音乐学》2000 年第 3 期。

影响我们的教育系统。对物理课程的研究表明，在学完一门传统课之后，学生们能够背诵出牛顿定律，甚至还能做出些微积分运算题。但他们不能将这些定律应用到此前没有遇见过的问题之中。他们记住了信息，但并没有学会它——这让老师们很是吃惊。

第 8 分钟：布朗教授解释说，柏拉图也曾想要估计地球的周长（但失败了）。他说这些的时候，快速地把笔记写在一块白板上。这一片段只持续了几分钟，跟这门课里的其他所有视频一样。这也反映了大脑是如何学习的。对大学生的研究表明，大学生只能集中 10 到 18 分钟，之后思维就开始飘散了；这时就该让他们的大脑用刚刚接收到的新信息做点儿事情，比如联想或做题。

据该公司的统计，Udacity 的课上到这里，三段视频剪辑看完，差不多 1.5 万名学生的注意力都还没有散去。不过，这在 MOOC 来说也是高的。（由于注册不费什么精力也不花钱，许多人都看着新鲜点进来过会儿就离去。十个注册的人里通常只有一个坚持看到课程的最后一段视频。）和其他大多数网络课程一样，Udacity 的在线课程时间不是同步的，所以我能倒回去看，或者中途离开、想回来的时候再回来。这也符合大脑工作的方式：人类喜欢自主性。如果晚上学的效果最好，他们就喜欢在晚上学，按自己的步调来。①

这个略显冗长的例子给我们把脑科学的成果应用到教学中提供了一个参考与希望：在教学活动的设计中要尽可能地应用脑科学的成果是教学活动符合人脑学习的规律；在教学中使用脑科学可以设计出与传统不一样的教学。此外，由于脑科学是直接研究人本身，因而它就可以直接研究人的知、情、意，这比以前的教育科学把重心放在知识教育上更能体现人类学习的真实情况，也为我们更好地设计教学提供更为全面的证据。无论如何，这样的新科学都是我们教学的技术性所需要关注的。

二　大数据的教学应用

在当前这个信息时代，信息技术对我们生活其中的人影响非常深远，

---

① 《大学已死，大学永存》，http：//mooc.guokr.com/opinion/366086/ [DB/OL]，2013.10. 本文作者有所删节。

而大数据就是其中非常重要的一种基础性技术。所谓大数据直观地说就是非常多的数据量，当然这个多是一个相对的量，一般来说，"在单一数据集里，数据规模超出目前常用软件工具在合理的可容忍时间里可以访问、管理、处理能力的数据集就是大数据"①。人们经常用"4V"来表示大数据的特征，所谓"4V"就是大量（Volume）、多样（Variety）、高速（Velocity）与价值（Value）。所谓大量就是数据的体量非常大，数量单位从目前的 TB 已经跃升到 PB（2 的 15 次方，等于 1125899906842624），1 个 PB 的数据量大约可以存放 4000 亿张 A4 文本页，要知道至今为止所有的纸质出版物大概也就 200PB 而已。所谓多样就是指数据的形式与种类非常多，有结构化、半结构化数据也有非结构化数据，有文本数据也有声音、视频数据。高速是指处理速度快，由于数据量大所以不得不对它进行高速处理。大数据在价值上面的特点就是价值密度低，但整体价值又非常高。如一段几分钟甚至更长的视频真正有价值的就只有几秒，但是由于整个数据量大，因而它的整体价值又非常高。

大数据的价值已经在一些领域进行应用并取得了显著的成绩。在一些购物网站会根据用户先前的浏览与购物记录，会优先把一些用户可能会购买的物品呈现出来，或进行推送。Amazon 把这种手段用来发展其网络广告业务，其 2013 年的广告收入暴增 45.51%。这种营销手段甚至也被运用于总统选举，如果说 1960 年是电视媒体帮助肯尼迪赢了尼克松，那么 2012 年是大数据帮助奥巴马赢了罗姆尼。奥巴马的竞选团队用大数据技术从社交网络、选民邮件等大量数据中筛选出各种可能拥护奥巴马的选民，分析其喜好与需求并获得其信任，最终在传统民调与历史数据并不被看好的情况下一举胜出实现了连任。②

大数据在教育领域的应用也被寄予厚望，祝智庭、沈德梅在 Koschmann 对教育技术范式划分的基础上，把基于大数据的教育技术研究范式称作继计算机辅助教学、智能教学系统，Logo - as - Latin 以及计算机支持的协作学习后的第五大范式③。张燕南、赵中建认为大数据技术造成的

---

① 何清：《大数据与云计算》，《科技促进发展》2014 年第 1 期。

② 易鑫：《教育如何玩转大数据》，《中国教育报》2014 年 3 月 24 日。

③ 祝智庭、沈德梅：《基于大数据的教育技术研究新范式》，《电化教育研究》2013 年第 10 期。

思维方式变迁为个性化教育、教育决策与教育评价提供了新的思路①。张韫认为大数据技术将从三个方面改变教育②：首先，大数据会改变教育研究的思路，使其从演绎走向归纳；其次，大数据技术，用全体数据替代抽样数据、用客观数据替代主观数据，使教育研究的数据更加真实；最后，大数据使因材施教的个性化教育变得可能。

不但如此，大数据技术也已经在教育的微观领域运用。如张韫就提到他们在上海的金山区对两个数学成绩都为 A 的学生进行多元能力评估，发现一位同学是依靠出色的逻辑能力进行学习的，另一位则是通过记忆力进行学习的，这样的分析结果远远超出了成绩为 A 所蕴含的教育意义，因此教师就能够及时地给学生必要的补救。在静安区他们用信息化的课程载体记录学生学习行为，当发现学习过程中的某个环节大部分学生的学习时间远远超过教师的期望值，这就提示该教学环节存在教学难点，需要引起教师的注意③。大数据技术的运用无疑为我们的微观教学决策提供了坚实的基础，因为在日常生活中的数据过于离散与无序，教师的直觉是很难从这些数据中提取出有利于其作出正确决策的信息。

由于 MOOC 的流行，两则基于大数据的 MOOC 研究也广为人知。为了降低 MOOC 上学习者的流失率，斯坦福大学与康奈儿大学的 4 位博士生通过研究 Coursera 上《机器学习》与《概率图模型》两门课三轮选修共 328533 位学习者的学习行为得到了如下结论④：在开课前后选课的学生质量比较高；MOOC 上学生流失最大的原因是不会做题又得不到及时的帮助；学生表现越活跃，成绩越好；成绩好的学生在论坛发帖子的时候会更多地使用专有术语，其中的高频词有 matrix、function、gradient 等，而成绩差的在论坛发帖子使用的语言往往都是一些不太有实际意义的词，如 hello、I'm、new 等；勋章系统（学习者完成一定量的活动就能得到一个勋

---

① 张燕南、赵中建：《大数据时代思维方式对教育的启示》，《教育发展研究》2013 年第 21 期。

② 张韫：《大数据改变教育　写在大数据元年来临之际》，《上海教育》2013 年第 10 期。

③ 同上。

④ Anderson A, Huttenlocher D, Kleinberg J, et. al. Engaging with Massive Online Courses [A], Proceedings of the 23rd International Conference on World Wide Web [C], New York, NY, USA: ACM, 2014: 687 – 698.

章）能够提高论坛的活跃度。为了说明什么样的视频才是 MOOC 上的好视频，麻省理工学院的博士生、博士后通过对 edX 上 690 万条视频观看记录的分析得到了如下结论①：视频长度少于 6 分钟效果最好；视频上的语速要快；教师的头像还是有用的；比起屏幕录像，可汗学院风格的边讲边画的视频更能吸引人；要营造一对一的氛围，教师正面头像出现在视频上，感觉就在跟学生一对一对话，用词的时候多用"你"而不是"你们"，"我们"而不是"大家"。在这些研究成果中有些是与我们的尝试符合的，但是由于缺乏事实证据人们即使在运用也不是很自信，而有些结论如果不借助于大数据是很难得出来的，大数据的运用无疑会提高教学的科学性。

大数据无疑给我们带来对教学的新的期望，有人描绘了一个关于大数据技术支持下的未来教学景象：

12 岁的苏珊正在进行一门旨在提高她的阅读技能的课程。她一直在阅读一些短篇小说，每隔一周，老师都会给她和她的同学进行书面测试，测量他们的词汇和阅读理解能力。几天后，老师批改完试卷，并给出成绩测验表明，她的词汇掌握得不错，但在关键概念上还需加强。

而在未来，她的弟弟理查德则是通过电脑软件程序学习阅读。理查德每阅读一个故事，计算机将收集他学习过程的相关数据。接受每个任务后，在他的电脑屏幕上会弹出一个小测验，是有关词汇和阅读理解的问题。理查德每回答一个问题，都将得到即时反馈，显示他的答案是否正确。对于困难的题目，电脑会推送给他更详细的解释词语和概念的网站链接。他的综合表现情况会可视化地显示在一个仪表盘上，包括作业和测试的正确率，已经掌握的概念列表，以及学习表现与同学乃至全国同年级学生的比较情况等。

在一个学习环节结束时，他的老师会收到一封自动邮件，其中显示了理查德和班上其他学生的个人表现以及全班情况的汇总，包

---

① Guo P J, Kim J, Rubin R. How Video Production Affects Student Engagement：An Empirical Study of MOOC Videos ［A］, Proceedings of the First ACM Conference on Learning @ Scale Conference ［C］, New York, NY, USA：ACM, 2014：41-50.

括阅读时间、词汇知识、阅读理解、补充电子资源的使用情况等。教师根据汇总信息，能很快发现需要额外帮助的学生、学习时间不够的学生，以及全班大部分同学都有困难的内容。接下来教师可能会通过集中讲授、个别辅导人为干预学习系统，以适合不同学生的学习步调。

对于管理者，通过数据分析可视化仪表盘能查看年级、全校乃至整个学区的学生学习情况。如果发现低效的课堂和学习表现不佳的学生群体（据性别、收入情况等划分），管理者会依据学习分析结果决定是否给予特定的干预。对于更大范围的异常表现，管理者会依据学习分析数据调整管理策略，以推动教师更好地教和学生更好地学。

对于开发者和研究者，根据管理者、教师和学生的反馈，并结合相关数据分析，需要对学习系统的功能、学习材料的质量和难易度，以及相关的教学方法进行调整。①

大数据技术在教育中的应用已经渐渐凝聚成一个新的研究领域——学习分析。"学习分析技术与知识国际会议"自 2011 年在加拿大阿尔伯特省班芙市召开以来，分别又在加拿大的温哥华、比利时的勒芬市以及美国的印第安纳波利斯持续召开，2015 年的会议放在纽约州的玛利斯特学院，主题为"放大：从大数据到大影响"。2011 年还成立了学习分析研究协会。国际上关于学习分析的学术论文也渐渐增多，《教育技术与社会杂志》在 2012 年出版了学习分析专刊，《技术、知识与学习》杂志也于 2014 年 1 月开辟了一个关于学习分析的专栏。祝智庭、沈德梅甚至把学习分析作为一门学问来看待②。国际上以预测新技术在教育中应用的地平线报告，在 2011 年首次把学习分析作为 4—5 年内广泛采用的技术写入报告③，在 2012 年、2013 年、2014 年又分别把它列为 2—3 年内采纳的重要

---

① 张渝江：《大数据时代，如何赢得教育的未来?》，《上海教育》2013 年第 17 期。

② 祝智庭、沈德梅：《学习分析学：智慧教育的科学力量》，《电化教育研究》2013 年第 5 期。

③ Johnson, L., Smith, R., Willis, H., Levine, A., and Haywood, K. The 2011 Horizon Report［R］, Austin, Texas：The New Media Consortium, 2011.

技术①②③④，在 2014 年的高教版中甚至把它列为 1 年以内被广泛采纳的技术⑤。

在 2014 年的地平线报告中还有一个与大数据应用有关的技术——量化自我也出现在 4—5 年后可能被广泛应用的技术之列⑥。量化自我最早是加利·伍尔夫与凯文·凯利在《数据驱动的生活》中首先提出来的，它主要是通过各种手段收集个人的生理状态、身心表现等方面的数据，并根据这些数据反馈来调整自己。在地平线报告里面把量化自我定义为消费者通过技术的运用来追踪与他们日常活动相关的数据⑦。陈然、杨成认为量化自我在教育中可用于 STEM 教育、反思性学习以及游戏化学习中⑧。张枝实认为通过可穿戴产品的使用，学习不再局限于教室，它与个人的生活过程紧密结合，具有游戏的意味，代表着大数据时代的学习趋势⑨。

在我们看来，量化自我就是数字化生存的开始。如果说 18 年前尼葛洛庞帝写《数字化生存》还是引导大家向数字化生存进发，那么量化自我技术的泛滥则是人类个体真正走向数字化的开始。对教学来说，更多的有关学习者的真实情况的数据记载，那么对学习者进行更好的了解成为可能，对个体的学习者来说个性化的学习已经不远了，对整个学习社会来说，学习与生活的界限将会变得更加模糊。

①　Johnson, L., Adams, S., and Cummins, M. NMC Horizon Report：2012 Higher Education Edition ［R］, Austin, Texas：The New Media Consortium, 2012.

②　Johnson, L., Adams Becker, S., Cummins, M., Estrada, V., Freeman, A., and Ludgate, H. NMC Horizon Report ＞ 2013 Higher Education Edition ［R］, Austin, Texas：The New Media Consortium., 2013.

③　Ibid.

④　Johnson, L., Adams Becker, S., Estrada, V., and Freeman, A. NMC Horizon Report：2014 K－12 Edition ［R］, Austin, Texas：The New Media Consortium, 2014.

⑤　Johnson, L., Adams Becker, S., Estrada V., and Freeman, A. NMC Horizon Report：2014 Higher Education Edition ［R］. Austin, Texas：The New Media Consortium, 2014.

⑥　Ibid.

⑦　Ibid.

⑧　陈然、杨成：《量化自我：大数据时代教育领域研究新机遇——2014 年地平线报告研究启示》，《现代教育技术》2014 年第 11 期。

⑨　张枝实：《量化自我：大数据时代学习的新趋势》，《现代教育技术》2014 年第 11 期。

第五节　小结

以上我们从教学研究的方法论、教学模式、课程理念以及新科技应用等四个方面讨论了教学的创新。从这些案例的探讨中，我们发现技术的思维可以贯通教学的这些重要方面，并给教学带来了新的思路与面貌。由此可见，教学的技术性不是教学的一种可有可无的属性，而是一种必要的属性。从技术的视角来探讨教学有可能获得一种教学的全新理解，为教学实践提供新的理论支持。而且，我们探讨教学的技术性并不是为了技术而技术，更多的是对理论研究长期以来对技术主题的忽视而做的一定的纠偏。当然，教学的现实与技术的本性告诉我们这样的讨论结果远不是尽头而是起点，我们还需要在进一步的实践过程中继续这种讨论。

第六章

结论与展望

我们称为人工物的那些东西并不脱离自然。它们并没有得到无视或违背自然法则的特许。同时，它们又要适应人的目标和目的。[①]

———司马贺

人类历史过去是、今后仍将是一个未知的探险。[②]

———埃德加·莫兰

本研究中我们以技术为视角，从本质、过程与目的三个方面对教学进行了考察，建构了教学技术性的概念，但是这并不表示我们要反对以往所有的教学理论与对教学的理解，而是在教学理论研究中普遍缺失技术主题的情况下，还技术主题一个合理的身份，技术视野的教学应该可以成为教学众多理解方案中的一个。在我们看来，这种理解不但有其合理性，而且还给我们研究教学带来启示。

第一节　教学技术性的理论启示

教学技术性的探讨带给我们的启示包括：首先，在技术观上带来了从效率到解放的转变；其次，引导教学本身发生"技术转向"；最后，教学技术成为教学理论与教学实践的中介，防止教学理论与教学实践"两张皮"。此外，对我们理解教学论历史上关于"科学与艺术"的争论带来新

---

① 司马贺：《人工科学：复杂性面面观》，武夷山译，上海科技教育出版社 2004 年版，第 3 页。

② 埃德加·莫兰：《复杂性理论与教育问题》，陈一壮译，北京大学出版社 2004 年版。

的视角。

一 从效率到解放

在日常的思维中，技术是一个效率工具，它的应用能够提高做事的效率。一个教师在同一时刻只能给一个学生批改习题，如何让一个班的学生同时收到他们习题的反馈呢？教学机器做到了。一个教师讲课只能让一个一定大小空间内的学生听到，如何让更多的学生听他讲课？人们先后发明了扩音机、广播、视频会议系统来实现这个效果。

技术能够带来效率，在这种想法的潜移默化之下，人们对技术在教学中的应用首先关注的就是效率问题。一个智能化的练习系统能够提高学生的成绩，MOOC能够让更多的人方便地获得他们需要的知识，这里的"更高""更多"其背后就屹立着一个效率思维。对效率的推崇大概是现代社会最突出的特征，我们把它称作效率主义，它在促进社会发展的同时也带来了严重的后果，在我们看来至少在以下2个方面需要我们保持足够的警醒。

首先，效率主义的一个最大问题就是把手段当作目的。效率本身就是手段范畴，一味地追求效率就是用手段来取代目的，按韦伯的说法就是用工具理性来取代价值理性，这就导致了世界的去意义化。就像我们如今的唯分数论，分数本身只不过是一种区分学生学习成果的手段，片面地为了分数而搞应试教育就是一种用手段取代目的的做法，这其中的危害我们搞教育的人是不可能不知道的。

其次，效率的过度膨胀就会挤占适用观念的空间，出现很多不合理的现象。譬如为了追求效率，当前做事都讲究"可操作性"，事情不管做得好不好，先做起来再说，对做事情过程中的道德感与审美情趣这些可能会干扰做事的因素避之不及，久而久之，大家都不去考虑我这么做是否合适这样一个问题。班级授课制在其肇始之时确实使教学的"生产力"大大提升，但是它也存在忽略"上智下愚"，从今天的教学理论来看，甚至各种各样的"中人"也有可能被部分忽略，而所谓的因材施教的适用观念那就更加远离了。

一味追求效率的教学其极致必然就是自动化的教学，教学不再跟教师有关，而是用机器来主宰教学。这让我们想起了工业革命初期"机器吃人"的现象，这种去技能化的技术运用显然与我们这里对技术理解相悖。

在本研究，我们提出了从技术的角度来考察教学，并用教学的技术性来概括技术视野的教学。但是在我们对技术性的理解中，效率是被排除在外的，这并不是说我们不要效率，而是说技术的创造性、合目的性与具身性更为根本，而效率作为一种手段只能是从属于这些特性。

所以在教学中运用技术其目的肯定不是为了效率，在我们看来效率本身还只不过是一种手段，其指向的是解放。在中小学中，学生如果花更少的时间就能得到符合要求的成绩，那么他就有更多的时间来发展个性特长；在高等教育中，学生如果能够学得更快，那么他就有更多的时间去探究去实践；对教师来说，学生能够很快地掌握所教的东西，那么教师也不用呕心沥血，有更多的时间去研究教学或者去完善自身。效率对教学来说是很好的东西，它给我们带来解放的可能性，但是我们还是要避免为了效率而效率。在效率提高之后，我们更需要考虑的是用省出来的时间做一些更值得做的事情。

二　教学研究的技术转向

"转向"在哲学里是一个分量很重的词，如"认识论转向""语言学转向"都意味着哲学研究的一个重大转变。与此相比，当前说教学研究出现了技术转向是缺乏足够的证据的，但是我们更愿意使用"转向"一词来唤起人们对教学研究中的技术问题的关注，进而引出一种新的教学研究的路向。在我们看来，教学研究的技术转向将会在很长时间内成为一种趋势，它具体表现在以下两个方面。

首先，教学研究的技术转向将牵引着教学研究者把教学中的技术问题当作研究的重心。传统的教学研究很少单独把技术作为一种教学研究的对象，因此，技术主题在教学研究中不可能成为研究的重心。教学研究的技术转向意味着技术将成为教学研究的中心，技术问题成为了一切教学问题得以引出的那个问题。先前的教学研究逻辑认为教学的成功与否其关键在于教学实践是否符合教学理论，教学理论是教学实践的内在理路，因此只有当后者符合前者的时候教学实践才能成功，而技术作为教学的外部存在也必须符合教学理论才能发挥它的作用。这种对技术的理解在当前的教学理论界是非常普遍的，特别是当技术在教学应用中失效时常常会听到的一句批评就是——技术没有符合理论的要求。斯内尔贝克也谈到在教学实践中经常可以听到这么一句话："课程与教学应该驱动技术，技术不应该驱动课程与教学。"① 并且说这话的往往并不是狂热的教学理论研究者，而是技术工作者。由此可见，实践要符合理论的观念是根深蒂固的。但是，如果认同这种观点就是把技术看死了，把技术仅仅看作工具，没有看到技术的文化能力。实际上，教学中的技术虽然有遵循教学理论的必要，但是它同样有塑造教师与学生从而最终影响教学理论的能力，或者说在理论影响技术使用之前是技术塑造了理论。正如高文在《试论教学设计研究的定位——教学设计研究的昨天、今天与明天（之二）》中提到，对教育来说技术的进步其本身并不重要，重要的是高新技术孕育着很多需要我们去认识与领悟的教育新理念，技术的进步将会带来新的思维方式与思维类型，对教育工作者思考教育问题的方式也将形成冲击②，也就是说技术能够创新理论、带来理论的变革。正是因为技术对理论的这种先在性，我们要把技术作为一切教学研究的中心，从技术中来推知教学发展的内在理路，这是我们提出技术转向的第一层意思。

其次，教学研究重心的转移意味着教学研究视角的转换，这最终将引起教学研究的范式改变。正如马克思说的"哲学家们只是用不同的方式解释世界，而问题在于改变世界"③，以前的教学研究主要以形成理论解释为最终目的，不可否认我们讲教学研究的技术转向也有形成理论的需求，但是技术作为一种实践中才能定型的东西也带来了新的方法论承诺——教学研究是具体情境中的研究而不是理论中的研究。或者我们从技术研究的角度来看，至少有这么两个角度，一个是静态的，另一个是动态的。静态地研究技术就是研究作为存在者的技术，一切都是现成的，这样研究的好处就在于可以用理论来把握，这也就是马克思所说的"解释世界"。动态地研究技术是研究技术的存在，它必然地要求在活的技术实践中来把握技术，一部手机到底是通信工具还是暴力手段就看它是用于打电话的情景还是用于砸人的情景，同样当前广泛应用于教学中的信息技术我们很难独断地说它是辅助教学的工具还是破坏教学的工

---

① 赖格卢斯：《教学设计的理论与模型：教学理论的新范式》，裴新宁、郑太年、赵健译，教育科学出版社 2011 年版，第 827 页。

② 高文：《试论教学设计研究的定位——教学设计研究的昨天、今天与明天（之二）》，《中国电化教育》2005 年第 2 期。

③ 马克思、恩格斯：《马克思恩格斯选集》（第 1 卷），中共中央马克思恩格斯列宁斯大林著作编译局译，人民出版社 1995 年版，第 57 页。

具，只有在它发生作用，也就是"改变世界"的时候我们才能客观地评价它的作用。所以教学研究的技术转向意味着教学研究的范式转变，从"解释世界"转向"改变世界"，这是我们对技术转向思考的第二个方面。

需要注意的是，技术转向的这两个方面是统一的。如果它仅仅指教学研究转向对技术的关注，那么这种技术转向是太弱了，我们也没必要来提出这么个"技术转向"的词，因为实际上现在的教学研究已经非常关注技术问题了。我们的技术转向更加强调的是教学研究的技术性，即教学的本真如技术一样是在其发生作用的地方被展现出来的，而不是在现成的、已经过去的教学中提取出来的，这是一种对教学研究的信念。但是新的信念的建立还是要建立在技术成功运作的直观的基础上，我们对教学中技术应用过程的认识越深刻，那么对教学研究的技术性理解得越透彻。所以教学研究的技术转向首先是关注教学中的技术应用，其次就是把这种关注所形成的直观上升到对教学研究的信念，这两者是相互牵引的。

三 用技术中介教学理论与教学实践

在教学研究中，理论与实践是一对矛盾体。在教学基本理论研究中我们对一些问题的争论不休正是由于对这一对矛盾体的认识出了偏差，我们总是立足于自身的研究，或者偏袒理论，或者褒扬实践，即使有些能够兼顾理论与实践的人，在实际工作中也总是顾此失彼，所谓的理论与实践"两张皮"就是这种情况。

曾经一段时间，教学技术经常面临如下的质问：在教学理论方面不如教育学，在技术方面不如计算机等学科，教学技术有存在的必要吗？在这种分而治之、各个击破的提问中，教学技术的从业者常常感到愕然，因为很少有人去思考这个问题。我们不做针锋相对的反问——教学技术比教育学的懂技术、比计算机系的更懂教学，为什么就不能存在——因为这种提问方式本身就存在问题。我觉得教学技术存在的合理性就在于其中介教学理论与教学实践的过程中。

教学技术对理论的态度是实用的，这是理论向实践转化的前提。从技术的观点来看，理论本身就是一种工具，因而在教学技术的研究中理论往往就是出发点，提供一个框架性的支持，但是理论并不是终极性的，它随时都有可能被调整，而教学技术对教学理论的认识也正是在不断地调整中有了更深的认识。因而上面质问中说"理论不如教育学"是片面的，如果这种"不如"是指理论视野的广阔性可能是适合的，但是如果指的是对理论理解的深刻性则不一定，因为工具只有在其使用的过程中才算是真正的工具，我们也才能对它有更加深入的认识，教学技术就是在使用理论的过程中加深对教学理论的认识，这个不是单纯的教育学所能做到的。

教学技术对实践的态度是批判的，这是实践向理论转化的前提，同时也是实践创新的前提。通过对实践的系统考察、审问，对实践条件的探询为实践向理论的转化提供素材。但是这种考察不仅是心灵的活动——沉思，更是身体的活动——在流动的实践中、在工具的使用中的一种揣摩、观照与感悟。这种活动的结果——理论不仅需要逻辑的裁剪，更需要对情景适切性的描画。而实践在这种深切的批判中也能找到需要改变的地方，也就是所谓的实践创新。

教学技术对工具的态度也是批判的，从根本上来说，这是实践对理论的反作用。教学技术对技术的批判态度来自技术有通用技术与专用技术之分，以及实践对技术的筛选。技术工具一旦生成就具有强制性，因而实践中无度地应用技术工具就会威胁到实践的复杂性。同时，工具手段有着自己的意向性，这种来自工具的设计者与开发者的意向性如果不能受控，那么终究会对实践带来戕害。

四　超越教学的科学与艺术之争

在教学研究的历史上，教学是科学还是艺术的争论一直没有定论，在我们看来，这背后隐藏着对教学活动的不同理念。对把教学看作科学的人来说，教学活动是可以根据一定的理论原理事先进行确定的，而对把教学看作艺术的人来说，教学活动必须在教学过程中根据当时的情境随机应变，不可能存在一个完全预设的教学。实际上，在这场争论中把教学看作艺术是很难被反对的，即使强调教学是科学的人也很少去反对这一点，他们往往是通过间接的方法来否定教学是艺术的观点，如强调教学研究要用科学的方法，教学行为要以科学的原理为基础，通过强调科学的重要性来贬抑教学的艺术性。而对强调教学的艺术性的人来说，教学是一项实践活动，教学的对象是具有情感与价值倾向的人，这些领域与对象都不是科学所擅长的，因此教学要遵循艺术的而不是科学的原则。但是彻底地把教学当作艺术就会走向不可知论，而把教学完全归入科学的事业也是不合理的，所以这场争论的问题更恰当描述就是教学中科学的成分多点还是艺术的成分少点，而不是非此即彼式提问。

由此看来，说这场争论没有定论也是不正确的，因为从上面的分析我们可以看到教学既是科学也是艺术，但是这样一个中庸的结论对学术研究来说是不可接受的，因此这就变成了一个悬而未决的问题了。但是从我们的角度来看，这个问题是可以超越的，我们认为教学是一种技术。

首先，从历史来看技术跟科学与艺术都具有某种亲缘关系。在第二章我们讲到科学与技术的关系的时候我们就指出，在人类早期技术先于科学出现，是科学的来源之一，但是到了近代科学与技术的关系变得很紧密，两者出现了你中有我、我中有你的局面，也出现了"科技"一词，公众对科学与技术的界限开始模糊，甚至认为科学就是技术、技术就是科学，把科学带来的问题记到了技术的身上，"工具理性""技术思维"成了许多人批判的东西。同样，技术与艺术的关系也非常紧密，在人类早期技术与艺术往往是结合成一体的，同时亚里士多德把指导人类制作工作的理性叫作"技艺"，该词与上面的"科技"有异曲同工之妙，巧妙地把技术与艺术结合在一起了，这实际上也表明了艺术与技术在人类早期相互缠绕、难以分割的情况，即使到近代我们还可以在工艺美术中看到艺术与技术相结合的情况。

其次，技术的双重属性表明它既是科学又是艺术。教学是科学还是艺术的争论我们可以从另一个角度来理解，那就是当把教学看作科学的时候，主要关注的是科学在教学活动之前的设计阶段，而把教学看作艺术的时候，实际上关注的是教学活动过程中的情况。从技术的角度来看，这是技术的不同阶段，即技术设计与技术使用的阶段。在技术设计阶段我们往往关注技术的物理结构，而在技术的使用阶段我们关注的是技术的功能，这也就是克罗斯所说的"技术人工物的双重属性"。设计阶段的物理结构由科学原理决定，而使用阶段的功能发挥是一个与情景有关的东西，这其中的随机应变接近于艺术，这样技术的双重属性把科学与艺术给统一起来了。

第二节　展望一种技术视野的教学

我们讲教学的技术性就是提出了一种新的审视教学的视角，但是这样的视角将会对教学带来什么样的后果，或者以这样的思路建设教学将会是怎样的一幅景象，在这最后的地方我们试图以技术中的两个关键因素——技术人工物与身体技能——为着力点描绘一下这样的教学。

一　呼之欲出的教学临床学

尽管教育活动与人类的文明史几乎同时起步，但是当人类在科学上战胜了一个个难题，教育的问题却还在做钟摆式的原地踏步，现代人在面对大量教育问题时并没比前人高明多少，而当社会上已经存在大量专业化的职业的时候，教育却还在为其专业化问题努力。医学可以说跟教育学是一对好朋友，它们共同为人类自身的问题努力，但是医学已经毋庸置疑地成为了一个高度专业化的行业，而依然为自身的专业化而努力的教育学无论如何都应该从医学学习点什么。

医学作为经验科学在很大程度上依赖于生命科学与行为科学等学科的发展，但是由于人类生命活动的复杂性，目前的科学发展还远远达不到对其完全认识，而人类的疾病是等不到把所有致病原因都找到了再来医疗的。我国古代对医学就有非常深刻的判断[①]："医者易也"讲的是医学面对的东西的变幻无常，不同的时代、不同的病人医生需要有随机应变的判断；"医者意也"强调了医学行业中的经验的重要性，好的医生应该要对疾病有所体悟；"医者艺也"讲的是要成为一个好的医生光有好的技能还不行，还得把疾病与病人的情况作为整体来考虑，而不仅是简单地祛病。这些判断表明了医学是一门非常依赖临床经验的学科。所以，在医学中临床医学是一门非常重要的学科，它担负着在基础理论尚未成熟的时候，凭着经验与试探来解决医学实践中的问题。

教学研究的科学性应该说要远远落后于医学，虽然近些年来相关学科得到了快速的发展，但是我们还远远达不到对人类学习原理的掌握，在这种情况下我们如果依然企求得到高质量的教育，就应该参照医学的方式来建立教学的临床学。

从技术的角度来看，教学永远达不到也没有必要达到绝对的科学性，这是我们强调教学具身性的缘由。教学的具身性不排斥通过仪器设备得到的关于教学的一些判断，但是更多地要求教学主体的现场参与，通过对宏

---

① 张大庆：《医学史十五讲》，北京大学出版社 2007 年版，第 2—4 页。

观教学现象的观察、描述、分类，获得一种与还原论教学科学截然不同的教学知识，这就是教学临床学的主要任务。

二 走向教学的工程学

教学是为人的也是人为的，如果仅仅依靠效率原则来行事则是与人性相悖的，这也是以前的技术备受责难的原因所在，那么我们将把作为技术的教学带向何方呢？

教学临床学主要是以直接的教学经验来规训人的身体技能，所以作为技术的教学必然还要解决另一个问题，那就是教学人工物的设计、制造与使用。司马贺曾经提出用"人工科学"一词来表征与自然科学相对的、关于人工物与人工现象的学问。他把自然科学称作解释科学以与人工科学并列，在他看来解释科学主要是为了描述、解释与预测，而人工科学则是为了发展有效的解决问题的知识。但是他的人工科学强调的是设计，在书中他甚至用"设计科学"一词来取代"人工科学"，他强调人工物创造的同时，显然也忽略了人工物使用的重要性。

技术的本质就是创造，对教学来说这种创造就是在理论与实践之间的一种协调，而其中的关键就是教学人工物的设计与使用。在教学人工物的设计阶段，我们需要大量的理论知识，并形成一个理想的人工物。在使用阶段，我们需要一定的实践智慧来使教学的人工物能够更好地达成目的。根据这样的理解，作为技术的教学更像一门工程学而不是设计科学，因为在这种教学中，人们需要从事的不仅是技术人工物的设计与制作，同时还有关于如何在教学中使用这些人工物的知识。我们的前辈们有用哲学来研究教学的，有用心理学来研究教学，但是到了如今这个交叉学科、跨学科研究泛滥的年代，用工程学的方式来做教学可能是一个更好的选择。

三 福祸难料的赛博格

展望技术视野的教学，我们也存在困惑。我们的理论告诉我，最好的技术就是人的身体技能与工具的使用合为一体，就像庖丁解牛，或者如武侠小说里说的人剑合一、人刀合一。但是在科幻小说，甚至在现实中已经出现了的赛博格（Cyborg，俗称机械化人、改造人、生化人），这是一个有着人的身体，但是又由于各种目的其身上的特定部位被电子机械所替代的存在，如装有义肢、义眼的人。

　　赛博格显然符合我们教学技术性中对技术的定义，所以教学技术性的一种可能就是变成了特定赛博格的制造。但是这样的赛博格存在的话，人将如何存在？

参考文献

［1］Adelsberger H H, kinshuk, pawlowski J M, et. al. Handbook on Information Technologies for Education and Training. Berlin, Heidelberg: Springer Berlin Heidelberg, 2008.

［2］Akker J V den, Gravemeijer K, McKenney S, et. al. Educational Design Research. London; New York: Routledge, 2006.

［3］Anderson A, Huttenlocher D, Kleinberg J, et. al. Engaging with Massive Online Courses ［A］. Proceedings of the 23rd International Conference on World Wide Web ［C］. New York, NY, USA: ACM, 2014.

［4］Anderson A, Huttenlocher D, Kleinberg J, et. al. Engaging with Massive Online Courses ［A］, Proceedingsofthe 23 rdInternational Conferenceon World Wide Web ［C］, New York, NY, USA: ACM, 2014.

［5］Anglin G J. Instructional technology: past, present, and future. Libraries Unlimited, 1995.

［6］Aviram A, Richardson J. Upon What Does the Turtle Stand? Dordrecht: Kluwer Academic Publishers, 2005.

［7］Balacheff N, Ludvigsen S, Jong T, et. al. Technology – Enhanced Learning. Dordrecht: Springer Netherlands, 2009.

［8］Bazzini L. From Grounding Metaphors to Technological Devices: A Call for Legitimacy in School Mathematics. Educational Studies in Mathematics, 2001, 47 （3）.

［9］Boxall M. MOOCs: a massive opportunity for higher education, or digital hype? ［EB/OL］. The Guardian. （2012 – 08 – 08） ［2013 – 05 – 07］. http: //www. guardian. co. uk/higher – education – network/blog/2012/aug/08/mooc – coursera – higher – education – investment.

［10］ Branch R M. Instructional Design： The ADDIE Approach. Boston，MA： Springer US，2009.

［11］ Brow N，A. Design experiments： Theoretical and methodological challenges in creating complex interventions in classroom settings. The Journal of the Learning Sciences，1992（2）.

［12］ Clark R E. Reconsidering Research on Learning from Media. Review of Educational Research，1983，53（4）.

［13］ Clark R E. Media will never influence learning. Educational Technology Research and Development，1994，42（2.）.

［14］ Clark R E. Media and method. Educational Technology Research and Development，1994，42（3）.

［15］ Cobb T. Cognitive efficiency： Toward a revised theory of media. Educational Technology Research and Development，1997，45（4）.

［16］ Cobern W W，Tobin K，Brown – Acquay H，et. al. Teaching about Technology. Berlin/Heidelberg： Springer – Verlag，2005，27.

［17］ Collins，A. Toward a design science of education ［A］. Scanlon E. & O. Shea T. New Directions in Educational Technology. New York： Springer – Verlag，1992.

［18］ Crouch C H，Mazur E. Peer Instruction： Ten years of experience and results. American Journal of Physics，2001，69（9）.

［19］ Cuban L. Oversold and Underused： Computers in the Classroom. Harvard University Press，2003.

［20］ Cuban L. Teachers and Machines： The Classroom Use of Technology Since 1920. Teachers College Press，1986.

［21］ D. C. 菲利普斯·乔纳斯、F. 索尔蒂斯：《学习的视界》，尤秀译，教育科学出版社 2006 年版。

［22］ D. J. 奥康诺：《批评的西方哲学史》，洪汉鼎译，东方出版社 2005 年版。

［23］ Darling L F，Erickson G，Clarke A. Collective Improvisation in a Teacher Education Community. Dordrecht： Springer Netherlands，2007.

［24］ Downes S. 《Connectivism》 and Connective Knowledge ［EB/OL］. Huffington Post. 2011 – 05 – 25/2013 – 05 – 30. http： //www. huffingtonpost.

com/stephen – downes/connectivism – and – connecti_ b_ 804653. html.

［25］ e – Learning：Putting a World – Class Education at the Fingertips of All Children ［R］. Washington, DC：Department of Education, 2000.

［26］ Elizabeth Steiner. Methodology of Theory Building. Sydney：Educology Research Associates, 1988.

［27］ Eric Mazur. Can We Teach Computers to Teach? . Computers in Physics, 1991（5）.

［28］ F. W. 克罗恩：《教学论基础》，李其龙、李家丽、徐斌艳等译，教育科学出版社 2005 年版。

［29］ Flynn J T. Moocs：Disruptive Innovation and the Future of Higher Education. Christian Education Journal, 2013, 10（1）.

［30］ Foertsch J, Moses G, Strikwerda J, et al. Reversing the lecture/homework paradigm using eTEACH © Web – based streaming video software. JOURNAL OF ENGINEERING EDUCATION, 2002, 91（3）.

［31］ George W. Bright. What is Computer Literacy? . Creative Computing, 1976（6）：55. 转引自 SAETTLER P. The Evolution of American Educational Technology. Denver：Libraries Unlimited Inc, 1990。

［32］ Getting America's Students Ready for the 21st Century：Meeting the Technology Literacy Challenge ［R］. Washington, DC：Department of Education, 1996.

［33］ Gibbs D, Zajda J. Comparative Information Technology. Dordrecht：Springer Netherlands, 2009.

［34］ Glennan T K, Melmed A. Fostering the Use of Educational Technology：Elements of a National Strategy ［R］. National Book Network, 1996.

［35］ Guo P J, Kim J, Rubin R. How Video Production Affects Student Engagement：An Empirical Study of MOOC Videos ［A］. Proceedings of the First ACM Conference on Learning @ Scale Conference ［C］. New York, NY, USA：ACM, 2014.

［36］ Guo P J, Kim J, Rubin R. How Video Production Affects Student Engagement：An Empirical Study of MOOC Videos ［A］. Proceedings of the First ACMC on ferenceon Learning@ Scale Conference ［C］. New York, NY, USA：ACM, 2014.

［37］Hand book on Quality and Standardisation in E – Learning. Springer Berlin Heidelberg, 2006.

［38］Hastings N B, Tracey M W. Does media affect learning: where are we now? . TechTrends, 2004, 49（2）.

［39］Heaviside S, Farris E, Malitz G S, et al. Advanced telecommunications in U. S. public elementary and secondary schools, 1995. Washington, DC: U. S. Dept. of Education, Office of Educational Research and Improvement, National Center for Education Statistics, 1996.

［40］How 12 Schools Are Using Khan Academy Right Now ［DB/OL］. （2012 – 4 – 23）. http: //www. edudemic. com/how – 12 – schools – are – using – khan – academy – right – now/.

［41］How do I get started with Design – Based Research （DBR）? ［EB/OL］. /2014 – 12 – 18. http: //dbr. coe. uga. edu/enact01. htm.

［42］Hung D, Khine M S. Engaged Learning with Emerging Technologies. Berlin/Heidelberg: Springer – Verlag, 2006.

［43］Ifenthaler D, Pirnay – Dummer P, Spector J M. Understanding Models for Learning and Instruction. Boston, MA: Springer US, 2008.

［44］Internet Access in U. S. Public Schools and Classrooms: 1994 – 2002 ［EB/OL］. ［2011 – 08 – 08］. . http: //nces. ed. gov/pubs2004/2004011. pdf.

［45］John Dewey. Human Nature and Conduct. New York: Henry Holt and Co. , 1922.

［46］Johnson J. Assignment Incomplete: The Unfinished Business of Education Reform. A Report from Public Agenda. ［R］. Washington, DC: Institute for Educational Leadership; New York, NY: Public Agenda Foundation, 1995.

［47］Johnson, L. , Adams Becker, S. , Cummins, M. , Estrada, V. , Freeman, A. , and Ludgate, H. NMC Horizon Report: 2013 Higher Education Edition ［R］. Austin, Texas: The New Media Consortium, 2013.

［48］Johnson, L. , Adams Becker, S. , Estrada V. , and Freeman, A. . NMC Horizon Report: 2014 Higher Education Edition ［R］. Austin, Texas: The New Media Consortium, 2014.

［49］Johnson, L. , Adams Becker, S. , Estrada, V. , and Freeman, A. NMC Horizon Report: 2014 K – 12 Edition ［R］. Austin, Texas: The New

Media Consortium, 2014.

[50] Johnson, L., Adams, S., and Cummins, M. NMC Horizon Report: 2012vHighervEducationvEdition [R]. Austin, Texas: The New Media Consortium, 2012.

[51] Johnson, L., Smith, R., Willis, H., Levine, A., and Haywood, K. The 2011 Horizon Report [R]. Austin, Texas: The New Media Consortium, 2011.

[52] Jonassen D H, Campbell J P, Davidson M E. Learningwith media: Restructuring the debate. Educational Technology Research and Development, 1994, 42 (2).

[53] Koper R. Learning Network Services for Professional Development. Berlin, Heidelberg: Springer Berlin Heidelberg, 2009.

[54] Kozma. R B. Learning with Media. Review of Educational Research, 1991, 61 (2).

[55] Kozma R B. Will media influence learning? Reframing the debate. Educational Technology Research and Development, 1994, 42 (2).

[56] Kozma R B. A reply: Media and methods. Educational Technology Research and Development, 1994, 42 (3).

[57] Kroes P. Technological explanations: the relation between structure and function of technological objects. Philosophy and Technology, 1998, 3 (3).

[58] Krugman. Brain wave measures of media involvement. Journal of Advertising Researh, 1971 (1): 3 -9. 转引自罗伯特·洛根《字母表效应: 拼音文字与西方文明》, 何道宽译, 复旦大学出版社 2012 年版, 第 174 页。

[59] Lage M J, Platt G J, Treglia M. Inverting the Classroom: A Gateway to Creating an Inclusive Learning Environment. Journal of Economic Education, 2000, 31 (1).

[60] Lakeoff, G. & Johnson, M. Philosophy in the Flesh: the Embodied Mind and its Challenge in Western Thought. New York: Basic Books, 1990.

[61] Law N, Pelgrum W J, Plomp T. Pedagogy and ICT Use. Dordrecht: Springer Netherlands, 2008.

［62］Law N，Yuen A，Fox R. Educational Innovations Beyond Technology. Boston，MA：Springer US，2011.

［63］Lewis Mumford，Technics and Human Development. A Harvest / HBJ Book，1967.

［64］Luria A R. Cognitive Development：Its Cultural and Social Foundations. Lopez – Morillas M & Solotaroff L，Trans. Cambridge，MA：Harvard University Press，1976.

［65］Mazur E. Peer Instruction：A User's Manual. Upper Saddle River，NJ：Prentice Hall，1997.

［66］Monthly Reports［EB/OL］.（2012 – 09 – 10）［2013 – 05 – 07］. http：//ocw. mit. edu/about/site – statistics/monthly – reports/ MITOCW_ DB_ 2012_ 09. pdf.

［67］Morrison G R. The media effects question："Unresolvable" or asking the right question. Educational Technology Research and Development，1994，42（2）.

［68］Moti Frank，Abigail Barzilai. Project – Based Technology：Instructional Strategy for Developing Technological Literacy. Journal of Technology Education，18（1）.

［69］Moursund D. What is Computer Literacy? . Creative Computing，1976（6）：61. 转引自 SAETTLER P. The Evolution of American Educational Technology. Denver：Libraries Unlimited Inc，1990。

［70］Núñez R E，Edwards L D，Matos J F. Embodied Cognition as Grounding for Situatedness and Context in Mathematics Education. Educational Studies in Mathematics，1999，39（1/3）.

［71］OECD. Giving Knowledge for Free：The Emergence of Open Educational Resources. Paris：Organisation for Economic Co – operation and Development，2007.

［72］PatriciaWolfe：《脑的功能——将研究结果应用于课堂实践》，中国轻工业出版社2005.

［73］Prensky M. Digital Natives，Digital Immigrants Part 1. On the Horizon，2001，9（5）.

［74］Priscilla Norton & Karin M. Wiburg：《信息技术与教学创新》，吴

洪健、倪男奇译，中国轻工业出版社2002年版。

［75］ R. Keith Sawyer. The Cambridge Handbook of learning science. New York: Cambridge University Press, 2006.

［76］ R. J. 弗伯斯、E. J. 狄克斯特霍伊斯：《科学技术史》，刘珺珺、柯礼文、王勤民等译，求实出版社1985年版。

［77］ R. 舍普：《技术帝国》，刘莉译，生活·读书·新知三联书店1999年版。

［78］ Reiser R A. Clark's invitation to the dance: An instructional Designer's response. Educational Technology Research and Development, 1994, 42 (2).

［79］ Researching Design Learning. Dordrecht: Springer Netherlands, 2007.

［80］ Robinson C, Nathan M, Robinson C. et al.. Considerations of Learning and Learning Research: Revisiting the "Media Effects" Debate. Journal of Interactive Learning Research, 2001, 12 (1).

［81］ Rose L C, Gallup A M. The 32nd Annual Phi Delta Kappa/Gallup Poll of the Public's Attitudes toward the Public Schools. Phi Delta Kappan, 2000, 82 (1).

［82］ Roth K J. Teaching science in five countries: results from the TIMSS 1999 video study: statistical analysis report. US Dept. of Education, National Center for Education Statistics, 2006.

［83］ Saettler P. The Evolution of American Educational Technology. Denver: Libraries Unlimited Inc. , 1990.

［84］ Saettler P. The evolution of American educational technology. Information Age Publishing, Incorporated, 2004.

［85］ Shavelson R J, Phillips D C, Towne L, et. al. On the Science of Education Design Studies. Educational Researcher, 2003, 32 (1).

［86］ Sherborne T, Buckingham Shum S J, Okada A. Knowledge Cartography. London: Springer London, 2008.

［87］ Shrock S A. The media influence debate: Read the fine print, but don't lose sight of the big picture. Educational Technology Research and Development, 1994, 42 (2).

［88］ Shulman, L. S. Those who understand: Knowledge Growth in Teaching ［J］. Educational Researcher, 1986 （2）.

［89］ Siemens G. Connectivism: A Learning Theory for the Digital Age. International Journal of Instructional Technology & Distance Learning, 2005, 2 （1）.

［90］ Smeyers P, Depaepe M. Educational Research: Networks and Technologies. Dordrecht: Springer Netherlands, 2008.

［91］ Tennyson R D. The big wrench vs. integrated approaches: The great media debate. Educational Technology Research and Development, 1994, 42 （3）.

［92］ The Design – Based Research Collective. Design – Based Research: An Emerging Paradigm for Educational Inquiry. Educational Researcher, 2003, 32 （1）.

［93］ Toward a New Golden Age in American Education: How the Internet, the Law, and Today's Students are Revolutionizing Expectations ［R］. Washington, DC: Department of Education, 2004.

［94］ Transforming American Education: Learning Powered by Technology ［R］. Washington, DC: Department of Education, 2010.

［95］ Ullmer E J. Media and learning: Are there two kinds of truth? Educational Technology Research and Development, 1994, 42 （1）.

［96］ UNESCO. Forum on the Impact of Open Courseware for Higher Education in Developing Countries ［EB/OL］. （2002 – 07 – 01） ［2013 – 05 – 25］. http: //unesdoc. unesco. org/images/0012/001285/128515e. pdf.

［97］ Visser J, Visser – Valfrey M. Learners in a Changing Learning Landscape. Dordrecht: Springer Netherlands, 2008.

［98］ Voogt J, Knezek G. International Handbook of Information Technology in Primary and Secondary Education. Boston, MA: Springer US, 2008.

［99］ W. C. 丹尼尔:《科学史及其与哲学和宗教的关系（上）》, 李珩译, 商务印书馆 1975 年版。

［100］ Wegerif R. Dialogic Education and Technology. Boston, MA: Springer US, 2007.

［101］ Zumbach J, Schwartz N, Seufert T, et. al. Beyond Knowledge: The Legacy of Competence. Dordrecht: Springer Netherlands, 2008.

［102］阿尔弗雷德·诺尔司·怀特海、黄龙保、芦晓华等：《思维方式》，天津教育出版社 1989 年版。

［103］阿兰·科林斯、理查德·哈尔弗森：《技术时代重新思考教育》，华东师范大学出版社 2013 年版。

［104］阿伦·C. 奥恩斯坦、琳达·S. 贝阿尔 - 霍伦斯坦、爱德华·F. 帕荣克：《当代课程问题》，余强译，浙江教育出版社 2004 年版。

［105］阿诺德·盖伦：《技术时代的人类心灵》，何兆武译，上海科技教育出版社 2008 年版。

［106］埃德加·莫兰：《复杂性理论与教育问题》，陈一壮译，北京大学出版社 2004 年版。

［107］埃里克·哈夫洛克：《口承—书写等式：一个现代心智的程式》，巴莫曲布嫫译，《民俗研究》2003 年第 4 期。

［108］埃里克·麦克卢汉、弗兰克·秦格龙：《麦克卢汉精粹》，何道宽译，南京大学出版社 2000 年版。

［109］爱弥儿·涂尔干：《教育思想的演进》，李康译，上海人民出版社 2003 年版。

［110］安德鲁·芬伯格：《技术批判理论》，韩连庆、曹观法译，北京大学出版社 2005 年版。

［111］安德鲁·芬博格：《海德格尔和马尔库塞：历史的灾难与救赎》，文成伟译，上海社会科学院出版社 2010 年版。

［112］安涛、李艺：《技术哲学视野下的教育技术理论图景》，《教育研究》2014 年第 4 期。

［113］安文铸：《教育科学研究中理论与实践关系的思考》，《教育研究》1991 年第 11 期。

［114］敖德嘉：《关于技术的思考》，吴国盛：《技术哲学经典读本》，上海交通大学出版社 2008 年版。

［115］奥古斯丁：《上帝之城》，王晓朝译，人民出版社 2006 年版。

［116］巴巴拉·西尔斯、丽塔·里齐：《教学技术：领域的定义和范畴》，乌美娜、刘雍潜译，中央广播电视大学出版社 1999 年版。

［117］柏拉图：《柏拉图全集》（第一卷），王晓朝译，人民出版社 2002 年版。

［118］柏拉图：《柏拉图全集》（第二卷），王晓朝译，人民出版社

2003 年版。

　　［119］坂元昂：《教育工艺学简述》，钟启泉译，人民教育出版社1979 年版。

　　［120］鲍良克：《教学论》，叶澜译，福建人民出版社 1984 年版。

　　［121］贝尔纳·斯蒂格勒：《技术与时间：电影的时间与存在之痛的问题》，方尔平译，译林出版社 2012 年版。

　　［122］贝尔纳·斯蒂格勒：《技术与时间：爱比米修斯的过失》，裴程译，译林出版社 2000 年版。

　　［123］本·施奈德曼：《达·芬奇的便携式电脑》，李晓明、冉恬译，商务印书馆 2006 年版。

　　［124］博伊德、金：《西方教育史》，任宝祥、吴元训译，人民教育出版社 1985 年版。

　　［125］布莱恩·阿瑟：《技术的本质》，曹东溟、王健译，浙江人民出版社 2014 年版。

　　［126］布鲁纳：《教学论》，姚梅林、郭安译，中国轻工业出版社2008 年版。

　　［127］布律诺·雅科米：《PLIP 时代：技术革新编年史》，侯智荣译，中国人民大学出版社 2007 年版。

　　［128］仓桥重史：《技术社会学》，王秋菊、陈凡译，辽宁人民出版社 2008 年版。

　　［129］曹明海：《语文教学解释学》，山东人民出版社 2007 年版。

　　［130］查尔斯·辛格、E. J. 霍姆亚德、A. R. 霍尔：《技术史（第 I卷）》，王前、孙希忠译，上海科技教育出版社 2004 年版。

　　［131］陈昌曙等：《哲学与社会科学中的"技术转向"——"第八届全国技术哲学研讨会"论文摘要汇编》，《自然辩证法研究》2001 年第6 期。

　　［132］陈多闻：《技术使用的哲学探究》，东北大学出版社 2011年版。

　　［133］陈凡、曹继东：《现象学视野中的技术——伊代技术现象学评析》，《自然辩证法研究》2004 年第 5 期。

　　［134］陈方正：《继承与叛逆：现代科学为何出现于西方》，生活·读书·新知三联书店 2009 年版。

［135］陈桂生：《教育学的建构》，华东师范大学出版社 2009 年版。

［136］陈桂生：《历史的"教育学现象"透视：近代教育学史探索》，人民教育出版社 1998 年版。

［137］陈桂生：《普通教育学纲要》，华东师范大学出版社 2009 年版。

［138］陈红兵、陈昌曙：《关于"技术是什么"的对话》，《自然辩证法研究》2001 年第 4 期。

［139］陈红兵、周建民：《新卢德主义关于技术影响教育的批判性阐释》，《自然辩证法研究》2006 年第 3 期。

［140］陈全、邓倩妮：《云计算及其关键技术》，《计算机应用》2009 年第 9 期。

［141］陈然、杨成：《量化自我：大数据时代教育领域研究新机遇——2014 年地平线报告研究启示》，《现代教育技术》2014 年第 11 期。

［142］陈巍、张静、陈喜丹等：《教育神经科学：检验与超越教学争论的科学途径》，《教育学报》2010 年第 5 期。

［143］陈元晖：《中国教育学史遗稿》，北京师范大学出版社 2001 年版。

［144］陈友松：《当代西方教育哲学》，教育科学出版社 1982 年版。

［145］夏征农、陈至立：《辞海》，上海辞书出版社 2009 年版。

［146］狄克斯特霍伊斯：《世界图景的机械化》，张卜天译，湖南科学技术出版社 2010 年版。

［147］戴维·克劳利、保罗·海尔：《传播的历史：技术、文化和社会》，董璐、何道宽、王树国译，北京大学出版社 2011 年版。

［148］戴维·林德伯格：《西方科学的起源》，王珺、刘晓峰、周文峰等译，中国对外翻译出版公司 2001 年版。

［149］丹尼尔·科顿姆：《教育为何是无用的》，仇蓓玲、卫鑫译，江苏人民出版社 2005 年版。

［150］丹尼尔·坦纳、劳雷尔·坦纳：《学校课程史》，崔允漷等译，教育科学出版社 2006 年版。

［151］德绍尔：《技术的恰当领域》，吴国盛：《技术哲学经典读本》，上海交通大学出版社 2008 年版。

［152］德斯蒙德·莫里斯：《裸猿》，刘文荣译，文汇出版社 2003

年版。

　　［153］邓树增：《技术学导论》，上海科学技术文献出版社 1987 年版。

　　［154］邓晓芒：《黑格尔辩证法讲演录》，北京大学出版社 2005 年版。

　　［155］邓晓芒：《康德哲学讲演录》，广西师范大学出版社 2006 年版。

　　［156］邓晓芒：《冥河的摆渡者——康德的〈判断力批判〉》，云南人民出版社 1997 年版。

　　［157］笛卡儿：《第一哲学沉思集》，庞景仁译，商务印书馆 1986 年版。

　　［158］丁立群：《实践哲学：传统与超越》，北京师范大学出版社 2012 年版。

　　［159］董洪亮：《教学解释—— 一般问题的初步探讨》，教育科学出版社 2010 年版。

　　［160］董远骞：《中国教学论史》，人民教育出版社 1998 年版。

　　［161］杜殿坤：《原苏联教学论流派研究》，陕西人民教育出版社 1993 年版。

　　［162］杜威：《杜威教育文集》（第 2 卷），吕达、刘立德，人民教育出版社 2008 年版。

　　［163］杜威：《民主主义与教育》，王承绪译，人民教育出版社 1990 年版。

　　［164］杜威：《确定性的寻求：关于知行关系的研究》，傅统先译，上海人民出版社 2005 年版。

　　［165］杜威：《人的问题》，傅统先、邱椿译，上海人民出版社 1965 年版。

　　［166］多尔：《后现代课程观》，王红宇译，教育科学出版社 2003 年版。

　　［167］樊文强：《基于关联主义的大规模网络开放课程（MOOC）及其学习支持》，《远程教育杂志》2012 年第 3 期。

　　［168］范寿康：《教育哲学大纲》，商务印书馆 1923 年版。

　　［169］费根鲍姆、麦科达克：《第五代计算机——人工智能和日本计

算机对世界的挑战》,辛华译,新华出版社 1986 年版。

[170] 冯季林:《论教学的游戏性》,《教育研究与实验》2009 年第 3 期。

[171] 弗兰克·施尔玛赫:《网络至死》,邱袁炜译,龙门书局 2011 年版。

[172] 傅畅梅:《伯格曼技术哲学思想探究》,东北大学出版社 2010 年版。

[173] 富田彻男:《技术转移与社会文化》,张明国译,商务印书馆 2003 年版。

[174] 伽达默尔:《真理与方法》,洪汉鼎译,上海译文出版社 1999 年版。

[175] 高亮华:《"技术转向"与技术哲学》,《哲学研究》2001 年第 1 期。

[176] 高文:《试论教学设计研究的定位——教学设计研究的昨天、今天与明天(之二)》,《中国电化教育》2005 年第 2 期。

[177] 宫淑红:《美国教育技术学的历史与范式演变》,华南师范大学出版社 2004 年版。

[178] 关群德:《梅洛 – 庞蒂的身体概念》,《世界哲学》2010 年第 1 期。

[179] 郭华:《研究教学认识的社会性是教学论的重要任务》,《教育研究》2000 年第 6 期。

[180] 郭文革:《教育的"技术"发展史》,《北京大学教育评论》2011 年第 3 期。

[181] 哈贝马斯:《后形而上学思想》,曹卫东、付德根译,译林出版社 2001 年版。

[182] 哈罗德·伊尼斯:《传播的偏向》,何道宽译,中国人民大学出版社 2003 年版。

[183] 海德格尔:《存在与时间》,陈嘉映、王节庆译,生活·读书·新知三联书店 1999 年版。

[184] 海德格尔:《物的追问——康德关于先验原理的学说》,赵卫国译,上海译文出版社 2010 年版。

[185] 海德格尔:《现象学之基本问题》,丁耘译,上海译文出版社

2008 年版。

［186］海德格尔：《演讲与论文集》，孙周兴译，生活·读书·新知三联书店 2005 年版。

［187］海德格尔：《在通向语言的途中》，孙周兴译，商务印书馆 2004 年版。

［188］韩锡斌、翟文峰、程建钢：《cMOOC 与 xMOOC 的辩证分析及高等教育生态链整合》，《现代远程教育研究》2013 年第 6 期。

［189］何克抗：《也论教学设计与教学论——与李秉德先生商榷》，《电化教育研究》2001 年第 4 期。

［190］何敏：《教育时空问题初探》，华东师范大学，2003 年。

［191］何清：《大数据与云计算》，《科技促进发展》2014 年第 1 期。

［192］赫伯·里德：《通过艺术的教育》，吕廷和译，湖南美术出版社 1993 年版。

［193］赫尔巴特：《赫尔巴特文集（3）教育学卷一》，李其龙译，浙江教育出版社 2002 年版。

［194］赫尔巴特：《普通教育学·教育学讲授纲要》，李其龙译，人民教育出版社 1989 年版。

［195］黑格尔：《历史哲学》，王造时译，上海书店出版社 2006 年版。

［196］亨里希、李凯尔特：《李凯尔特的历史哲学》，涂纪亮译，北京大学出版社 2007 年版。

［197］洪汉鼎：《诠释学——它的历史和当代发展》，人民出版社 2001 年版。

［198］洪明、余文森：《"先学后教"教学模式的理念与实施条件——基于杜郎口中学、洋思中学和东庐中学教学改革的思考》，《中国教育学刊》2011 年第 3 期。

［199］胡谊、桑标：《教育神经科学：探究人类认知与学习的一条整合式途径》，《心理科学》2010 年第 3 期。

［200］扈中平、刘朝晖：《对教育理论脱离实际的几点看法》，《教育研究》1991 年第 7 期。

［201］黄侃：《认知主义之后——从具身认知和延展认知的视角看》，《哲学动态》2012 年第 7 期。

［202］霍克海默、阿道尔诺：《启蒙辩证法：哲学片断》，渠敬东、曹卫东译，上海人民出版社 2003 年版。

［203］计海庆：《技术哲学视野中的"机器人"》，上海社会科学院出版社 2008 年版。

［204］季晓峰：《论梅洛－庞蒂的身体现象学对身心二元论的突破》，《东南学术》2010 年第 2 期。

［205］贾纳斯泽乌斯基、莫伦达：《教育技术：定义与评析》，程东元、王小雪、刘雍潜译，北京大学出版社 2010 年版。

［206］贾雄：《教学、教育技艺原理》，诸惠芳、邱瑾、王莉译，人民教育出版社 1998 年版。

［207］姜振寰：《技术哲学概论》，人民出版社 2009 年版。

［208］蒋士会：《课程变革中的教师——四种后现代课程变革理论评要》，《广西师范大学学报》（哲学社会科学版）2000 年第 2 期。

［209］焦建利：《基于设计的研究：教育技术学研究的新取向》，《现代教育技术》2008 年第 5 期。

［210］李定仁、徐继存：《教学论研究二十年（1979—1999）》，人民教育出版社 2001 年版。

［211］金炳华：《马克思主义哲学大辞典》，上海辞书出版社 2002 年版。

［212］卡尔·米切姆：《通过技术思考——工程与哲学之间的道路》，陈凡、朱春艳译，辽宁人民出版社 2008 年版。

［213］卡尔·雅斯贝尔斯：《时代的精神状况》，王德峰译，上海译文出版社 1997 年版。

［214］康德：《道德形而上学原理》，苗力田译，上海人民出版社 2002 年版。

［215］康德：《判断力批判》，邓晓芒译，人民出版社 2002 年版。

［216］康德：《实用人类学》，邓晓芒译，上海人民出版社 2005 年版。

［217］柯林武德：《历史的观念（增补版）》，何兆武、张文杰、陈新译，北京大学出版社 2010 年版。

［218］克伯雷：《外国教育史料》，任宝祥、任钟印译，华中师范大学出版社 1990 年版。

［219］克里斯·希林：《文化、技术与社会中的身体》，北京大学出版社 2011 年版。

［220］夸美纽斯：《大教学论》，傅任敢译，人民教育出版社 1984 年版。

［221］夸美纽斯：《大教学论·教学法解析》，任钟印译，人民教育出版社 2006 年版。

［222］昆体良：《昆体良教育论著选》，任钟印译，人民教育出版社 1989 年版。

［223］拉格曼：《一门捉摸不定的科学：困扰不断的教育研究的历史》，花海燕等译，教育科学出版社 2006 年版，第 48 页。

［224］拉里·希克曼：《杜威的实用主义技术》，北京大学出版社 2010 年版。

［225］拉普：《技术哲学导论》，刘武、康荣平、吴明泰译，辽宁科学技术出版社 1986 年版。

［226］莱斯特·恩布里：《现象学入门：反思性分析》，靳希平、水轲译，北京大学出版社 2007 年版。

［227］赖格卢斯：《教学设计的理论与模型：教学理论的新范式》，裴新宁、郑太年、赵健译，教育科学出版社 2011 年版。

［228］雷阳春：《"先学后教，当堂训练"的数学课堂教学》，《安庆师范学院学报》（自然科学版）1999 年第 2 期。

［229］李秉德、李定仁：《教学论》，人民教育出版社 1991 年版。

［230］李秉德：《"教学设计"与教学论》，《电化教育研究》2000 年第 10 期。

［231］李秉德：《教学理论与教学实践"两张皮"现象剖析》，《教育研究》1997 年第 7 期。

［232］李秉德：《教学论》，人民教育出版社 1991 年版。

［233］李秉德：《教学论》，人民教育出版社 2000 年版。

［234］李伯聪：《工程哲学引论》，大象出版社 2002 年版。

［235］李长吉：《教学论思辨》，教育科学出版社 2009 年版。

［236］李翠玉、张永秀：《中国教学思想探源》，山东友谊出版社 1999 年版。

［237］李定仁：《教学思想发展史略：历史、现状与发展趋势》，甘

肃教育出版社 1993 年版。

［238］李河：《"技术转向"与转向技术的条件》，《哲学研究》2001年第 1 期。

［239］李宏伟：《技术阐释的身体维度——超越工程与人文两种研究传统的技术哲学理路》，《自然辩证法研究》2012 年第 7 期。

［240］李美凤、李艺：《人文主义技术视角中教育与技术的"一体两面"——兼论教育学与教育技术学的对话何以可能》，《开放教育研究》2008 年第 1 期。

［241］李美凤、李艺：《从教育与技术的关系看教育学与教育技术学的对话》，《中国电化教育》2008 年第 1 期。

［242］李美凤、李艺：《人的技术化之合理性辩护》，《科学技术与辩证法》2008 年第 1 期。

［243］李其龙：《德国教学论流派》，陕西人民教育出版社 1993年版。

［244］李青、王涛：《MOOC：一种基于连通主义的巨型开放课程模式》，《中国远程教育》2012 年第 3 期。

［245］李森：《现代教学论纲要》，人民教育出版社 2005 年版。

［246］李婉莉：《论判断力的合目的性原则》，《成都理工大学学报》（社会科学版）2005 年第 4 期。

［247］李艺、颜士刚：《论技术教育价值问题的困境与出路》，《电化教育研究》2007 年。

［248］李艺、李美凤：《教育中的技术价值论研究过程与方法——兼谈对教育技术哲学研究的几点看法》，《电化教育研究》2008 年第 10 期。

［249］李轶芳：《交往教学理论探讨》，华中科技大学，2004 年。

［250］李咏吟、单文经：《教学原理：最新教学理论与策略》，远流出版事业股份有限公司 1995 年版。

［251］理查德·E. 迈耶：《多媒体学习》，牛勇、邱香译，商务印书馆 2006 年版。

［252］林文刚：《媒介环境学：思想沿革与多维视野》，何道宽译，北京大学出版社 2007 年版。

［253］《聆听前沿：全国首届教育学研究生暑期学校讲演录》，丁钢、庄瑜译，华东师范大学出版社 2007 年版。

［254］刘克兰：《教学论》，西南师范大学出版社 1988 年版。

［255］刘力、吴国平、薛小棉：《现代信息技术融入教学的理论构想与实施策略》，《教育研究》2004 年第 9 期。

［256］刘力：《脑科学与教育：值得关注和拓展的研究领域》，《教育研究》1999 年第 8 期。

［257］刘良华：《教育叙事研究：是什么与怎么做》，《教育研究》2007 年第 7 期。

［258］刘沛：《脑科学：21 世纪音乐教育理论与实践的新基石——围绕"莫扎特效应"的科学研究和展望》，《中国音乐学》2000 年第 3 期。

［259］刘儒德：《信息技术与教育相整合的进程》，《高等师范教育研究》1997 年第 3 期。

［260］刘胜利：《从对象身体到现象身体——〈知觉现象学〉的身体概念初探》，《哲学研究》2010 年第 5 期。

［261］刘同舫：《现代教育技术化发展倾向的反思》，《自然辩证法通讯》2006 年第 1 期。

［262］刘万海：《近二十年来国内外教育叙事研究回溯》，《中国教育学刊》2005 年第 3 期。

［263］刘晓力：《认知科学研究纲领的困境与走向》，《中国社会科学》2003 年第 1 期。

［264］刘易斯·芒福德：《技术与文明》，陈允明、王克仁、李华山译，中国建筑工业出版社 2009 年版。

［265］刘志波、许惠芳：《基于设计的研究综述》，北京师范大学首都基础教育研究院内部文档。

［266］龙立荣、李晔：《论心理学中思辨研究与实证研究的关系》，《华中师范大学学报》（人文社会科学版）2000 年第 5 期。

［267］卢梭：《论科学与艺术》，何兆武译，商务印书馆 1963 年版。

［268］路冠英、韩金生：《教学论》，河北教育出版社 1987 年版。

［269］罗伯特·洛根：《字母表效应：拼音文字与西方文明》，何道宽译，复旦大学出版社 2012 年版。

［270］罗江华：《解套形与实：教育资源数字化的价值取向研究》，广西师范大学出版社 2009 年版。

［271］罗素：《西方哲学史》（上卷），何兆武、李约瑟译，商务印书

馆 1963 年版。

［272］洛伦·S. 巴里特、托恩·比克曼、汉斯·布利克等:《教育的现象学研究手册》,刘洁译,教育科学出版社 2010 年版。

［273］马会端:《实用主义分析技术哲学》,东北大学出版社 2006 年版。

［274］马克思、恩格斯:《马克思恩格斯全集》(第 23 卷),中共中央马克思恩格斯列宁斯大林著作编译局译,人民出版社 1972 年版。

［275］马克思、恩格斯:《马克思恩格斯选集》(第 1 卷),中共中央马克思恩格斯列宁斯大林著作编译局译,人民出版社 1995 年版。

［276］马克思、恩格斯:《马克思恩格斯选集》(第 2 卷),中共中央马克思恩格斯列宁斯大林著作编译局译,人民出版社 1995 年版。

［277］马克斯·范梅南:《生活体验研究——人文科学视野中的教育学》,宋广文等译,教育科学出版社 2003 年版。

［278］迈克尔·海姆:《从界面到网络空间:虚拟实在的形而上学》,金吾伦、刘钢译,上海科技教育出版社 2000 年版。

［279］麦克卢汉:《理解媒介——论人的延伸》,何道宽译,商务印书馆 2000 年版。

［280］芒福德:《技术与人的本性》,吴国盛:《技术哲学经典读本》,上海交通大学出版社 2008 年版。

［281］毛礼锐、沈灌群:《中国教育通史》,山东教育出版社 2005 年版。

［282］梅雷迪斯·D. 高尔、沃尔特·R. 博格、乔伊斯·P. 高尔:《教育研究方法导论 (第六版)》,许庆豫等译. 江苏教育出版社 2002 年版。

［283］米切姆:《技术哲学》,吴国盛:《技术哲学经典读本》,上海交通大学出版社 2008 年版。

［284］莫里斯·梅洛－庞蒂:《知觉现象学》,姜志辉译,商务印书馆 2005 年版。

［285］尼尔·波斯曼、卡米尔·帕格里亚:《两种文化——电视对阵印刷术》,戴维·克劳利、保罗·海尔:《传播的历史:技术、文化和社会》,董璐、何道宽、王树国译,北京大学出版社 2011 年版。

［286］尼尔·波斯曼:《技术垄断:文化向技术投降》,何道宽译,

北京大学出版社 2007 年版。

　　[287] 尼尔·波斯曼:《童年的消逝》,吴燕莛译,广西师范大学出版社 2004 年版。

　　[288] 尼葛洛庞帝:《数字化生存》,胡泳、范海燕译,海南出版社 1997 年版。

　　[289] 欧阳军喜、王宪明:《世界中世纪文化教育史(上)》,中国国际广播出版社 1996 年版。

　　[290] 潘恩荣:《工程设计哲学:技术人工物的结构与功能的关系》,中国社会科学出版社 2011 年版。

　　[291] 潘慧玲:《教育研究的取径:概念与应用》,华东师范大学出版社 2005 年版。

　　[292] 潘知水:《论主体本质为形式因》,《哲学研究》1992 年第 12 期。

　　[293] 培根:《新工具》,许宝骙译,商务印书馆 1986 年版。

　　[294] 裴娣娜、杨小微、熊川武:《现代教学论》,人民教育出版社 2005 年版。

　　[295] 裴娣娜:《教学论》,教育科学出版社 2007 年版。

　　[296] 彭荣础:《思辨研究方法:历史、困境与前景》,《大学教育科学》2011 年第 5 期。

　　[297] 皮埃尔·布迪厄、华康德:《实践与反思——反思社会学导引》,李猛、李康译,中央编译出版社 1998 年版。

　　[298] 皮埃尔·布迪厄:《实践感》,蒋梓骅译,译林出版社 2003 年版。

　　[299] 皮连生:《教育心理学》,上海教育出版社 2004 年版。

　　[300] 普莱斯顿·D. 费德恩、罗伯特·M. 沃格尔:《教学方法——应用认知科学,促进学生学习》,王锦、曹军、徐彬译,华东师范大学出版社 2006 年版。

　　[301] 乔瑞金、牟焕森、管晓刚:《技术哲学导论》,高等教育出版社 2009 年版。

　　[302] 乔瑞金:《马克思技术哲学纲要》,人民出版社 2002 年版。

　　[303] 全美教师教育学院协会创新与技术委员会:《整合技术的学科教学知识:教育者手册》,任友群、詹艺译,教育科学出版社 2011 年版。

［304］撒穆尔·伊诺克·斯通普夫、詹姆斯·菲泽、丁三东等：《西方哲学史（第七版）》，中华书局 2004 年版。

［305］萨缪尔·托蒂：《古典时代有关人类主体拥有自己身体的方式的观点以及笛卡儿对它的反驳》，汪民安、陈永国：《后身体文化、权利、和生命政治学》，吉林人民出版社 2003 年版。

［306］桑德拉·L. 卡尔弗特：《信息时代的儿童发展》，张莉、杨帆译，商务印书馆 2007 年版。

［307］桑新民：《技术—教育—人的发展（上）——现代教育技术学的哲学基础初探》，《电化教育研究》1999 年第 2 期。

［308］桑新民：《探索网络文化视野中的教育新天地》，《教育发展研究》2002 年第 1 期。

［309］桑新民：《学术权威人物个案研究的理念与方法论——美国教育技术学领军人物学术思想研究述评》，《现代教育技术》2010 年第 1 期。

［310］桑新民、郑旭东：《凝聚学科智慧 引领专业创新——教育技术学与学习科学基础研究的对话》，《中国电化教育》2011 年第 6 期。

［311］桑新民：《MOOCs 热潮中的冷思考》，《中国高教研究》2014 年第 6 期。

［312］沙沃森、汤：《教育的科学研究》，曹晓南译，教育科学出版社 2006 年版。

［313］沈骑：《唯技术化·麦当劳化·去技术化——课堂教学技术化倾向的反思》，《教育理论与实践》2009 年第 22 期。

［314］盛群力、马兰：《首要教学原理》，《远程教育杂志》2003 年第 4 期。

［315］施良方、崔允漷：《教学理论：课堂教学的原理、策略与研究》，华东师范大学出版社 1999 年版。

［316］石鸥：《教学别论》，湖南教育出版社 1998 年版。

［317］舒红跃：《技术与生活世界》，中国社会科学出版社 2006 年版。

［318］斯蒂芬·F. 梅森：《自然科学史》，上海外国自然科学哲学著作编译组译，上海人民出版社 1977 年版，第 1 页。

［319］斯蒂文·罗杰·费希尔：《阅读的历史》，李瑞林、贺莺、杨晓华译，商务印书馆 2009 年版。

［320］司马贺：《人工科学：复杂性面面观》，武夷山译，上海科技教育出版社 2004 年版。

［321］孙环元、肖秉林、高满生：《"先学后教"五步教学模式略谈》，《学校管理》1998 年第 5 期。

［322］孙培青：《中国教育史》，华东师范大学出版社 2000 年版。

［323］泰勒：《课程与教学的基本原理：英汉对照版》，罗康、张阅译，中国轻工业出版社 2008 年版。

［324］谭鑫田等：《西方哲学词典》，山东人民出版社 1991 年版。

［325］唐·伊德：《技术与生活世界——从伊甸园到尘世》，韩连庆译，北京大学出版社 2012 年版。

［326］唐·伊德：《让事物"说话"：后现象学与技术科学》，韩连庆译，北京大学出版社 2008 年版。

［327］唐纳德·A. 舍恩：《反映的实践者——专业工作者如何在行动中思考》，夏林清译，教育科学出版社 2007 年版。

［328］唐迅：《班集体教育实验与方法》，广东教育出版社 2000 年版。

［329］田本娜：《外国教学思想史》，人民教育出版社 1994 年版。

［330］田虎伟：《混和方法研究——美国教育研究方法的一种新范式》，《比较教育研究》2007 年第 1 期。

［331］田慧生、李如密：《教学论》，河北教育出版社 1996 年版。

［332］屠锦红、李如密：《"先学后教"教学模式：学理分析、价值透视及实践反思》，《课程教材教法》2013 年第 3 期。

［333］托马斯·库恩：《必要的张力：科学的传统和变革论文选》，范岱年、纪树立译，北京大学出版社 2004 年版。

［334］托尼·比彻：《学术部落及其领地》，北京大学出版社 2008 年版。

［335］汪霞：《后现代异域的课程话语——多尔建设性后现代主义课程理论评析》，《全球教育展望》2003 年第 6 期。

［336］汪子嵩、范明生、陈村富等：《希腊哲学史》（第一卷），人民出版社 1988 年版。

［337］汪子嵩、范明生、陈村富等：《希腊哲学史》（第二卷），人民出版社 1993 年版。

［338］汪子嵩、范明生、陈村富等：《希腊哲学史》（第三卷），人民出版社 2003 年版。

［339］王炳照、阎国华：《中国教育思想通史》，湖南教育出版社 1996 年版。

［340］王伯鲁：《技术究竟是什么：广义技术世界的理论阐释》，科学出版社 2006 年版。

［341］王策三：《教学论稿》，人民教育出版社 1985 年版。

［342］王策三：《教学论稿》，人民教育出版社 2005 年版。

［343］王策三：《教学论学科发展三题》，《北京师范大学学报》（社会科学版）1992 年第 5 期。

［344］王飞：《德韶尔的技术王国思想》，人民出版社 2007 年版。

［345］王吉庆：《信息素养论》，上海教育出版社 1999 年版。

［346］王凯：《教学作为德性实践——基于麦金太尔实践概念的教学理解》，《全球教育展望》2007 年第 10 期。

［347］王立刚：《从文学视角看课堂教学的技术性》，《基础教育》2013 年第 5 期。

［348］王良辉：《教育中信息技术用途及限度的伊德技术现象学分析》，《现代远程教育研究》2012 年第 4 期。

［349］王良辉：《教育信息化的美国之路——基于四次国家教育技术计划的考察》，《广州广播电视大学学报》2012 年第 4 期。

［350］王良辉：《面向完整任务，掌握认知技能——项目学习在〈数据库技术应用〉中的应用》，《远程教育杂志》2010 年第 1 期。

［351］王伦信：《从印刷术的应用看媒介演进对教育的影响——技术向度的中国教育史考察之二》，《华东师范大学学报》（教育科学版）2008 年第 12 期。

［352］王平：《后现象学的历程、问题域及其最新拓展》，《现代哲学》2010 年第 1 期。

［353］王文静：《基于设计的研究：教育研究范式的创新》，《教育理论与实践》2010 年第 22 期。

［354］王文礼：《MOOC 的发展及其对高等教育的影响》，《江苏高教》2013 年第 2 期。

［355］王小明：《教学论：心理学取向》，上海教育出版社 2005

年版。

　　[356] 王亚鹏、董奇：《基于脑的教育：神经科学研究对教育的启示》，《教育研究》2010 年第 11 期。

　　[357] 王竹立：《技术与教育关系新论》，《现代远程教育研究》2012年第 2 期。

　　[358] 威廉·F. 派纳、威廉·M. 雷诺兹、帕特里克·斯莱特里等：《理解课程》，张华等译，教育科学出版社 2003 年版。

　　[359] 威廉·博伊德、埃德蒙·金：《西方教育史》，任宝祥、吴元训译，人民教育出版社 1985 年版。

　　[360] 威廉·詹姆斯：《实用主义》，陈羽纶、孙端禾译，商务印书馆 1979 年版。

　　[361] 韦伯：《新教伦理与资本主义精神》，于晓、陈维纲译，生活·读书·新知三联书店 1987 年版。

　　[362] 维柯：《论人文教育》，王楠译，上海三联书店 2007 年版。

　　[363] 沃尔特·范伯格、乔纳斯·F. 索尔蒂斯：《学校与社会》，李奇译，教育科学出版社 2006 年版。

　　[364] 沃尔特·翁：《口语文化与书面文化：语词的技术化》，何道宽译，北京大学出版社 2008 年版。

　　[365] 沃尔什：《历史哲学导论》，何兆武、张文杰译，社会科学文献出版社 1991 年版。

　　[366] 吴国林：《后现象学及其进展——唐·伊德技术现象学述评》，《哲学动态》2009 年第 4 期。

　　[367] 吴国盛：《反思科学》，新世界出版社 2004 年版。

　　[368] 吴国盛：《技术哲学讲演录》，中国人民大学出版社 2009年版。

　　[369] 吴国盛：《技术哲学经典读本》，上海交通大学出版社 2008年版。

　　[370] 吴国盛：《时间的观念》，北京大学出版社 2006 年版。

　　[371] 吴国盛：《哲学中的"技术转向"》，《哲学研究》2001 年第 1 期。

　　[372] 吴华眉：《走向女性主义身体哲学》，《江海学刊》2012 年第 3 期。

［373］吴杰：《教学论——教学理论的历史发展》，吉林教育出版社1986年版。

［374］吴康宁：《对我国教育理论发展的思考》，《教育研究》1992年第12期。

［375］吴康宁：《课堂教学社会学》，南京师范大学出版社2000年版。

［376］吴式颖、任钟印：《外国教育思想通史》，湖南教育出版社2002年版。

［377］吴也显：《教学论新编》，教育科学出版社1991年版。

［378］伍正翔：《"教育技术化"危机及其救赎之道》，《华东师范大学学报》（教育科学版）2011年第4期。

［379］《西方古代教育论著选》，华东师范大学教育系、杭州大学教育系、人民教育出版社1985年版。

［380］希尔贝克、伊耶：《西方哲学史：从古希腊到二十世纪》，童世骏、郁振华、刘进译，上海译文出版社2004年版。

［381］肖峰：《哲学视域中的技术》，人民出版社2007年版。

［382］肖玉敏：《从理想到现实：偏远地区农村学校校长的教育信息化解决之道》，丁钢：《中国教育：研究与评论》（第12辑），教育科学出版社2008年版。

［383］小泉英明：《脑科学与教育入门》，高等教育出版社2009年版。

［384］小威廉姆·E.多尔、王红宇：《后现代思想与后现代课程观》，《全球教育展望》2001年第2期。

［385］熊明安：《中国教学思想史》，西南师范大学出版社1989年版。

［386］休伯特·德雷福斯：《计算机不能做什么：人工智能的极限》，宁春岩译，生活·读书·新知三联书店1986年版。

［387］休谟：《人性论》，关文运译，商务印书馆1996年版。

［388］徐继存、赵昌木：《现代教学论基础》，北京大学出版社2008年版。

［389］徐继存：《教学技术化及其批判》，《教育理论与实践》2004年第3期。

［390］徐继存：《教学理论反思与建设》，甘肃教育出版社 2000 年版。

［391］徐继存：《教学论导论》，甘肃教育出版社 2004 年版。

［392］徐献军：《具身认知论——现象学在认知科学研究范式转型中的作用》，浙江大学出版社 2009 年版。

［393］徐长福：《理论思维与工程思维——两种思维方式的僭越与划界（修订本）》，重庆出版社 2013 年版。

［394］许良：《技术哲学》，复旦大学出版社 2005 年版。

［395］雅斯贝尔斯：《什么是教育》，生活·读书·新知三联书店 1991 年版。

［396］亚里士多德：《尼各马可伦理学》，廖申白译，商务印书馆 2003 年版。

［397］亚里士多德：《政治学》，吴寿彭译，商务印书馆 1983 年版。

［398］严莉、郑旭东：《学媒论争启示录——对"学习与媒体大辩论"的新思考》，《开放教育研究》2009 年第 5 期。

［399］严元章：《中国教育思想源流》，生活·读书·新知三联书店 1993 年版。

［400］颜士刚、李艺：《论教育技术化是技术教育价值的实现和彰显》，《电化教育研究》2007 年第 12 期。

［401］颜士刚、李艺：《论技术教育化是技术教育价值的创造和累积》，《电化教育研究》2008 年第 3 期。

［402］颜士刚、李艺：《教育领域中科学的技术价值观问题探索》，《中国电化教育》2008 年第 4 期。

［403］闫志明：《学习与媒体关系大辩论：不同范式下的对话》，《电化教育研究》2009 年第 3 期。

［404］杨刚、杨文正、陈立：《十大"翻转课堂"精彩案例》，《中小学信息技术教育》2012 年第 3 期。

［405］杨满福、王良辉：《诘难与回应——教育技术学科发展几个基本问题的澄清》，《电化教育研究》2011 年第 11 期。

［406］杨南昌：《基于设计的研究：正在兴起的学习研究新范式》，《中国电化教育》2007 年第 5 期。

［407］杨启亮：《以自主学习为根本的教学改革——评洋思初级中学

"先学后教 当堂训练"的课堂教学模式》，《江苏教育》2001年第
Z1期。

［408］杨庆峰：《技术现象学初探》，上海三联书店2005年版。

［409］杨庆峰：《物质身体、文化身体与技术身体——唐·伊德的
"三个身体"理论之简析》，《上海大学学报》（社会科学版）2007年第
1期。

［410］杨小微、张天宝：《教学论》，人民教育出版社2007年版。

［411］杨小微：《现代教学论》，山西教育出版社2010年版。

［412］叶浩生：《有关具身认知思潮的理论心理学思考》，《心理学
报》2011年第5期。

［413］叶晓玲、李艺：《从观点到视角：论教育与技术的内在一致
性》，《电化教育研究》2012年第3期。

［414］叶晓玲、李艺：《论教育的"教育—技术"存在结构及其中的
延异运动——基于技术现象学观点的分析》，《电化教育研究》2013年第
6期。

［415］伊德：《技术现象学》，吴国盛：《技术哲学经典读本》，上海
交通大学出版社2008年版。

［416］伊丽莎白·爱森斯坦：《作为变革动因的印刷机：早期近代欧
洲的传播与文化变革》，何道宽译，北京大学出版社2010年版。

［417］伊曼努尔·康德：《论教育学》，赵鹏、何兆武译，上海人民
出版社2005年版。

［418］易鑫：《教育如何玩转大数据》，《中国教育报》2014年3月
24日。

［419］游正伦：《教学论》，教育科学出版社1982年版。

［420］约翰·巴格利、陈丽、年智英：《反思MOOC热潮》，《开放教
育研究》2014年第1期。

［421］约翰·塞尔：《心、脑与科学》，杨音莱译，上海译文出版社
2007年版。

［422］约纳斯：《走向技术哲学》，吴国盛：《技术哲学经典读本》，
上海交通大学出版社2008年版。

［423］约瑟夫·C.皮特：《技术思考——技术哲学的基础》，陈凡、
秦书生译，辽宁人民出版社2008年版。

［424］约斯·德·穆尔：《赛博空间的奥德赛——走向虚拟本体论与人类学》，麦永雄译，广西师范大学出版社 2007 年版。

［425］詹姆斯·E. 凯茨、罗纳德·E. 莱斯：《互联网使用的社会影响》，郝芳、刘长江译，商务印书馆 2007 年版。

［426］詹姆斯·麦克莱伦：《教育哲学》，宋少云、陈平译，生活·读书·新知三联书店 1988 年版。

［427］张传燧：《中国教学论史纲》，湖南教育出版社 1999 年版。

［428］张大庆：《医学史十五讲》，北京大学出版社 2007 年版。

［429］张刚要、李艺：《技术时代教育哲学的拓展研究——兼论教育技术学与教育学的深度融合何以可能》，《中国电化教育》2014 年第 9 期。

［430］张光陆：《对话教学之研究——解释学的视域》，华东师范大学，2010 年。

［431］张广君：《教学本体论》，甘肃教育出版社 2002 年版。

［432］张华夏、张志林：《技术解释研究》，科学出版社 2005 年版。

［433］张红霞：《教育科学研究方法》，教育科学出版社 2009 年。

［434］张立昌：《论高效课堂的技术性及其意蕴——从脑图辅助教学谈起》，《湖南师范大学教育科学学报》2014 年第 3 期。

［435］张立新：《美国教育技术发展史研究》，河北大学，2004 年。

［436］张诗亚、周谊：《震荡与变革——20 世纪的教育技术》，山东教育出版社 1995 年版。

［437］张诗亚：《教育的生机——论崛起的教育技术学》，四川教育出版社 1988 年版。

［438］张文军：《后现代课程观初探》，《华东师范大学学报》（教育科学版）1997 年第 4 期。

［439］张文兰、刘俊生：《基于设计的研究——教育技术学研究的一种新范式》，《电化教育研究》2007 年第 10 期。

［440］张燕南、赵中建：《大数据时代思维方式对教育的启示》，《教育发展研究》2013 年第 21 期。

［441］张渝江：《大数据时代，如何赢得教育的未来?》，《上海教育》2013 年第 17 期。

［442］张韫：《大数据改变教育——写在大数据元年来临之际》，《上海教育》2013 年第 10 期。

［443］张增田：《对话教学研究》，博士学位论文，西南师范大学，2005 年。

［444］张正清：《用知觉去解决技术问题——伊德的技术现象学进路》，《自然辩证法通讯》2014 年第 2 期。

［445］张枝实：《量化自我：大数据时代学习的新趋势》，《现代教育技术》2014 年第 11 期。

［446］张祖忻：《美国教育技术的理论及其演变》，上海外语教育出版社 1994 年版。

［447］赵乐静：《技术解释学》，科学出版社 2009 年版。

［448］赵学华：《校长应当好教育理论与教育实践之间的中介人》，《教育研究》1991 年第 8 期。

［449］赵勇、王安琳：《教育与技术的关系探微》，《中国电化教育》2004 年第 5 期。

［450］郑旭东：《"学习"与"媒体"的历史纷争与教育技术领域的未来（三）——"学习与媒体大争论"的遽然爆发与一波三折》，《软件导刊（教育技术）》2008 年第 9 期。

［451］郑旭东、杨九民：《学习科学研究方法论创新的艰难之旅——安·布朗和阿伦·柯林斯的贡献及"基于设计的研究"的缘起、内涵与挑战》，《开放教育研究》2009 年第 1 期。

［452］郑震：《论梅洛－庞蒂的身体思想》，《南京社会科学》2007 年第 8 期。

［453］郑震：《身体图景》，中国大百科全书出版社 2009 年版。

［454］钟启泉：《从后结构主义看后现代课程论》，《全球教育展望》2002 年第 10 期。

［455］周加仙：《教育神经科学的领域建构》，《华东师范大学学报》（教育科学版）2009 年第 3 期。

［456］周加仙：《教育神经科学引论》，华东师范大学出版社 2009 年版。

［457］周加仙：《教育神经科学：创建心智、脑与教育的联结》，《华东师范大学学报》（教育科学版）2013 年第 2 期。

［458］朱春艳：《费恩伯格技术批判理论研究》，东北大学出版社 2006 年版。

［459］朱丽君、朱元贵、曹河圻等：《全球脑研究计划与展望》，《中国科学基金》2013 年第 6 期。

［460］朱作仁：《教育理论，何去何从?》，《教育研究》1991 年第 11 期。

［461］祝智庭、沈德梅：《基于大数据的教育技术研究新范式》，《电化教育研究》2013 年第 10 期。

［462］祝智庭、沈德梅：《学习分析学：智慧教育的科学力量》，《电化教育研究》2013 年第 5 期。

［463］庄周：《庄子》，孙通海译注，中华书局 2007 年版。

［464］宗秋荣：《教学理论与教学实践的结合探微》，《教育研究》1994 年第 9 期。

［465］邹景平：《教育的"破坏式创新"上场了》，《中小学信息技术教育》2012 年第 3 期。

［466］佐藤学：《课程与教师》，钟启泉译，教育科学出版社 2003 年版。

［467］佐藤正夫：《教学论原理》，钟启泉译，人民教育出版社 1996 年版。

后　　记

　　博士论文即将付梓，我脑海里浮现的不是读博期间的种种辛苦，更多的是一路走来的幸运。

　　作为一个长期在教育技术领域工作的人，我选择到一个教育理论方面的专业攻读博士学位，虽然是出于自己对教育技术的理解而做出的理性选择，但在实际上这是对自己不但是智力上还是情感上进行了挑战。幸运的是，在一个人生地不熟的学科我遇到了刘力教授，通过初试与复试他愿意招我入门做他的博士研究生，这是我幸运的起点。

　　入学之后，刘老师渊博的学识与睿智的谈吐让我受益匪浅。虽然刘老师一些天才般的优点是愚钝的我难以学习的，但是耳闻目濡之下，也大有收获。更幸运的是，虽然刘老师对教育有自己独到的见解，但是在我们的选题上他保持了开放，以我们的兴趣为选题的第一要义。在博士论文观点遭遇批判的时候，刘老师一句"博士论文创新无惧争议"更是激励了我对自己观点的坚持。总之，本书能够诞生刘老师是我要感谢的第一个人。

　　浙江大学教育学院强大的导师队伍也是我感到幸运之处，除了导师组的盛群力教授与刘正伟教授、田正平教授、徐辉教授、魏贤超教授、肖朗教授、方展画教授、徐小洲教授、张剑平教授、尚丽浩教授等老师的课堂也都向热爱学习的同学开放。有幸能够在这里聆听各个风格不同的教授讲解他们各自擅长的领域，使我对教育的理解不会仅拘于一隅。

　　论文答辩时有幸能够请到金生鈜教授做主席，使我能够接受来自教育哲学的挑战，由此熟识之后，我还能经常从金老师处听取学术之道，幸甚至哉！

　　答辩当天下午魏贤超老师要做一个不小的手术，本该在医院的他出现在了我的答辩会上，并以他惯常的现象学式的发问让我对自己的研究有更深的认识。这些事情都是我事后才知道，现在想来，他当天的到场既是对学术的敬意也是对我的垂爱，祝魏老师健康！

在本书出版之际，非常有幸得到祝智庭教授指点，并在百忙之中为本书作序，感谢祝老师！

本书以传统教学理论所忽略的技术问题作为研究对象，借用技术哲学、科学技术史等学科的理论资源，从对技术的理解入手，以技术作为审视教学的视角，提出技术学视野的教学三特性——创造性、具身性与合目的性，并以"作为技术的教学"、"使用技术的教学"和"为了技术的教学"为题分别从本体论、过程论与目的论三个方面论证了教学技术性这一概念，为从技术视角理解教学提供了一个可资参考的框架。这样的研究在教育理论研究中并不多见的，有些观点甚至是冒天下之大不韪，特别是把教学当作一种技术来看待，不管论证过程如何，很多人首先从情感上就难以接受。而对我自己来说，以技术的视角对教学进行一以贯之的分析，过程非常艰难——资料的跨度大又很分散，前人又很少有做此类整理。因此整个研究过程充满了内忧外患。幸运的是，在师友们的支持下，我最终完成了这样的工作后，并且在博士论文的双盲评审中拿到了 5 个 A 的成绩，也为我的博士学位之旅画上了完美的句号，感谢途上的各位。

博士毕业回校，恰逢浙江省重点高校建设的启动，浙江师范大学作为浙江省 5 所重点建设的高校之一，确立了智慧教育等几个重点突破领域，并于 2016 年 1 月 6 日成立了智慧教育研究院。也许静极思动，回学校后就加入了这场建设，做了很多实际工作。在工作当中我也发现了在本书的基础上有很多现实的理论问题需要处理，如"互联网＋"背景下的教育理论转型，这个实际上就是我选题时候的一个理由；智能技术在教育中的应用限度，技术伦理问题一直都是技术走向社会时绕不过去的问题；教育技术中的技术人类学研究，教育中的技术应用更需要人类学的考量。这些研究都可以作为本书的后续研究，我也将会结合自己的工作，确定进一步研究的方向。

在本书出版之际，我还想感谢一些与本书相关的人。桑新民教授是我在华南师大求学期间的一位老师，他携教育哲学的功底给我们讲的教育技术基础理论课程，唤醒了我在做技术工作的同时对理论的爱好。吴国盛教授素未谋面也无书信往来，但是他的著作与演讲集使我打开了对技术哲学的认识大门，可以这么说，如果没有他的著作引导，我还在技术哲学的门外徘徊。

感谢教育技术系的同事在读博期间的支持，特别是周跃良教授与张立新教授在学术上的关怀，本书的出版也得到了浙江省重点高校建设经费的资助，在这里顺致谢忱。

中国社会科学出版社的宫京蕾、罗莉与刘艳三位女士以及很多不知名的工作人员为本书的出版做了很多细致的工作，在这里一并致谢。

最后，感谢我的家人。感谢妻子徐晓丹女士对我研究工作的理解，在我外出读博与出国期间，独力负担起儿子的教育任务。感谢我的岳父岳母放弃自己清净的老年生活来帮我打理家务。感谢我的父母，在我读博期间你们身体健康，使我无需分心牵挂。

王良辉

2017. 6. 19